当代儒师培养书系·教师教育系列

主　编　舒志定　李　勇

Study on the Academic History of
Chinese Modern Pedagogical Scholars

中国近代教学论学者群体的学术史研究

肖菊梅 著

浙江大学出版社
ZHEJIANG UNIVERSITY PRESS

图书在版编目（ＣＩＰ）数据

中国近代教学论学者群体的学术史研究 ／ 肖菊梅著.
－－ 杭州 ：浙江大学出版社，2022.6
ISBN 978-7-308-22741-4

Ⅰ．①中… Ⅱ．①肖… Ⅲ．①教学理论－研究－中国
－近代 Ⅳ．①G42

中国版本图书馆CIP数据核字(2022)第105438号

中国近代教学论学者群体的学术史研究
肖菊梅　著

策划编辑　朱　玲
责任编辑　范洪法　樊晓燕
责任校对　汪　潇
封面设计　春天书装
出版发行　浙江大学出版社
　　　　　（杭州市天目山路148号　　邮政编码　310007）
　　　　　（网址：http://www.zjupress.com）
排　　版　杭州林智广告有限公司
印　　刷　杭州良诸印刷有限公司
开　　本　710mm×1000mm 1/16
印　　张　13.25
字　　数　215千
版 印 次　2022年6月第1版　2022年6月第1次印刷
书　　号　ISBN 978-7-308-22741-4
定　　价　59.00元

当代儒师培养书系
总　序

　　把中华优秀传统文化融入教师教育全过程，培育有鲜明中国烙印的优秀教师，是当前中国教师教育需要重视和解决的课题。湖州师范学院教师教育学院对此进行了探索与实践，以君子文化为引领，挖掘江南文化资源，提出培养当代儒师的教师教育目标，实践"育教师之四有素养、效圣贤之教育人生、展儒师之时代风范"的教师教育理念，体现教师培养中对传统文化的尊重，昭示教师教育中对文化立场的坚守。

　　能否坚持教师培养的中国立场，应是评价教师教育工作是否合理的重要依据，我们把它称作教师教育的"文化依据"（文化合理性）。事实上，中国师范教育在发轫之际就强调教师教育的文化立场，确认传承传统文化是决定师范教育正当性的基本依据。

　　19世纪末20世纪初，清政府决定兴办师范教育，一项重要工作是选派学生留学日本和派遣教育考察团考察日本师范教育。1902年，清政府讨论学务政策，张之洞就对张百熙说："师范生宜赴东学习。师范生者不惟能晓普通学，必能晓为师范之法，训课方有进益。非派人赴日本考究观看学习不可。" [1] 以1903年为例，该年4月至10月间，留日学生中的毕业生共有175人，其中读师范者71人，占40.6%。[2] 但关键问题是要明确清政府决定向日本师范教育学习的目的是什么。无论是选派学生

---

① 转引自田正平.传统教育的现代转型[M].杭州：浙江科学技术出版社，2013:376.
② 转引自田正平.传统教育的现代转型[M].杭州：浙江科学技术出版社，2013:376.

1

到日本学习师范教育，还是派遣教育考察团访日，目标都是为清政府拟定教育方针、教育宗旨。事实也是如此，派到日本的教育考察团就向清政府建议推行"忠君、尊孔、尚公、尚武、尚实"的教育宗旨。这10个字的教育宗旨，有着鲜明的中国文化特征。尤其是把"忠君"与"尊孔"立于重要位置，这不仅要求把"修身伦理"作为教育工作的首要事务，而且要求教育坚守中国立场，使传统中国道统、政统、学统在现代学校教育中得以传承与延续。

当然，这一时期坚持师范教育的中国立场，目的是发挥教育的政治功能，为清政府巩固统治地位服务。只是，这些"学西方、开风气"的"现代性"工作的开展，并没有改变国家进一步衰落的现实。因此，清政府的"新学政策"，引起了一批有识之士的反思、否定与批判，他们把"新学"问题归结为重视科技知识教育、轻视社会义理教育。早在1896年梁启超在《学校总论》中就批评同文馆、水师学堂、武备学堂、自强学堂等新式教育的问题是"言艺之事多，言政与教之事少"。为此，他提出"改科举之制""办师范学堂""区分专门之业"三点建议，尤其是强调开办师范学堂的意义，否则"教习非人也"。① 梁启超的观点得到军机大臣、总理衙门的认同与采纳，1898年颁布的《筹议京师大学堂章程》就明确要求各省所设学堂不能缺少义理之教。"夫中学体也，西学用也，二者相需，缺一不可，体用不备，安能成才。且既不讲义理，绝无根底，则浮慕西学，必无心得，只增习气。前者各学堂之不能成就人才，其弊皆由于此。"② 很明显，这里要求学校处理好中学与西学、义理之学与技艺之学之间的关系，如果只重视其中一个方面，就难以实现使人成才的教育目标。

其实，要求学校处理好中学与西学、义理之学与技艺之学之间的关系，实质是对学校性质与教育功能的一种新认识，它突出学校传承社会文明的使命，把维护公共利益、实现公共价值确立为学校的价值取向。这里简要举两位教育家的观点以说明之。曾任中华民国教育部第一社会教育工作团团长的董渭川认为，国民学校是"文化中心"，"在大多数民众是文盲的社会里，文化水准既如此低，而文化事业又如此贫乏，如果不赶紧在全国每一城乡都建立起大大小小的文化中心来，我们理想中的新国家到哪里去培植基础？"而这样的文化中心不可能凭空产生，"其数量最多、比较最普遍且最具教育功能者，舍国民学校当然找不出第二种设施。这便是非以国民学校为

---

① 梁启超 . 饮冰室合集·文集之一 [M]. 上海：中华书局，1989:19—20.
② 朱有瓛 . 中国近代学制史料第一辑（上册）[M]. 上海：华东师范大学出版社，1983:602.

文化中心不可的理由"。① 类似的认识，也是陶行知推行乡村教育思想与实践的出发点。他希望乡村教育对个人和乡村产生深刻的变革，使村民自食其力和村政工作自有、自治、自享，实现乡村学校是"中国改造乡村生活之唯一可能的中心"的目标。②

可见，坚守学校的文化立场，是中国教师教育的一项传统。要推进当前教师教育改革，依然需要坚持和传承这一教育传统。就如习近平总书记所说："办好中国的世界一流大学，必须有中国特色。……世界上不会有第二个哈佛、牛津、斯坦福、麻省理工、剑桥，但会有第一个北大、清华、浙大、复旦、南大等中国著名学府。我们要认真吸收世界上先进的办学治学经验，更要遵循教育规律，扎根中国大地办大学。"③ 只有扎根中国大地办大学，才能在人才培养中融入中国传统文化资源，培育具有家国情怀的优秀人才。

基于这样的考虑，我们提出把师范生培养成当代儒师，这符合中国国情与社会历史文化的发展要求。因为在中国百姓看来，"鸿儒""儒师"是对有文化、有德行的知识分子的尊称。当然，我们提出把师范生培养成当代"儒师"，不是要求师范生做一名类似孔乙己那样的"学究"（当然孔乙己可否称得上"儒师"也是一个问题，我们在此只是做一个不怎么恰当的比喻），而是着力挖掘历代鸿儒大师的优秀品质，将其作为师范生的学习资源与成长动力。

的确，传统中国社会"鸿儒""儒师"身上蕴含的可贵品质，依然闪耀着光芒，对当前教师品质的塑造具有指导价值。正如董渭川对民国初年广大乡村区域学校不能替代私塾原因的分析，其认为私塾的"教师"不仅要教育进私塾学习的儿童，更应成为"社会的"教师，教师地位特别高，"老师在大家心目中是一个应该极端崇敬的了不起的人物。家中遇有解决不了的问题，凡需要以学问、以文字、以道德人望解决的问题，一概请教于老师，于是乎这位老师真正成了全家的老师"。④ 这就是说，"教师"的作用不只是影响受教育的学生，更是影响一县一城的风气。所以，我们对师范生提出学习儒师的要求，目标就是要求师范生成长为师德高尚、人格健全、学养深厚的优秀教师，由此也明确了培育儒师的教育要求。

① 董渭川.董渭川教育文存[M].北京：人民教育出版社，2007:127.
② 顾明远，边守正.陶行知选集（第一卷）[M].北京：教育科学出版社，2011:230.
③ 习近平.青年要自觉践行社会主义核心价值观[N].中国青年报，2014-05-05.
④ 董渭川.董渭川教育文存[M].北京：人民教育出版社，2007:132.

一是塑造师范生的师德和师品。要把师范生培养成合格教师，面向师范生开展师德教育、学科知识教育、教育教学技能教育、实习实践教育等教育活动。这其中，提高师范生的师德修养是第一要务。正如陶行知所说，教育的真谛是千教万教教人求真、千学万学学做真人，因此他要求自己是"捧着一颗心来、不带半根草去"。

当然，对师范生开展师德教育，关键是使师范生能够自觉地把高尚的师德目标内化成自己的思想意识和观念，内化成个体的素养，变成自身的自觉行为。一旦教师把师德要求在日常生活的为人处世中体现出来，就反映了教师的品质与品位，这就是我们要倡导的师范生的人品要求。追求高尚的人格，涵养优秀的人品，是优秀教育人才的共同特征。不论是古代的圣哲孔子，朱熹、王阳明等一代鸿儒，还是后来的陶行知、晏阳初、陈鹤琴等现当代教育名人，在他们一生的教育实践中，始终保持崇高的人生信仰，恪守职责，爱生爱教，展示为师者的人格力量，是师范生学习与效仿的榜样。倡导师范生向着儒师目标努力，旨在要求师范生学习历代教育前辈的教育精神，培育其从事教育事业的职业志向，提升其贡献教育事业的职业境界。

二是实现师范生的中国文化认同。历代教育圣贤，高度认同中国文化，坚守中国立场。在学校教育处于全球化、文化多元化的背景下，更要强调师范生的中国文化认同。强调这一点，不是反对吸收多元文化资源，而是强调教师要自觉成为中华优秀传统文化的传播者，这就要求把中华优秀传统文化融入教师培养过程中。这种融入，一方面是从中华优秀传统文化宝库中寻找教育资源，用中华优秀传统文化资源教育师范生，使师范生接触和了解中华优秀传统文化，领会中国社会倡导与坚守的核心价值观，增强文化自信；另一方面是使师范生掌握中国传统文化、社会发展历史的知识，具备和学生沟通、交流的意识和能力。

三是塑造师范生的实践情怀。从孔子到活跃在当代基础教育界的优秀教师，他们成为优秀教师的最基本特点，便是一生没有离开过三尺讲台，没有离开过学生。换言之，他们是在"教育实践"中获得成长的。这既是优秀教师成长规律的体现，又是优秀教师关怀实践、关怀学生的教育情怀的体现。而且优秀教师的这种教育情怀，出发点不是"精致利己"，而是和教育报国、家国情怀密切联系在一起。特别是在国家处于兴亡的关键时期，一批批有识之士，虽手无寸铁，但是他们投身教育，或捐资办学，或开门授徒，以思想、观念、知识引领社会进步和国家强盛。比如浙江朴学大师孙诒让，作为清末参加科举考试的一介书生，看到中日甲午战争中清政府的无能，怀着"自强之原，莫先于兴学"的信念，回家乡捐资办学，首先办了瑞安算学书院，希望用现代科学拯救中国。

四是塑造师范生的教育性向。教育性向是师范生是否喜教、乐教、善教的个人特性的具体体现，是成为一名合格教师的最基本要求。教育工作是一项专业工作，这对教师的专业素养提出了严格要求。教师需要的专业素养可以概括为很多条，说到底最基本的一条是教师能够和学生进行互动交流。因为教师的课堂教学工作实质上就是和学生互动的实践过程。这既要求培养教师研究学生、认识学生、理解学生的能力，又要求培养教师对学生保持宽容的态度和人道的立场，成为纯净的、高尚的人，成为精神生活丰富的人，能够照亮学生心灵，促进学生的健康发展。

依据这四方面的要求，我们主张面向师范生开展培养儒师的教育实践，不是为了培养儒家意义上的"儒"师，而是要求师范生学习儒师的优秀品质，学习儒师的做人之德、育人之道、教人之方、成人之学，造就崇德、宽容、儒雅、端正、理智、进取的现代优秀教师。

做人之德。对德的认识、肯定与追求，在中国历代教育家身上体现得淋漓尽致。舍生取义，追求立德、立功、立言三不朽，这是传统知识分子的基本信念和人生价值取向。当前对教师来说，最值得学习的德之要素，是以仁义之心待人，以仁义之爱弘扬生命之价值。所以，要求师范生学习儒师、成为儒师，既要求师范生具有高尚的政治觉悟、思想修养、道德立场，又要求师范生具有宽厚的人道情怀，爱生如子，公道正派，实事求是，扬善惩恶。正如艾思奇为人，"天性淳厚，从来不见他刻薄过人，也从来不见他用坏心眼考虑过人，他总是拿好心对人，以厚道待人"①。

育人之道。历代教育贤哲都认为教育是一种"人文之道""教化之道"，也就是强调教育要重视塑造人的德行、品格，提升人的自我修养。孔子就告诫学生学习是"为己之学"，意思是强调学习与个体自我完善的关系，并且强调个体的完善，不仅是要培育德行，而且是要丰富和完善人的精神世界。所以，孔子相信礼、乐、射、御、书、数等六艺课程是必要的，因为不论是乐，还是射、御，其目标不是让学生成为唱歌的人、射击的人、驾车的人，而是要从中领悟人的生存秘密，这就是追求人的和谐，包括人与周围世界的和谐、人自身的身心和谐，成为"自觉的人"。这个

---

① 董标．杜国库：左翼文化运动的一位导师——以艾思奇为中心的考察 [M]// 刘正伟．规训与书写：开放的教育史学．杭州：浙江大学出版社，2013:209.

观点类似于康德所言教育的目的是使人成为人。但是，康德认为理性是教育的基础，教育目标是培育人的实践理性。尼采说得更加清楚，他认为优秀教师是一位兼具艺术家、哲学家、救世圣贤等身份的文化建树者。[①]

教人之方。优秀教师不仅学有所长、学有所专，而且教人有方。这是说，教师既懂得教育教学的科学，又懂得教育教学的艺术，做到教育的科学性和艺术性的统一。中国古代圣贤推崇悟与体验，正如孔子所说，"三人行，必有我师焉"，成为"我师"的前提，是"行"（"三人行"），也就是说，只有在人与人的相互交往中，才能有值得学习的资源。可见，这里强调人的"学"，依赖于参与、感悟与体验。这样的观点在后儒那里，变成格物致良知的功夫，以此达成转识成智的教育目标。不论怎样理解与阐释先贤圣哲的观点，都必须肯定这些思想家的教人之方的人文立场是清晰的，这对破解当下科技理性主导教育的思路是有启示的，也能为互联网时代教师存在的意义找到理由。

成人之学。学习是促进人成长的基本因素。互联网为学习者提供了寻找、发现、传播信息的技术手段，但是，要指导学生成为一名成功的学习者，教师更需要保持强劲的学习动力，提升持续学习的能力。而学习价值观是影响和支配教师持续学习、努力学习的深层次因素。对此，联合国教科文组织在研究报告《反思教育：向"全球共同利益"的理念转变？》中明确指出教师对待"学习"应坚持的价值取向：教师需要接受培训，学会促进学习、理解多样性，做到包容，培养与他人共存的能力及保护和改善环境的能力；教师必须营造尊重他人和安全的课堂环境，鼓励自尊和自主，并且运用多种多样的教学和辅导策略；教师必须与家长和社区进行有效的沟通；教师应与其他教师开展团队合作，维护学校的整体利益；教师应了解自己的学生及其家庭，并能够根据学生的具体情况施教；教师应能够选择适当的教学内容，并有效地利用这些内容来培养学生的能力；教师应运用技术和其他材料，以此作为促进学习的工具。联合国教科文组织的报告强调教师要促进学习，加强与家长和社区、团队的沟通及合作。其实，称得上是儒师的中国学者，都十分重视学习以及学习的意义。《礼记·学记》中说"玉不琢，不成器；人不学，不知道"；孔子也说自己是"十有五而志于学"，要求"学以载道"；孟子说得更明白，"得天下英才而教育之"是值得快乐的事。可见，对古代贤者来说，"学习"不仅仅是为掌握一些知识，获得某种职业，而是为

---

① 李克寰. 尼采的教育哲学——论作为艺术的教育 [M]. 北京：桂冠图书股份有限公司，2011:50.

了"寻道""传道""解惑",为了明确人生方向。所以,倡导师范生学习儒师、成为儒师,目的是使师范生认真思考优秀学者关于学习与人生关系的态度和立场,唤醒心中的学习动机。

　　基于上述思考,我们把做人之德、育人之道、教人之方、成人之学确定为儒师教育的重点领域,为师范生成为合格乃至优秀教师标明方向。为此,我们积极推动将中华优秀传统文化融入教师教育的实践,取得了阶段性成果。一是开展"君子之风"教育和文明修身活动,提出了"育教师之四有素养、效圣贤之教育人生、展儒师之时代风范"的教师教育理念,为师范文化注入新的内涵。二是立足湖州的文脉精华,挖掘区域文化资源,推进校本课程开发,例如"君子礼仪和大学生形象塑造""跟孔子学做教师"等课程已建成校、院两级核心课程,成为将中华优秀传统文化融入教师教育的有效载体。三是把社区教育作为将中华优秀传统文化融入教师教育的重要渠道,建立"青柚空间""三点半学堂"等师范生服务社区平台,这些平台成为师范生传播中华优秀传统文化和收获丰富、多样的社区教育资源的重要渠道。四是重视推动有助于将中华优秀传统文化融入教师教育的社团建设工作,例如建立胡瑗教育思想研究社团,聘任教育史专业教师担任社团指导教师,使师范生在参加专业的社团活动中获得成长。这些工作的深入开展,对向师范生开展中华优秀传统文化教育产生了积极作用,成为师范生认识国情、认识历史、认识社会的重要举措。而此次组织出版的"当代儒师培养书系",正是学院教师对优秀教师培养实践理论探索的汇集,也是浙江省卓越教师培养协同创新中心浙北分中心、浙江省重点建设教师培养基地、浙江省高校"十三五"优势专业(小学教育)、湖州市重点学科(教育学)、湖州市人文社科研究基地(农村教育)、湖州师范学院重点学科(教育学)的研究成果。我们相信,该书系的出版,将有助于促进学院全面深化教师教育改革,进一步提升教师教育质量。我们更相信,将中华优秀传统文化融入教师培养全过程,构建先进的、富有中国烙印的教师教育文化,是历史和时代赋予教师教育机构的艰巨任务和光荣使命,值得教师教育机构持续探索、创新有为。

舒志定

2018 年 1 月 30 日于湖州师范学院

前　言

　　20 世纪上半叶是我国教学论学科初步形成与发展的重要时期。我国的教学论学者群体率先在清末优级师范学堂和初级师范学堂开设教学论课程，后借助教育学会、教育期刊、教育研究机构等实践平台，引介日本及欧美的教学论，并继承中国传统的教学论思想，对教学论的学科性质、研究内容与方法和理论体系的构建，以及人才培养等进行了积极的探索，成为推动教学论学科形成与发展的坚实力量。可以说，近代中国教学论学者群体的发展史也是一部教育学术发展史，可为当今学者审视近代中国教学论学者群体凭借师范学校、学会、研究机构等平台开展教学论研究的学术史提供一个真实生动的缩影，其经验教训也可为当今教学论学科建设提供借鉴价值。除绪论、余论外，本书主要分以下五章展开论述：第一章主要阐述近代中国教学论学者群体形成的历史背景。20 世纪上半叶教学论学者群体的形成与西方教学论的导入、学堂的创办与发展以及师范教育和大学教育学科的兴起有关。第二章主要论述近代中国教学论学者群体学术活动的开展。在介绍近代教学论学者群体借助师范学校和大学教育学系、教育学会、教育研究机构、教育期刊等平台开展教学论学术活动的基础上，力求分析近代中国教学论学者群体即"学术共同体"的构成并揭示其主要特征。第三章主要对近代中国教学论学者群体开展个案考察。选取俞子夷、杨保恒、沈百英、赵廷为、钟鲁斋、陈鹤琴、刘百川、李清悚、陶行知为个案考察其教学理论与实践研究，力求在一定程度上深化对近代中国教学论思想的研究。第四章主要探讨和分析近代中国教学论学者群体的构成与特征。具体而言，近代教学论学者群体的构成主要包括中小学教师，师范学校教师，师范学院及大学教育学院的教师、研究者以及文化出版界教学论学者，他们具备如下特征：受国外教学论思想影响、学者来源多元化以及注重教学理论与实践相结合。第五章主要分析总结近代中国教学论学者群体对教学论学科发展做出的历史贡献，即推进了西方教学论的导入、推动了近代教学论的建设以及培养教学论专业人才。余论部分对近代中国教学论学者群体发展的历史启示予以反思：要加强学科自主性的探索、学科本土化的探求、学科情怀的培植、学科教材的建设以及学科人才的培养。

　　20世纪上半叶，我国的教学论学者群体为建立教学论学科进行了艰苦的探索研究，其中既有成功的经验，也有失败的教训，这些均成为中国教学论学科研究的宝贵财富。正是这些经验和教训才使得教学论学科经历了从无到有，从初步产生到成长发展的过程。这过程虽不很长，却是近现代中国教学论学科形成和发展的关键时期，它在中国教学论学科发展史上具有极其重要的地位，因此绝不能忽视教学论学者群体在近代中国产生和发展的这段历史。基于此，本书力求对近代中国教学论学者群体开展的教学论研究进行探讨，在此基础上全面、系统、深入分析教学论学者群体的构成、特征及其影响，希冀对教学论学科发展有所借鉴。

目 录

CONTENTS

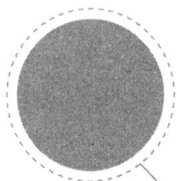

绪 论

一、选题缘起及意义

（一）选题缘起

"学科"一词是清末新式学堂采用分科教学以后由西方引进的一种知识分类概念，它具有"学术领域、课程、纪律、严格的训练、规范、规则、约束以至熏陶等多重含义"[①]，在中文里没有与之完全对应的词，但通过新式学堂教育的推广，"这种以知识性质为分类标准的学科概念，非但正式成为近代教育体制中分门划界的主要依据，同时也构成了 20 世纪学术发展的基本框架"[②]。20 世纪初期，教学论学科自日本导入。为促进我国教学论学科的形成与发展，教学论学者群体借助师范学校和大学教育学院、教育学会、教育研究机构、教育杂志等平台深入开展教学论研究，传播教学论研究成果，同时也积极开展教学实验研究，这些研究与实验均成为中国教学论学科研究的宝贵财富。正是这些研究和经验才使得教学论学科经历了从无到有、从初步产生到成长发展的过程，此过程虽不很长，却是中国教学论学科初步形成和发展的关键时期，在中国教学论学科发展史上具有极其重要的地位。20 世纪 90 年代，教学论学科史研究成果逐步问世，但数量极

[①] Simpson J, Weiner E S C. The Oxford English Dictionary, Volume 4 [M]. Oxford : Oxford University Press, 1989:574−575.

[②] 刘龙心. 学术与制度——学术体制与现代中国史学的建立 [M]. 北京：新星出版社，2007：2.

1

少，而教学论学者群体研究的成果更是付之阙如。① 据笔者目力所及，迄今为止，在我国尚未对近代中国教学论学者群体及其开展教学论研究的学术史进行系统研究，这不能不算教学论学科史研究的一个缺憾。今天，从学术史的角度来探讨各学科已成为现代各学科研究的重要趋势。② 教学论学科研究中的"轻史"现象，让笔者感到困惑：难道近代教学论在中国教学论学科发展过程中不重要因而不值得去研究？抑或是人们没有意识到近代中国教学论学者群体在教学论学科形成与发展中的重要作用？正是对这种现状的困惑成为本研究的缘起之一。鉴于近代中国教学论学者群体地位之"重要性"和现今中国教学论研究者对其缺乏系统研究，本研究试图在充分占有现有研究成果及其他史料的基础上，探寻近代中国教学论学者群体形成的历史背景以及开展的学术活动，以期展现近代中国教学论学科发展之原貌，同时也为当代中国教学论研究者提供历史借鉴。

（二）选题意义

其一，了解中国教育近代化发展的一个缩影。中国教育的近代化是"指一种历史过程，是近代资本主义兴起之后，通过多次的教育改革、学习、借鉴西方教育经验，改造、更新传统教育，努力赶上世界先进教育水平的历史过程。这个过程，既体现在教学内容、教育制度、教学方法和手段等物化层次方面，也更深刻地反映在诸如教育理论、教育思想，以至于教育观念、社会心理、价值取向等精神、思想和心理层面"③。20世纪初，随着教学论学科的引进，教学论学者群体在教学组织形式与制度、教学方法、教材、教学实验等方面的探索，在一定程度上促进了近代教学论学科的形成与发展，也成为了解中国教育近代化的一个缩影，有利于人们了解和把握中国教育近代化的进程。

其二，了解近代中国教学论学科发展概貌。一门"学科"的存在均有其产生、发展的历史。自20世纪80年代以来，对教学论学科的研究受到学者关注，但对教学论学科史研究的成果较少，其中更是缺乏对近代中国教学论学者群体的关

① 据笔者所查，主要有：熊明安. 中国教学思想史 [M]. 重庆：西南师范大学出版社，1989；李定仁. 教学思想发展史略 [M]. 西宁：青海人民出版社，1993；董远骞. 中国教学论史 [M]. 北京：人民教育出版社，1998；张传燧. 中国教学论史纲 [M]. 长沙：湖南教育出版社，1999.

② 郑金洲，瞿葆奎. 中国教育学百年 [M]. 北京：教育科学出版社，2002；金林祥. 20世纪中国教育学科的发展与反思 [M]. 上海：上海教育出版社，2002.

③ 田正平. 留学生与中国教育近代化 [M]. 广州：广东教育出版社，1996：8.

注。近代中国教学论学者群体对教学论教材的编写、教学科目的设置、教学理论的探索、教学方法的改革和创新、教学实验的推广等进行的研究与实验，可为当代中国教学论学科发展提供经验教训，同时也有助于人们了解近代中国教学论学科发展概貌。

二、核心概念界定

（一）学术史

关于"学术史"的界定和阐释。梁启超在《中国近三百年学术史》中"专门以思潮相标举"①。"研究学术的历史，从历史角度看学术，这就是学术史。"② 陈平原认为："不外'辨章学术，考镜源流'……无论是追溯学科之形成，分析理论框架之建构，还是分析具体的名家名著、学派体系，都无法脱离其所处时代的思想文化潮流。"③ 张立文认为："通过考镜源流、分源别派，历史地呈现其学术延续的血脉和趋势。"④ 可知，学术史研究是关于学术研究的学术研究，即研究过往学术发展的历程。当代学术史研究主要包括四个方面内容：宏观的学术史研究、学科史研究、学者个案研究、学术批评（评论）。⑤ 学术史与思想史密切联系，历史上并不存在脱离"思想"的"纯学术"。

关于"学术史"的研究范式。库恩（T. S. Kuhn）将科学史划分为科学内部史和科学外部史。前者旨在揭示科学理论和方法产生的内在逻辑规律；后者力求阐明影响和制约科学发展的各种社会因素。⑥ 如果说科学史偏重于自然科学技术的历史而学术史偏重于人文社会科学的历史，依据同理也可将学术史视为由其内部史和外部史构成。上述观点迄今已获得国内学者的普遍认可和采纳。左玉河强调："中国学术之发展演变：一是思想层面的演变，二是制度层面的演变。"⑦ 应星和肖朗等学者认为："对学术史的考察主要有学术史内在理路（内部史）和外在

① 梁启超. 中国近三百年学术史 [M]. 北京：人民出版社，2008：1.
② 李学勤. 重写学术史 [M]. 石家庄：河北教育出版社，2002：6.
③ 转引自余三定. 学术史："研究之研究"——兼评北京大学出版社"学术史丛书" [J]. 北京大学学报（哲学社会科学版），2005（5）:126.
④ 张立文. 清代朴学研究的重要拓展 [J]. 社会科学战线，2005（6）:139.
⑤ 余三定. 当代学术史研究：新兴的学科 [J]. 中山大学学报（社会科学版），2011（2）:139.
⑥ Kuhn T S. The History of Science[M]// SillsD L(ed.).International Encyclopedia of the Social Sciences,Vol 14.New York：Macmillan and Free Press，1968:74–83.
⑦ 左玉河. 中国近代学术体制之创建 [M]. 成都：四川人民出版社，2008：7.

理路（外部史）两种研究范式，前者旨在通过对学术代表人物及其代表作的考察和分析来揭示学术思想的内在逻辑线索，因而重在学术的观念和理论层面。后者侧重于考察和分析学术与社会（主要包括政府、大学、学会、企业以及各种组织和机构等）的互动关系，力求阐明影响和制约学术发展的各种外在社会因素，因而重在学术的实践和制度层面。"[①] 就学术的外部史或"外在理路的研究"而言，左玉河结合近代中国的具体国情，认为其研究对象主要包括现代大学制度的建构、专门研究机构的创立、近代学会的建立、新式学术期刊的创办、图书馆及出版机构的设立以及学位制度、学术评议制度的建设等方面[②]，从而为学界开展相关学科史研究提供了可资借鉴的坐标系。

（二）教学论

正如有些专家所指出的："'教学论'在我国近代称为'教授学''教授法''普通教学法''教学法''教学理论'等，在现代则称为教学论，它们是教学实践发展到一定阶段才形成并逐步发展的。"[③] "近代以来，在翻译西方教育名词的过程中，对于'教学论'这个词，汉语使用过的同义词有'教授学''教学法''教学原理''普通教学法'等。"[④] 在近代中国教学论导入和研究的过程中，学者们对教学论及其相关概念做了一系列的阐述，在此基础上，《教育大辞书》《中国教育辞典》加以归纳总结道："教授学，乃教授与学习之学也。昔者，教师专顾教授，不顾儿童之学习，近今之趋势，则主以儿童之学习为中心。专取教授之态度或注入式之教授，今人咸知其非，以儿童之学习为根据，使之自然活动，诚正当之方法也。虽然教师若纯任儿童之自发，心理之活动，则有时亦有不适于教授目的之弊病……教授学者即研究合乎教授目的之学习之学也。"[⑤] "教学法通常称专论各种教授方术者为教学法。惟教授方术须有适当之原则为指导，故教学法之范围可分为三部分：一、教导与学校之原则，此项原则须合于教育之目的，且须以生理学、心理学、社会学之研究结果为依据；二、教授方术，即教授各种

① 思想与社会编委会. 教育与现代社会 [M]. 上海：上海三联书店，2009：157；肖朗，项建英. 学术史视野中的近代中国大学教育学科 [J]. 社会科学战线，2009（9）：20.
② 左玉河. 中国近代学术体制之创建 [M]. 成都：四川人民出版社，2008：7.
③ 董远骞. 中国教学论史 [M]. 北京：人民教育出版社，1998：2.
④ 王策三. 教学论稿 [M]. 北京：人民教育出版社，2005：1.
⑤ 唐钺，朱经农，高觉敷. 教育大辞书 [Z]. 上海：商务印书馆，1930：1019.

学科之具体方法。常因其研究范围之广狭而有普通及各科教学法之别。"①

可见，教学论在近代的称谓没有完全统一，或称作"教授学"，或称作"教学法"，但在现代已统称为教学论。当代学者一般认为："教学论是指教育学的分支，研究教学过程的规律及其应用的科学。"②"但对于教学论研究的具体内容，不同研究者所提到的内容又有细微差别，如教学论研究的具体内容包括教学的任务，以及如何运用教学规律来解决教学工作中的理论和实际问题，如课程论、教学原则、教学方法、自学方法、考试和考查、教学的工作的组织形式等。"③"教学论是研究教学一般规律的科学。它的研究范围十分广泛，包括教学过程及其本质、教学目的与任务、教学原则、教授与学生、课程设置与教材、教学方法与形式、教学环境、教学评价与管理等。教学是一个实践过程，教学论就是从教学实践中总结、概括并上升为理论的科学体系。它来自教学实践，又指导教学实践；通过教学实践，又发展教学理论。"④"一般而言，教学论理论研究有如下几个主要领域：教学目标研究；教学内容研究；教学过程及其规律性；教学方法；教与学的组织形式，班级授课制、导生制、道尔顿制等；教学中的教育性。"⑤"本书涉及的内容有：教学概论、学习论、教学结构、教学规律、教学过程、教学目的、教学内容、教学环境、教学原则、教学细则、教学方法和手段、教学组织与管理、教学评价、教学论与学科、教学论的科学化问题。"⑥

然而，在近代中国由于教学论仍是一门新兴的学科，整体上尚不成熟，处于不断发展的过程中，所以虽然也探讨教学原则、教学目的与任务、教学过程及其本质、教学组织形式、教材、教学方法等基本问题，但其内容并不像当代教学论那样丰富、全面和系统，归纳起来主要包括：（1）普通教学论，旨在研究中小学教学的一般理论和方法；（2）学科教学论，旨在研究中小学某一学科（科目）的教学理论和方法，如语文教学论、数学教学论；（3）关于课程问题的研究，其内容原本包含在教学论中，随着西方国家特别是美国日益重视课程问题的研究，课

① 余家菊，李璜. 中国教育辞典 [Z]. 上海：中华书局，1928：654.
② 朱作仁. 教育辞典 [Z]. 南昌：江西教育出版社，1987：637.
③ 朱作仁. 教育辞典 [Z]. 南昌：江西教育出版社，1987：637.
④ 李秉德，李定仁. 教学论 [M]. 北京：人民教育出版社，1991：1.
⑤ 杨小微. 现代教学论 [M]. 太原：山西教育出版社，2004：100.
⑥ 张楚廷. 教学论纲 [M]. 北京：高等教育出版社，2008：1—4（目录）.

程研究逐渐脱离教学论而发展成为一个相对独立的研究领域，课程论遂脱颖而出并传入中国。从近代中国教学论产生、发展的历史进程及其实际情况来看，清末以普通教学论研究为主，学科教学论依附于普通教学论，而且由于当时两者之间的界限尚不清晰，所以论述普通教学论的教材及著作中大多包含学科教学论的内容；民国时期，学科教学论与普通教学论相分离并受到广泛关注，甚至一度出现了小学各科教材教法研究的热潮；20世纪二三十年代以后，作为教学论组成部分的课程论也逐渐从教学论中分化出来，最终形成独立的研究领域。有鉴于此，本文中所说的教学论主要指普通教学论、学科教学论、课程论及其相关问题的理论。

（三）学者群体

学者，属于社会学概念，有广义、狭义之区分。广义的"学者"，系指具有一定学识水平、能在相关领域表达思想、提出见解、引领社会文化潮流的人。狭义的"学者"，指通过学问觉悟之人，即专门从事某种学术体系研究的人。本书谈论的"学者"主要是指从事教学论学术研究的人，是狭义的概念。

群体作为社会学分析的具体单位，在社会学的先驱者那里，就已被列入研究的重要内容。但对群体做出明确的定义，还是20世纪初的事。美国社会学家阿尔比恩·W.斯莫尔在1905年将群体定义为"一大群或一小群的人，在某一期间所存在的关系使我们必须把他们作为整体来考虑"①。此后，人们认为这一定义过于宽泛，于是对群体的含义又提出了各种各样的解释。我们认为，群体是人们通过某种社会关系联结起来，进行共同活动和感情交流的集体。它既同社会和个人相区别，又介于社会和个人之间，并且是联结二者的中介。群体大致有以下特征：（1）有一定数量的社会成员。群体成员至少有两个人，这是构成群体的主体基础。在较大的群体中，还有一定的组织结构和一定的分工协作，并且有权威人物的存在。（2）有一定的为群体成员所接受的目标。群体目标是群体功能的具体体现，也是组织的灵魂。没有目标的群体是不可能存在的。（3）有明确的成员关系，并形成归属感。群体成员之间互相依赖，在心理和行为上互相影响，围绕群体目标开展活动，具有相对独特的互动方式。（4）有一定的行为准则。群体规范

---

① 【美】戴维·迈尔斯. 社会心理学 [M]. 张智勇，乐国安，等，译. 北京：人民邮电出版社，2006：13.

有些是明文规定的，有些则是约定俗成的，它保证群体有秩序地、协调地开展活动。（5）时间上具有一定的持续性。任何群体都是现实的社会实体，它不仅占有一定的空间位置，而且在时间上也具有一定的持续性。从群体的界定可以看到，群体和我们一般所讲的人群是不同的概念。在社会学研究中，人群通常是指那些偶发聚集体，也就是偶然地在同一时间、同一地方临时聚集起来的一群人，比如搭乘公共汽车的乘客、商店里购物的顾客、电影院里观看电影的观众、餐厅里就餐的食客等。在这些人群的成员之间并不发生具有意义的社会互动，也没有共同的归属感，聚合的时间也十分短暂，因此他们不能算作群体。然而需要指出的是，即使是松散的人群，在一定条件下也会转化为我们所说的群体。[①]《现代汉语词典》的解释：群体指本质上具有共同特点且互有联系的个体组成的聚拢体[②]，不论是传统社会结社还是近代学术团体创设，只有知识分子的大范围集结，才能出现某一领域专家群体。本书所说的近代教学论学者群体是指在近代教学论形成与发展过程中会聚的一批长期致力于教学理论和教学实践研究、具有一定学术影响力的学者。

三、文献综述

关于近代中国教学论群体研究的直接史料较少，均散见于相关文献史料，中国教育史、中国教育思想史、教育学史、教学论史、教育家传记等先期研究成果中，梳理考察上述史料可成为本研究的史料来源。

（一）相关文献史料综述

教学论作为"舶来品"，起初是以译著的形式传入中国的，随后国人才尝试编写教学论教材和著作。因此，在研究近代中国教学论学者群体时，就必须对其翻译的著作进行研究。在近代中国教学论发展史上，主要有日本赫尔巴特教学论思想及美国进步主义教学论思想和要素主义教学论思想的传入。从日本传入的教授学著作主要有 1901 年在《教育世界》上刊载的日本汤本武比古的《教授学》。有的学者认为这是传入中国的第一本教学论著作。[③] 此外，还有多田房之助的《教

---

① 祝蓓里，杜公卓. 爱与成长 [M]. 上海：华东师范大学出版社，2001.
② 中国社会科学院语言研究所词典编辑室. 现代汉语词典 [Z]. 北京：商务印书馆，2017：1089.
③ 周谷平. 近代西方教育理论在中国的传播 [M]. 广州：广东教育出版社，1996：8.

授指南》①、长谷川乙彦的《教授学原理》②、大濑甚太郎等的《教授法沿革史》③ 等。从欧美国家传入的教学论译著主要有赫尔巴特的《普通教育学》④、巴格莱和克玉书的《教学概论》⑤、帕刻的《普通教学法》⑥ 等。以上译著均为本研究提供了第一手资料。

毋庸置疑，近代中国学者所撰写的教学论教材、著作是本研究所要考察的主要对象，它们也构成本研究的主要文献史料。首先要提到的是福建教育出版社出版的"二十世纪中国教育名著丛编"，其中汇编了若干教学论及教育学的代表作，如俞子夷、朱晟旸编的《新小学教材和教学法》⑦、赵廷为著的《教材及教学法通论》⑧、陈侠著的《近代中国小学课程演变史》⑨、盛朗西编的《小学课程沿革》⑩、萧承慎著的《教学法三讲》⑪、熊子容编的《课程编制原理》⑫、龚启昌著的《中学普通教学法》⑬，以及张子和、舒新城、庄泽宣、孟宪承、吴俊升等编著的教育概论、通论类著作。⑭ 除上述著作外，近代中国学者撰写的教学论代表作还有李步青即李廉方著的《新制各科教授法》⑮、刘百川著的《小学教学法通论》⑯、程其保著的《小学教学法概要》⑰、李清悚著的《小学教材及教学法》⑱、罗廷光著的《教学通

---

① 多田房之助. 教授指南 [M]. 东京：并木活版所，1902.
② 长谷川乙彦. 教授学原理 [J]. 教育世界，1905 年 2—3 月，第 93、94、95 号.
③ 大濑甚太郎，中川延治. 教授法沿革史 [J]. 教育世界，1902 年 5—6 月，第 25—28 号.
④ 赫尔巴特. 普通教育学 [M]. 尚仲衣，译. 上海：商务印书馆，1939.
⑤ 巴格莱，克玉书. 教学概论 [M]. 林笃信，译. 上海：商务印书馆，1933.
⑥ 帕刻. 普通教学法 [M]. 陈礼江，译. 上海：民智书局，1932.
⑦ 俞子夷，朱晟旸. 新小学教材和教学法 [M]. 福州：福建教育出版社，2006.
⑧ 赵廷为. 教材及教学法通论 [M]. 福州：福建教育出版社，2007.
⑨ 陈侠. 近代中国小学课程演变史 [M]. 福州：福建教育出版社，2007.
⑩ 盛朗西. 小学课程沿革 [M]. 福州：福建教育出版社，2008.
⑪ 萧承慎. 教学法三讲 [M]. 福州：福建教育出版社，2009.
⑫ 熊子容. 课程编制原理 [M]. 福州：福建教育出版社，2009.
⑬ 龚启昌. 中学普通教学法 [M]. 福州：福建教育出版社，2011.
⑭ 孟宪承. 教育概论 [M]. 福州：福建教育出版社，2006；孟宪承，陈学恂. 教育通论 [M]. 福州：福建教育出版社，2006；舒新城. 教育通论 [M]. 福州：福建教育出版社，2006；庄泽宣. 教育概论 [M]. 福州：福建教育出版社，2006；吴俊升，王西征. 教育概论 [M]. 福州：福建教育出版社，2006；张子和. 大教育学 [M]. 福州：福建教育出版社，2009.
⑮ 李廉方. 新制各科教授法 [M]. 上海：中华书局，1914.
⑯ 刘百川. 小学教学法通论 [M]. 上海：商务印书馆，1926.
⑰ 程其保. 小学教学法概要 [M]. 上海：商务印书馆，1931.
⑱ 李清悚. 小学教材及教学法 [M]. 南京：正中书局，1935.

论》①、王士略著的《教学原理》②、葛承训著的《教学通论》③等。本书主要通过对上述代表作进行文本分析来阐述其主要内容、观点，在此基础上揭示其思想特征，并评定其学科地位。

（二）先期研究成果综述

到目前为止，关于近代中国教学论学者群体研究的成果虽不多见，但前人关于教育史及教学论的研究成果都会涉及近代教学及教学论的内容，正是这些研究成果成为本研究的重要基础。与本研究相关的国内研究成果主要可以归结为以下四个方面。

其一，在考察中国教育史、中国教育思想史时，已有研究成果涉及本主题。如陈青之著的《中国教育史》论述了俞子夷开展设计教学法、舒新城实行道尔顿制等内容④；陈学恂在《中国近代教育史教学参考资料》中谈到俞子夷的两部教授法、五段教授法、设计教学法的实施与改革等⑤；孙培青和李国钧著的《中国教育思想史》阐述了俞子夷设计教学法和舒新城道尔顿制在中国的实施情况以及杜威实用主义思想的影响⑥。这类成果主要阐述了教学论学者如何引介并在国内开展教学方法实践研究，研究内容较为单一，缺乏对教学论学者开展的教学论研究的全面探讨。

其二，在研究教育学史时，涉及教学论学者对近代教学论学科发展内容的分析，如周谷平著的《近代西方教育理论在中国的传播》涉及赫尔巴特和杜威实用主义教育思想传入后，教学论学者对其在教学思想、教学内容、教学方法、教材等方面的影响进行的探讨。⑦金林祥在《20世纪中国教育学科的发展与反思》中介绍了教学论学者在师范院校讲授教学论课程、编写教学论教材等。⑧侯怀银在《中国教育学发展问题研究——以20世纪上半叶为中心》中介绍了近代教学论学

---

① 罗廷光. 教学通论 [M]. 上海：中华书局，1940.
② 王士略. 教学原理 [M]. 香港：大千印刷出版社，1947.
③ 葛承训. 教学通论 [M]. 北京：中华书局，1958.
④ 陈青之. 中国教育史 [M]. 上海：商务印书馆，1936.
⑤ 陈学恂. 中国近代教育史教学参考资料（上、中、下）[M]. 北京：人民教育出版社，1987.
⑥ 孙培青，李国钧. 中国教育思想史（第三卷）[M]. 上海：华东师范大学出版社，1995.
⑦ 周谷平. 近代西方教育理论在中国的传播 [M]. 广州：广东教育出版社，1996.
⑧ 金林祥. 20世纪中国教育学科的发展与反思 [M]. 上海：上海教育出版社，2002.

者对教学论教材引进的数量和内容等进行的研究。[①] 王坤庆在《20世纪西方教育学科的发展与反思》中介绍了教学论学者对西方教学论学科的起源、发展、分化等情况的研究,有助于更加深入地了解近代中国教学论学科的理论来源及其特征。[②] 上述成果侧重于教学论学者对教学论学科导入情况和对教学论教材、教学方法以及教学论学科发展等方面的研究,但研究较为碎片化。

其三,教学论史研究对近代教学论学者进行详细阐述,如董远骞著的《中国教学论史》对国人自编的教授(学)法、陶行知的新民主主义教学论、俞子夷的教学艺术观、廖世承的道尔顿制实验、陈鹤琴的教学原则、国人自编的教材等进行阐述。[③] 张传燧著的《中国教学论史纲》从教学目的、教学内容、教学过程、教学模式等方面探讨了近代教学论学者开展的研究。[④] 这类成果对教学论学者开展的教学论研究阐述得较为详细,能从教学论学科发展的内容、性质、方法等方面进行研究,为本研究内容的开展提供了参考。

其四,在考察近代教育家思想时,涉及本主题的有:崔运武著的《舒新城教育思想研究》阐述了舒新城的道尔顿制研究[⑤];汤才伯著的《廖世承教育思想论稿》对廖世承的课程教材论和教学方法论内容进行了论述[⑥];漳开沅著的《余家菊与近代中国教育》对余家菊的活动教学理论进行了阐述[⑦];黄仁贤等著的《中外著名教育家简介》主要介绍了蔡元培、陶行知、杨贤江等教育家的教学论研究[⑧];董远骞著的《俞子夷教育思想研究》和《俞子夷教育实践研究》对俞子夷的教学理论与实践进行了探讨[⑨];顾伟著的《陶行知教育思想研究》阐述了陶行知的教学法及教学实验内容[⑩];耿有权著的《郭秉文教育思想研究》对郭秉文的教学思想与实践

① 侯怀银. 中国教育学发展问题研究——以20世纪上半叶为中心 [M]. 太原:山西教育出版社,2008.
② 王坤庆. 20世纪西方教育学科的发展与反思 [M]. 上海:上海教育出版社,2000.
③ 董远骞. 中国教学论史 [M]. 北京:人民教育出版社,1998.
④ 张传燧. 中国教学论史纲 [M]. 长沙:湖南教育出版社,1999.
⑤ 崔运武. 舒新城教育思想研究 [M]. 沈阳:辽宁教育出版社,1994.
⑥ 汤才伯. 廖世承教育思想论稿 [M]. 北京:人民教育出版社,1997.
⑦ 漳开沅. 余家菊与近代中国教育 [M]. 武汉:华中师范大学出版社,2007.
⑧ 黄仁贤,等. 中外著名教育家简介 [M]. 福州:福建教育出版社,2008.
⑨ 董远骞. 俞子夷教育思想研究 [M]. 沈阳:辽宁教育出版社,1993;董远骞,董毅青. 俞子夷教育实践研究 [M]. 杭州:浙江教育出版社,2008.
⑩ 顾伟. 陶行知教育思想研究 [M]. 徐州:中国矿业大学出版社,2011.

进行阐述[①]；等等。这类成果主要对近代教育家的教育思想进行探讨，其中涉及教学论思想研究内容。

总之，在分析、借鉴已有研究成果的基础上，我们发现相关研究仍有可拓展的余地。

其一，现有的相关研究缺乏教学论学者全面系统地探讨教学论学科发展的研究成果。已有研究多是考察近代教育家对近代中国教育的贡献，缺少教学论学者群体兼个体对近代中国教学论学科发展的影响的相关成果。

其二，现有的相关研究多是"片面"阐释，缺乏"全面"探讨。相关成果多关注教学论学者的教育思想，研究内容较为片面，对教学论学科发展的教学理论体系、教材内容、教学实践等缺乏全面系统的研究。

其三，引证史料单一，"广度、深度"尚需拓展。已有研究大多采用中央或地方教育政策文本、官方出版史料等，引证史料较为狭窄。本研究将深化和拓展以往史料，拟以专题研讨的方式，通过查阅民国专题研究库、民国教育学和教学论书籍，挖掘大量校史、传记、日记、书信、回忆录等史料，资料挖掘的广度和深度亟待拓展与提升。

四、研究视角、思路及方法

（一）研究视角和思路

学术史的研究主要包括"内在理路的研究"和"外在理路的研究"两种不同的分析框架。前者旨在通过对学术代表人物及其代表作的考察和分析来揭示学术思想的内在逻辑线索，因而重在学术的观念和理论层面；而后者则侧重于考察和分析学术与社会（主要包括政府、大学、学会、企业以及各种组织和机构等）的互动关系，力求阐明影响和制约学术发展的各种外在社会因素，因而重在学术的实践和制度层面。[②] 就学术的外部史或"外在理路的研究"而言，有的专家结合近代中国的具体国情，认为其研究对象主要包括现代大学制度的建构、专门研究机构的创立、近代学会的建立、新式学术期刊的创办、图书馆及出版机构的设立以及学位制度、学术评议制度的建设等方面[③]，从而为学界开展相关研究提供可资借

---

① 耿有权. 郭秉文教育思想研究 [M]. 南京：东南大学出版社，2014.

② 肖朗，项建英. 学术史视野中的近代中国大学教育学科 [J]. 社会科学战线，2009（9）：100.

③ 左玉河. 中国近代学术体制之创建 [M]. 成都：四川人民出版社，2008：7.

鉴的坐标系。鉴于上述情况，本课题的总体研究思路可归结为从学术史的视角出发，兼顾内部史和外部史两个方面，借助发展平台开展的教学论研究，力求对近代中国教学论学者群体形成的原因，教学论学者群体的构成、特征及其影响等进行较为全面、系统、深入的考察和探讨。

（二）研究方法

本研究是一项历史研究，拟运用辩证唯物主义和历史唯物主义的基本观点和方法，同时借鉴学术史研究的分析视角和框架，对近代中国教学论学科群体的形成和发展进行考察，具体方法主要包括以下几种。

文献分析法：通过多层面挖掘教育部档案、教育法规、教育年鉴、教育杂志、教育研究机构、教育学会等史料，从中整理出关于近代教学论学者群体形成与发展的史料；整理译著（教材）、校史、文集、自传、日记、书信、回忆录等，从中梳理教学论学者群体开展教学论的背景、内容等方面的资料。

个案研究法：在分析近代教学论学者借助师范学校或大学、教育学会、教育期刊、教育研究机构等平台开展的教学论研究时，拟选取有代表性的个案进行研究，如中华人民共和国成立前的江苏教育总会、《教育杂志》、《中华教育界》、国立中山大学教育研究所、国立北平师范大学教育研究所等，以此深化教学论学者对近代中国教学论的实证研究的分析；同时对俞子夷、李廉方、舒新城、钟鲁斋、罗廷光、赵廷为、陈鹤琴、陶行知等学者开展个案研究。

比较研究法：纵向上将不同时期教学论学者开展的教学论进行比较，以明了20世纪上半叶中国教学论学科发展变化的整个脉络。横向上将进行学校、学会、期刊、研究机构、学者之间教学论发展的差异比较，以展现教学论学科发展的丰富面相。

第一章

近代中国教学论学者群体
形成的背景

近代中国教学论学者群体的形成与西方教学论的导入、新式学堂的创办与发展、师范学校和大学教育学院的兴起、教育学会和教育研究机构等平台的创办以及教学实验的开展等因素有关，这些因素共同促进了我国近代教学论学者群体"研究共同体"的形成。

一、西方教学论的导入

早在明清之际，来华的传教士以学术和器物为先导，向中国大量传播西方科学文化知识，主要是翻译西方自然科学和人文科学书籍。在人文科学书籍中涉及少量的教育学译著，如利玛窦（Matteo Ricci，1552—1610）的《西国记法》、艾儒略（J. Aleni，1582—1649）的《西学凡》和《职方外纪》、高一志（P. Alphonsus Vagnoni）的《童幼教育》等。其中利玛窦的《西国记法》是一部教育著作，被称为"第一部'记忆术教本'或'教学法专题'之类的论著"[1]。作者对记忆原理、记忆方法和记忆实践等教学内容进行了介绍。艾儒略的《西学凡》"是一本欧西大学所授各学科之课程纲要"[2]。作者对当时欧洲教育的六个学科的课程设置及每门课的教学、考试进行了比较全面而又扼要的介绍。《职方外纪》介绍了当时欧洲从小学、中学到大学的一整套教学制度和学习科目、考试用人制度等。高一志的

---

[1] 董标. "教之术"到"教育学"演变论 [J]. 华南师范大学学报，2006（6）：81.
[2] 徐宗泽. 明清间耶稣会士译著提要 [M]. 北京：中华书局，1989：89.

《童幼教育》是关于儿童教学方法的教材，其"先言教育之理，继述譬喻故事，以显明之"①，以儿童易于接受的方式编写，使儿童"议读之不觉枯窘"。总体而言，明清之际，来华的传教士对西方教学理论知识的介绍和传播为鸦片战争时期近代西方教学理论和教学实践的导入提供了前提条件。

鸦片战争后，西方传教士大量涌入中国，西方教育理论开始有系统、有组织地传入中国。这一时期传教士通过专著向中国介绍了有关西方学制的内容，如花之安（E. Faber，1839—1899）所著的《德国学校论略》、丁韪良（W. A. P. Martin，1827—1916）所著的《西学考略》、李提摩太（T. Richard，1845—1919）撰写的《七国新学备要》等。这些著述中的教学内容为国人提供了教学论知识的先期资源。花之安的《德国学校论略》（1873）一书"堪称鸦片战争后系统导入西方高等教育的开山之作"②，主要介绍了德国的大学及各类高等专门学校。美国传教士丁韪良（W. A. P. Maltin，1827—1916）的《西学考略》一书，为清末创立近代中国教育提供了极具价值的参考材料。1888年6月，李提摩太撰写了《新学》一文，并于次年3月发表在《万国公报》上，后另出单行本，改名为《七国新学备要》，旨在介绍"天下学校之大略"，并"酌定""中国学校之新章"。③除翻译西方传教士的教育类著作之外，近代教会学校中"教学课程论"课程的开设也是了解和传播近代西方教学理论知识和教学实践的重要途径，如1888年成立的北京怀理书院，在自然课程的讲授中强调实验，在化学课的讲授中除要求学生完成听课、课堂练习外，特别要求学生每周完成4～6小时的实验。生物课为学生准备了标本和实物，以备观察。至19世纪末20世纪初，一些教会学校升格为大学，而"教育"一科一直是教会大学早期开设的学科之一，如华西大学、燕京大学、华南女子文理学院等都有教育类课程，其中燕京大学还开设选修科目"中等教学法"。此外，教会大学的教学发生变化，强调发展实用性专业和课程，这些课程在教学方式和方法上注重实证、实验和亲身参与及动手能力的培养。

20世纪初，赫尔巴特五段教授法传入中国。但是直到1908年以前，五段教

① 钟鸣旦. 徐家汇藏书楼明清天主教文献 [M]. 台北：方济出版社，1996：273.
② 肖朗. 花之安《德国学校论略》[J]. 华东师范大学学报（教育科学版），2000（2）：23.
③ 李提摩太. 七国新学备要·新学汇编（卷二）[M]. 上海：广学会，1898：21；20-21；21；20；22；23；27.

授法的传播仍然停留在以翻译出版有关书籍为主的舆论宣传阶段。受聘来华的日本教习在一些师范学堂讲授教育学时把五段教授法作为主要的教授法则；留日归国学生在南通、上海等地的个别新式学堂采用五段教授法进行教学。1909年春，俞子夷与杨保恒、周维城一起，受江苏教育总会委托，赴日学习考察单级教授法。1909年8月，江苏教育总会在上海举办单级教授法练习所，宣传、推广俞子夷等从日本学来的单级教授法。1911年，清政府学部多次发文，要求各地仿照江苏、直隶（今河北）等省的办法，速设单级教员养成所，并制定了单级教授法、二部教授法。这样，单级教授法借助民间和政府的力量，迅速推广到全国各地，五段教授法也进一步得到传播。五段教授法的传入适应了清末民初近代教育发展的需要，直至"首次大战前，小学教法主要从日本输入，而其内容与本质主要是基于五段法的一套"①。俞子夷在宣传、介绍、推广五段教授法的过程中，做出了重要的贡献。可以说，五四新文化运动前，赫尔巴特五段教授法的传入，促进了近代中国教学论学科的初步形成，由此也促使学者围绕教学论学科的形成开展研究，如翻译日本的教授学（法）著作、自编国内教授学教材、开展五段教授法实验等，其中主要以王国维、罗振玉、朱孔文、蒋维乔等为代表。

五四新文化运动后，以杜威为代表的美国进步主义教学论传入国内。借鉴传入的教学方法，国内学者，如俞子夷、舒新城等开展了设计教学法、道尔顿制、文纳特卡制等教学方法实验。在开展教学方法实验的过程中，国内学者通过翻译并自编相关教学论教材，以及借助报纸杂志、教育研究机构等推广教学论研究成果，在此基础上促进了教学论学者群体的形成。

二、新式学堂的创办与发展

早期西方教学论的导入为我国教学论的初步形成提供了前提条件，而国内新式学堂的创办及发展为其提供了实践平台。1862年，总理衙门奏设同文馆于北京，先挑选八旗学生于5月15日入馆学习，是"为中国新教育设学堂之始"②。从1862年到1901年，国内相继创办了方言学堂和水陆军学堂。"这些学堂虽然也采用了新式的教材，采用了一些新式的教学方法，但是这些学堂数量较少，没

---

① 董远骞，施毓英. 俞子夷教育论著选 [M]. 北京：人民出版社,1991：478.
② 吴相湘，刘绍唐. 第一次中国教育年鉴（第四册）[M]. 台北：传记文学出版社，1971：1691（影印初版）.

有统一的系统组织，没有完备的等级，学堂内部缺乏统一的组织管理。因此，我们只能把它们称为一类不相统属的专门学校，其目的只在造就特殊人才及干部人才，于国民教育毫无关系。"① 这些学堂完全是半新半旧的过渡式学堂。甲午战争后，国内形势发生了变化，如梁启超所言："吾国四千余年大梦之唤醒，实自甲午战败，割台湾，偿二百兆以后始也。我皇上赫然发愤，排群议，冒疑难，以实行变法自强之策，实自失胶州、旅顺、大连湾、威海卫以后始也。"② 1900 年八国联军的侵略及其后《辛丑条约》的签订更是促使清政府下了变法改革之决心。1901 年，清末施行"新政"，其中教育方面的改革包括改革科举和兴办学堂。光绪二十七年（1901 年）八月初二日谕："除京师已设大学堂，应行切实整顿外，着各省所有书院，于省城均改设大学堂，各府及直隶州均改设中学堂，各州、县均改设小学堂，并多设蒙养学堂。"③ 光绪二十七年（1901 年）十二月初一日谕"京师首善之区，尤宜加意作育，以树风声，从前所建大学堂，应即切实举办"及光绪二十八年（1902 年）二月初二日谕"其各懔遵迭次谕旨，妥速筹画，实力奉行，即将开办情形，详细具奏"④。这种自上而下的推广，促进了全国各地新式学堂的发展。尽管这些学堂还未成系统，且数量较少，但为近代中国学制的颁布创造了条件。

光绪二十八年（1902 年），张百熙在管学大臣任内拟定并颁布了《钦定学堂章程》。这标志着我国有系统、有组织的新教育开始形成。1905 年，学部成立，科举制废除。科举制的废除加快了学校教育的发展，使得学堂数目和学生入学人数急剧增加，特别是小学校的发展更为迅速。据光绪三十三年（1907 年）、三十四年（1908 年）及宣统元年（1909 年）全国初等教育总表统计，小学堂数目为 127707 所，小学生人数为 2817253 名。⑤ 新式学堂的大量兴办及学生人数的"急增"需要大量教科书。如庄俞所言："学校骤盛，教材殊感缺乏……《最新国文》第一册出版发行，三日而罄，其需要情形可想而知。"⑥ 在学部成立时曾设立

---

① 陈青之. 中国教育史（下册）[M]. 福州：福建教育出版社，1936：587.
② 陈青之. 中国教育史（下册）[M]. 福州：福建教育出版社，1936：601.
③ 璩鑫圭，唐良炎. 中国近代教育史资料汇编·学制演变 [M]. 上海：上海教育出版社，1994：6.
④ 璩鑫圭，唐良炎. 中国近代教育史资料汇编·学制演变 [M]. 上海：上海教育出版社，1994：8.
⑤ 陈启天. 近代中国教育史 [M]. 台北：台湾中华书局，1979：134.
⑥ 陈学恂. 中国近代教育史教学参考资料（上册）[M]. 北京：人民教育出版社，1993：656.

官编译书局统一编辑教科书，但"惟应编各书，浩博繁难，断非数年所能藏事，亦断非一局所能独任"①。为应付国内兴学之需，清政府规定"官编教科书未经出版以前，各省中小学急需应用，应准各学堂各科学教员，按照教授详细节目，自编讲义"②或"各种科学书，中国尚无自纂之本。间有中国旧籍可资取用者，亦有外国人所编、华人所译的颇合中国教法者。但此类之书无几，目前不得不借用外国成书以资讲习"③。为此，国内学者除了自编一些讲义外，大部分教科书需从国外引进。罗振玉在《日本教育大旨》中认为"今中国编定教科书，宜先译日本书为蓝本而后改修之。如算学、理化、体操、图画等可直用东书。若本国之历史、地理，亦必先译东书，师其体例而后自编辑之"④。在此情况下，日本各学科教科书及相关教材传入中国，直接促进了日本教学论的导入，同时也促进了国内教学论学者群体的形成。

三、师范学校和大学教育学院的兴起

甲午战争后，国内开始重视师范教育，这主要是受了新式教育的影响，国内急需大量受过专门训练的合格教师。1896年，梁启超在《论师范》一文中提到："故欲革旧习，兴智学，必以立师范学堂为第一义。"⑤"师范学校立，而群学之基悉定。"⑥此后，盛宣怀、张謇等人，还有袁世凯、张之洞、刘坤一及各省官吏都开始认识到，欲兴学校，"首重师范"。由此，"兴办师范学堂遂成为一时之风潮"⑦。

1902年，清政府颁布《奏定学堂章程》，规定中学附设师范、高等学堂附设师范及大学堂。师范学堂的设立急需大量教师，张之洞在《奏定学堂章程》的"学务纲要"中曾提到："此时大学堂、高等学堂、省城之普通学堂，犹可聘东西各国教员为师。若各州、县小学堂及外府中学堂，安能聘许多外国教员乎？此时惟有急设各师范学堂……若无师范教员可请者，即速派人到外国学师范教授管

---

① 璩鑫圭，唐良炎. 中国近代教育史资料汇编·学制演变 [M]. 上海：上海教育出版社，2007：509.
② 璩鑫圭，唐良炎. 中国近代教育史资料汇编·学制演变 [M]. 上海：上海教育出版社，2007：509.
③ 璩鑫圭，唐良炎. 中国近代教育史资料汇编·学制演变 [M]. 上海：上海教育出版社，2007：509.
④ 璩鑫圭，唐良炎. 中国近代教育史资料汇编·学制演变 [M]. 上海：上海教育出版社，2007：227.
⑤ 梁启超. 饮冰室合集（文集第一册）[M]. 上海：中华书局，1936：36.
⑥ 梁启超. 饮冰室合集（文集第一册）[M]. 上海：中华书局，1936：34.
⑦ 叶志坚. 中国近代教育学原理的知识演进——以文本为线索 [D]. 杭州：浙江大学，2009：27.

理各法，分别学速成师范科若干人，学完全师范科若干人，现有师范章程刊布通行。"① 至宣统元年（1909 年），师范教育取得了一定的发展。

师范学堂的大量兴办促进了小学教育的发展。梁启超在《论师范》中指出："师范学校与小学校并立，小学校之教习，即师范学校之生徒也。数年以后，小学之生徒，升为中学大学之生徒，小学之教习，即可升为中学大学之教习。"② 罗振玉在《教育赘言八则》"师范"一节中说："师范为教育根源，今为急就计有二办法，一各省立速成师范学校一所，聘日本教育学家任教习。二各省遴选人品诚笃趋向正大之高才者，令至日本学习速成师范……聘有名之教育家，教之一年以内，回国为师范生及任地方学务，此又一法也。"③

师范学堂的设立必须确定所开科目，"欲定功课，先详门目，今定大学堂附设名目：曰仕学馆，曰师范馆"④。师范馆"照原奏招考举贡生监入学肄业，其功课如普通学，而加入教育一门"⑤。"学科既定，乃能编译课书。当分三类：（一）师范用书（合行政法、教育学、教育史、教授法、管理法数者），（二）教科书，（三）参考书。"⑥"日本之教科用书，初系翻译欧美书以充用，今则改良进步，相其政体惯习及国民程度而编辑成之。"⑦"今中国编定教科书，宜先译日本书为蓝本而后改修之。如算术、理化、体操、图画等可直用东书。若本国之历史、地理，亦必先译东书，师其体例而后自编辑之。"⑧因此，师范学堂的设立直接导致了教学论的导入并最终为教学论的发展提供了实践场所。在奏定、初级、优级师范学堂章程中均把教育类科目列为公共必修课，并专门设有教授法、各科教授法等课程。在学堂章程中对教授法有明确规定："凡教授之法，以讲解为最要，讲解明则领悟易。……各教科详细节目，讲授之时不可紊其次序，误其指挥，尤贵使互相贯通印证，以为补益。"⑨由上可知，教育类课程，尤其是教授法、各科教

① 璩鑫圭，唐良炎. 中国近代教育史资料汇编·学制演变 [M]. 上海：上海教育出版社，2007：589.
② 璩鑫圭，唐良炎. 中国近代教育史资料汇编·学制演变 [M]. 上海：上海教育出版社，2007：244.
③ 璩鑫圭，唐良炎. 中国近代教育史资料汇编·学制演变 [M]. 上海：上海教育出版社，2007：308.
④ 璩鑫圭，唐良炎. 中国近代教育史资料汇编·学制演变 [M]. 上海：上海教育出版社，2007：308.
⑤ 璩鑫圭，唐良炎. 中国近代教育史资料汇编·学制演变 [M]. 上海：上海教育出版社，2007：309.
⑥ 璩鑫圭，唐良炎. 中国近代教育史资料汇编·学制演变 [M]. 上海：上海教育出版社，2007：312.
⑦ 璩鑫圭，唐良炎. 中国近代教育史资料汇编·学制演变 [M]. 上海：上海教育出版社，2007：314.
⑧ 璩鑫圭，唐良炎. 中国近代教育史资料汇编·学制演变 [M]. 上海：上海教育出版社，2007：316.
⑨ 璩鑫圭，唐良炎. 中国近代教育史资料汇编·学制演变 [M]. 上海：上海教育出版社，2007：316.

授法在师范学堂的设置，第一次被写入法定的学制中，这也为教学论的引进及国内教学论的建立提供了制度上的保障。

清末学制规定大学堂、师范学堂开设教育学、教育史、教授学等课程，从而为这些课程纳入大学堂、师范学堂的课程教学体系之中提供了制度上的依据及保障。伴随着教育改革的推进和西方近代教育学科的导入，清末创立了以优级师范学堂和初级师范学堂为主体的师范教育体系，并在这些学堂中普遍开设当时被称为"教授学"的教学论课程。中华民国成立后，封建学制被改造，新学制得以创立，在此基础上建立起包括高等师范学校、中等师范学校、师范大学和独立师范学院等在内的师范教育体制，同时在国立大学、省立大学、私立大学、教会大学中创立了教育学科，并先后以教育学系、教育学院及师范学院等为其主要平台。借助上述平台，一批教学论学者开设教学论课程、讲授教学论知识、编写教学论教材以及开展教学方法实验、培养教学论专业人才等，促进了近代教学论研究的深入。

第二章

近代中国教学论学者群体学术活动的开展

从学术史视角来看，除高校外，学会、研究机构以及专业性期刊是构成"学术共同体"的重要基础，也是一门学科体制化建设与发展的重要表征。教学论学科的形成有其特定的时代环境和思想背景，而时代与思想的有机结合却必须由教学论学科的专家学者来完成，由此体现出现代"学术人"的特殊作用。近代中国专门从事教学论研究的学者主要借助教育学会、教育研究机构、教育期刊、教育报刊等作为发表学术研究成果和开展学术活动的重要平台，借此聚合并形成了近代中国教学论学者群体，而在高校开设教学论课程的学者是其最为核心的部分。本章拟以师范学校、学会、期刊、研究机构等为中心，考察近代教学论学者的学术研究，并对其进行较为系统的研究。

第一节　教学论学者群体与教学论课程设置及其教学

清末创立了以优级师范学堂和初级师范学堂为主体的师范教育体系，并在这些学堂中普遍开设当时被称为"教授学"的教学论课程。中华民国成立后，封建学制被改造，新学制得以创立，在此基础上建立起了包括高等师范学校、中等师范学校、师范大学和独立师范学院等在内的师范教育体制，同时在国立大学、省立大学、私立大学、教会大学中创立了教育学科，并先后以教育学系、教育学院及师范学院等为其主要平台。在上述师范学校和大学中教学论学者广泛开设了教学论方面的课程，培养了大批教学论学科的专业人才，从而为近代中国教学论的研究和发展做出了重大贡献。本节拟以上述师范学校和大学教育学科为中心，对教学论学者群体开设的教学论课程及教学进行较为系统的考察。

一、教学论学者群体与师范学校教学论课程设置及其教学

（一）教学论学者群体与高等师范学校教学论课程设置及其教学

1898 年，京师大学堂创办，这是我国师范教育之肇端。1902 年 1 月，京师大学堂设"速成科"，内分"仕学馆"和"师范馆"。1903 年，清政府颁布《奏定优级师范学堂章程》，规定设"优级师范学堂"及其"附属中学堂和小学堂"作为师范生的实习场所和研究普通教育方法的基地。优级师范学堂设"教育学"，其教学内容为在第三学年讲授"教育史""各科教授法""学校卫生""教育法令""教授实事练习"等课程。据相关资料，京师大学堂和优级师范学堂普遍设"教育学"专业，开设"教授法"课程，大多聘请日本学者为师范学堂教育学教习或总教习，在客观上有助于传播日本赫尔巴特五段教授法。

1912 年 5 月，教育部明令将"京师优级师范学堂"改为"北京高等师范学校"。1913 年，教育部颁布《高等师范学校规程》和《高等师范学校课程标准》，高等师范学校"以造就中学和师范学校教员为目的"[1]，"本科各部开设'心理学及教育学'学科，其中在本科各部第三学年的第一学期讲授'教授法和教育史'课程，每周 5 时数，第二学期讲授'教育史、教授法、学校卫生和教育法令'，每周共 5 时数"[2]。总体而言，民国初期至五四新文化运动期间，高等师范教育获得了一定的发展，并开设了教学论方面的课程。如武昌高等师范学校于 1915 年成立，该校的"教育及教授法管理法"学科教员由孙璨担任，他毕业于日本东京高等师范学校。

北京高等师范学校于 1912 年由京师优级师范学堂改组而成，由陈宝泉任校长。陈宝泉（1874—1937），字筱庄，天津人，1897 年入京师同文馆，1903 年留学日本弘文学院师范科，1912—1920 年任北京高等师范学校校长。1920 年，北

---

① 刘问岫. 中国师范教育简史 [M]. 北京：人民教育出版社，1984：34.

② 舒新城. 中国近代教育史资料（中册）[M]. 北京：人民教育出版社，1961：730.

京高等师范学校设教育研究科，开设"哲学""美学""心理学""教育学""教授法原理""教育调查法""教育史""实用心理""小学教授法"等24门课程。教育研究科的教师有蔡元培、胡适、邓萃英、张耀翔、李建勋、张彭春、赵迺抟、萧友梅等，其中张彭春、赵迺抟、萧友梅分别讲授"中学课程""中等教育""小学教育法"课程。

南京高等师范学校（以下简称"南高师"）于1915年6月由两江师范学校改组而成，以"养成师范学校、中学校职教员"①为宗旨。1919年，郭秉文接任校长。郭秉文（1880—1969），字鸿声，江苏江浦人，1908年赴美留学，先后获得美国伍斯特学院理学学士学位、哥伦比亚大学师范学院教育学硕士学位和哲学博士学位，1914年回国后任南京高等师范学校教务主任，1918年3月任南高师代理校长，次年3月任东南大学校长。1918年5月，南高师增设教育专修科，由陶行知任主任。是年，在南高师的一次校务会议上，陶行知正式提出改"教授法"为"教学法"的主张，获校长郭秉文的支持。五四新文化运动后此主张在全国推行。教育专修科的教授有陶行知、陈鹤琴、郑晓沧、廖世承、杨贤江、曹刍、徐则陵、程其保、孟宪承、汪懋祖等。据《南京高等师范学校现行简章》规定，教育专修科开设"教育心理学""教育学""教授法""教育研究报告""实地教授参观""实践伦理""心理学""教育心理学""中国教育史"等课程。

1922年，教育部颁布"壬戌学制"，对高等师范教育体制进行改革，"依旧制设立之高等师范学校，应于相当时期内提高程度收受高级中学毕业生，修业年限为四年，称为师范大学"②。据相关资料，1922—1927年仅北京高等师范学校和北京女子高等师范学校升格为师范大学，其余六所高等师范学校均升格或合并为普通大学。1923年7月，北京高等师范学校正式改为"国立北京师范大学"，由范源濂任校长，以"造就师范与中等学校教师及教育行政管理的管理人员，并研究专门学术"③为宗旨，设预科、本科和研究科，本科设教育系……体育专修科和手工图画专修科，各系修业年限为四年。在"高师改大"运动的推动下，1924年5月北京女子高等师范学校升格为"国立北京女子师范大学"，其办学宗旨为"养

① 南大百年实录编辑组. 南大百年实录·中央大学史料选 [M]. 南京：南京大学出版社，2002：75.
② 李友芝，等. 中国近现代师范教育史资料（第二册）[Z]. 内部资料，1983：267-268.
③ 北京师范大学校史编写组. 北京师范大学校史1902—1982[M]. 北京：北京师范大学出版社，1984：73.

成中等学校师资，养成教育行政人员，研究高深学问和发展女性特长"①，本科设教育学系。

1929 年 6 月，南京国民政府宣布停止试行大学区制，教育部通令恢复原来的北京大学，北平大学第一师范学院恢复为北平师范大学。1931 年 2 月，教育部正式决定将北平师范大学与北平大学第二师范学院合组为"国立北平师范大学"。次年由李蒸任校长，成立"校务整理委员会"，对国立北平师范大学进行全面整顿。校务会议通过了本校整理方针，其中包括"教学法"应"力求理论与实际之联合，教学法教授应随时请附中附小优良教师补充实际教学经验。学科教员应注意该科在中等学校之教材教法"。②国立北平师范大学教育学院于 1931 年成立，设教育系、体育系和实用艺术系。教育系在教学论方面的课程有："普通教学法"，其开设的目的在于"使学生明了教学法之意义及价值，以及教学原则及技术之应用。内容分为通论、各论及方式论等"③；"课程论"，其开设的目的是"使学者了解课程编制原理及其实际制订方法，内容讲述课程的要义、课程的功用、课程组织的原则、订立课程标准的方法，以及教材的选择、排列及联络，对于现行中小学课程的评论"④等。

（二）教学论学者群体与中等师范学校教学论课程设置及其教学

1902 年，清政府颁布的《钦定学堂章程》规定，"中学堂内应附设师范学堂，以造成小学堂教习之人才"⑤，应开设"教授法"与"教育学"课程。1907 年，清政府颁布《奏定女子师范学堂章程》，设教育科，"其教课程度，先教以教育原理……次教以家庭教育之法……次教以小学堂一切教授管理训练之法"⑥。1913 年3 月 19 日，教育部公布的《师范学校课程标准》规定，本科第三学年开设教育科⑦，讲授"教授法""教育理论"课程等。伴随着民初教育部对中等师范教育的改革，中等师范教育得到了一定的发展，出现一批较有影响的中等师范学校，其

① 王学珍，张万仓. 北京高等教育文献资料选编 1861—1948[M]. 北京：首都师范大学出版社，2004：536.
② 李溪桥. 李蒸纪念文集 [M]. 北京：中国社会科学出版社，1996：61.
③ 国立北平师范大学一览编辑组. 国立北平师范大学一览 [M]. 北平：国立北平师范大学，1933：79.
④ 国立北平师范大学一览编辑组. 国立北平师范大学一览 [M]. 北平：国立北平师范大学，1933：83.
⑤ 璩鑫圭，童富勇. 中国近代教育史资料汇编·实业教育 师范教育 [M]. 上海：上海教育出版社，1994：564.
⑥ 李友芝，等. 中国近现代师范教育史资料（第一册）[M]. 内部资料，1983：69-70.
⑦ 舒新城. 中国近代教育史资料（中册）[M]. 北京：人民教育出版社，1961：723.

中以江苏省立第一师范学校和浙江省立第一师范学校最为著名。江苏省立第一师范学校于1912年奉教育部令由江苏师范学堂改组而成，由杨保恒任校长。杨保恒（1873—1916），字月如，上海人，1901年赴日学习师范教育，1902年在上海创办私立廿二铺小学堂并开展教育实验研究，1905年任上海龙门师范学堂教育科教员，1909年与俞子夷、周维城同去日本考察单级教授法，回国后在上海创办单级教授研究所，培训各地小学教员。江苏省立第一师范学校设预科、本科和讲习科。杨保恒任校长后，对江苏省立第一师范学校的教学进行改革。首先是教授法改革，他认为新教育培养的学生"必须有健全之官能，活动之意志，而后可肩社会之责任，而现行之注入教授，静默教授，决在淘汰之列"①。为此，该校成立教授研究会，订立会章，每月开常会一次。为提高教师的教授水平，该校还派遣教师赴国内外学校参观实习教授法，如1916年冬派教员张翰"前赴国内京津一带，考察国文教授方法。教员张毓聪，前赴日本各地考察教授管理及教育教授方法"②。1916年春，"复派教员张文蔚、陈文熙、舍监巢桢，赴日本考察史地、理化教授方法，及宿舍内管理训练之实际，均以二个月为期"③。另外，在杨保恒的领导下，该校对其于1912年订立的"教授要目"如体操科教授要目、算术科教授要目等重加厘定，以便适应教材发展。此外，还进行了图画、博物、历史、教育、国语、英语等科的教授法改革，如在历史科中教授法"参用批评式，遇适当时机，使生徒于教室互相批评而折中之，以养成其读史眼光及自动能力"④。在教育科中"教授法改行批评式。先由教师提出问题，使生徒就教育研究室参考群书，或赴附属小学实地参观，然后至教室互相讨论，教师从旁批评之"⑤。

20世纪二三十年代，尽管师范学校的种类多样，师范教育地位受到动摇，但中等师范学校还是得到了一定的发展，如湖南省立第一师范学校就是其中的典型例子。1920年，舒新城在湖南省立第一师范学校讲授"教育学"和"教育心

① 崔运武. 中国师范教育史 [M]. 太原：山西教育出版社，2006：64.
② 璩鑫圭，童富勇. 中国近代教育史资料汇编·实业教育 师范教育 [M]. 上海：上海教育出版社，1994：963.
③ 璩鑫圭，童富勇. 中国近代教育史资料汇编·实业教育 师范教育 [M]. 上海：上海教育出版社，1994：963-964.
④ 璩鑫圭，童富勇. 中国近代教育史资料汇编·实业教育 师范教育 [M]. 上海：上海教育出版社，1994：965.
⑤ 朱有瓛. 中国近代学制史料（第三辑下册）[M]. 上海：华东师范大学出版社，1992：519.

理学"并自编讲义，他以桑代克的《教育学》和《教育心理学》为蓝本编写教本。1921 年，该校改"学年制"为"能力分组制及选科制"，分教育行政、师资训练和完全师范三组。1930 年后，学校仅设完全师范组，专以训练小学师资。1932—1935 年，湖南省立第一师范学校高中师范部开设的教学论课程主要有"普通教学法""各科教学法""小学教材研究""小学教学法""小学教材及教学法"，注重培养学生掌握小学各科教材和教法的相关知识和技能，从而反映出学校突出其"培养小学师资"的宗旨。

（三）个案考察：国立蓝田师范学院教学论课程设置及其教学

1938 年 11 月，国立蓝田师范学院于湖南省安化县蓝田镇（今湖南省娄底市涟源市第一中学校址）成立，又名国立师范学院，以"养成中等学校之健全师资"[①]为目的，是"我国近代第一所独立设置的师范学院"[②]。该院由廖世承任院长。国立蓝田师范学院成立之初，全校暂设教育、公民训育、史地、国文、英语、数学、理化 7 系，修业年限为 5 年。此后，相继增设国文专修科、数学专修科、音乐专修科和体育师资班，专修科修业年限均为 3 年，各系课程分共同必修基本科目、分系专门科目、分系训练科目三类。1939 年《修订师范学院教育系必修选修科目表草案意见》规定，师范学院教育系必修科目（专门科目和专业训练科目）包括教育概论、教育心理、普通心理学、普通教学法、心理及教育测验、小学教育、分科教材教法研究、教学实习等；教育系选修科目有课程论、教学视导。为培养学生的教学技能和提高教育方法研究水平，师范学院规定所有学生必修"分科教材教法研究"，不同系科修习不同的教材及其教法，在第四学年开设，除教育系为 4 学分外，其他各系均为 8 学分，内容包括教材选择、教科书批评、课程标准研究、课程组织、教学研究、教具设置及应用等[③]，且规定各系科担任"分科教材及教法"的教师一般应具有中学教学经验并兼任师范学院附中教学分科教学任务，如国文系教授阮真在中学教学法方面独有建树，并担任国文系教材及教法课程，同时在附中兼任高二语文课的教学任务等，还须进行教学实习。

廖世承在任院长期间非常重视师资队伍的建设（见表 2.1）。他在国立师范

① 卜庆华. 湖南师范大学五十年 [M]. 长沙：湖南教育出版社，1988：18.

② 崔运武. 中国师范教育史 [M]. 太原：山西教育出版社，2006：159.

③ 孔春辉. 以师为本——国立师范学院的历史研究 [D]. 长沙：湖南师范大学，2012：232.

学院院务行政计划中指出："师院师资，最为重要，不特须学有专修，且须人格足为师表，教法足资模仿；故本院聘请系主任及教授，兢兢业业，不敢掉以轻心。"[①] 尽管学院师资队伍建设面临诸多困难，但在廖世承的努力下所聘各科教授"则仍多硕学之士"[②]，其中教育系先后聘请了高觉敷、黄子通、罗浚、董渭川、陈一百、孟宪承、朱有光、朱有瓛、郭一岑、陈东原、罗睿、曹刍、王骏声、王士略、孙邦正、张文昌等。学院实行导师制，导师"应注重积极的指导，而不好为消极的干涉；应注重人格的感化，而不仅为事务的管理；应力求真理的了解，而不徒尚形式的法治"[③]，可见导师对学生的思想、行为、学业及身心健康要进行全面的指导。

表2.1　国立蓝田师范学院教育系教师简况

姓名	求学经历	任教经历	讲授课程	著述
廖世承	清华学校、美国布朗大学	南京高等师范学校、东南大学、暨南大学、国立中央大学、上海光华大学附中	教育心理学、中学教育	《教育心理学》《中学教育》《新学制中学的课程》《测验概要》《东大附中道尔顿制实验报告》《教育测验与统计》等
高觉敷	北京高等师范学校、香港大学文学院教育系	四川大学、中山大学、复旦大学、金陵大学	心理学、教育心理学	《教育心理学》《心理学讲义》《西方近代心理学史》《中国心理学史》等
孟宪承	南洋公学、清华学校、上海圣约翰大学、美国华盛顿大学、英国伦敦大学	清华学校、南京高等师范学校、东南大学、国立中央大学、浙江大学、光华大学、北京师范大学	教育史、教育原理	《查斯特论编制师范课程的原理》《何谓实验学校》《智力测验之论争与教育学说》《教育概论》《大学教育》等
王越	东南大学教育系、燕京大学、北京大学	广东梅县师范学校、兴宁兴民中学、中山大学、广东文理学院	教学原理	《人格测量》《教学原理》等

① 张国骥，刘湘溶. 湖南师范大学七十年：1938—2008[M]. 长沙：湖南师范大学出版社，2008：23.
② 吴景贤. 一年来的国立师范学院 [J]. 教育通讯,1939（2-25）：13-14.
③ 张国骥，刘湘溶. 湖南师范大学七十年：1938—2008[M]. 长沙：湖南师范大学出版社，2008：28.

姓名	求学经历	任教经历	讲授课程	著述
孙邦正	国立中央大学、美国哥伦比亚大学师范学院	四川教育学院、湖北师范学院	教学法、分科教材及教法	《教材与教学法》《教育研究法》《教学方法新论》等
朱有瓛	光华大学、日本早稻田大学、英国伦敦大学、法国巴黎大学	上海光华实验中学、光华大学教育系、中国公学大学部	中等教育、师范教育	《小学校长》《义务教育ABC》《师范生怎样实习》等
黄子通	上海交通大学、英国伦敦大学、加拿大托朗达大学	明德中学、燕京大学、湖南大学	教育哲学	《老子哲学》《关于哲学史的几个问题》等
罗浚	北京高等师范学校、美国哥伦比亚大学师范学院	湖北省立师范学校、成都大学、武昌中华大学、安徽大学、湖北省立教育学院、国立中央大学、四川女子师范学院	师范教育	《美国哥伦比亚大学师范教育》《师范学院教育概论》等
董渭川	中国大学、北京高等师范学校	南开中学、国立中央大学、江苏东海中学、山东省立第一女子师范学校、河北大学	民众教育	《欧洲民众教育概论》《旧教育批判》等
陈一百	金陵大学、美国康奈尔大学、加利福尼亚大学、斯坦福大学	光华大学、大夏大学、中山大学	教育学、心理学、教育统计学、测量学	《因素分析在心理学的应用》《实验方法在教育心理研究中的地位作用》《教育心理测量学》《教育统计学》等
阮雁鸣	光华大学教育系	国立师范学院教授兼任附中教师	教育哲学	《杜威学说与中国教育》《教育哲学》等
郭一岑	德国柏林大学、杜宾根大学	国立中央大学、暨南大学、中山大学	普通心理学、发展心理学	《现代心理学概要》等

续表

姓名	求学经历	任教经历	讲授课程	著述
曹刍	江苏省立第五师范学校、南京高等师范学校教育科	东南大学附中、江苏省第六中学、中山大学、成都大学、江苏省镇江师范学校、国立中央大学	教学法	《小学教育的理论与实际》《新师范各科教学法》等
王骏声	日本东京高等师范学校、北平民国大学、法国里昂大学	浙江省立高级中学、厦门大学、湖北师范学院、南岳师范学院、湖南大学	教学法	《晚近教育学说概论》《小学各科教学法》《教育学》《设计教学法之研究》等
张文昌	上海沪江大学、国立中山大学教育研究所、美国丹佛大学	嘉兴秀州中学、上海之江文理学院及附属中学、杭州之江文理学院及附属中学、厦门大学、中山大学师范学院及附属中学	中等教育、教育行政	《中学行政概论》《中等教育》《中学教务》等
张述祖	北平师范大学教育系、国立中央大学研究院教育心理学部	成都师范学校、湖北师范学院、国立中正大学	心理学	《基础心理学》《西方近代心理学史》(合著)等
陈东原	北京大学、美国密歇根大学、哥伦比亚大学师范学院	安徽大学、中央政治学校、国立社会教育学院、重庆女子师范学院	中国教育史	《中国古代教育》《中国教育新论》《中国教育史》等

资料来源：张国骥，刘湘溶．湖南师范大学七十年：1938—2008[M]．长沙：湖南师范大学出版社，2008；镇江市历史文化名城研究会．镇江历史文化大辞典（上）[M]．镇江：江苏大学出版社，2013；国立中央大学．国立中央大学一览·教职员录．南京：国立中央大学，1931；朱斐．东南大学史 1902—1949（第 1 卷）[M]．南京：东南大学出版社，1991；周川．中国近现代高等教育人物词典[M]．福州：福建教育出版社，2011.

　　从国立蓝田师范学院的教学论学者群体来看，其有以下特点。

　　其一，重视中等教育及教学研究。如前所述，廖世承早在留学美国期间就注重研究中等教育，回国后始终关注中等教育的研究和发展，成为民国时期中等教育的专家。他在担任国立蓝田师范学院校长后聘请了具有丰富的中学教育教学经验的教师来校任教，如王越、朱有瓛、黄子通、张文昌、曹刍等，其中张文昌对中学学务素有研究并曾讲授有关课程，曹刍则在中学课程研究方面有较深的造诣并开设了有关课程。

其二，重视心理学研究。20 世纪二三十年代，受美国教育"科学化"运动的影响，也得力于一批留美心理学者的归国，国内教育学界普遍关注心理学并努力将其理论和方法运用于教育学及其分支学科的研究，廖世承即为其中的代表人物。他在留美期间曾专门研究心理学，担任国立蓝田师范学院校长后又聘请了在心理学方面学有专长的高觉敷、郭一岑等人到校任教，从而有助于利用心理学的理论和方法来开展教学论和学科教学论的教学和研究。

其三，重视创办学术刊物和出版学术专著。国立蓝田师范学院曾创办《国师季刊》等学术刊物，发表了陈一百《近十年来道德教学实验研究之检讨》、王士略《格式塔心理学与教学法之改造》、吴澄华《关于西洋史教学法上的一些基本原则》等教学论研究论文，同时组织出版了王越《教学原理》、高觉敷《形式心理学》等教学论、心理学方面的学术专著，促进了该校教师与国内学界及同行的学术交流。

二、教学论学者群体与大学教育学科教学论课程设置及其教学

1898 年京师大学堂成立，是"我国真正大学教育之发轫，该学堂成为当时全国最高学府及最高教育行政管理机关"[①]。1902 年《钦定学堂章程》规定，大学的宗旨为"'激发忠爱，开通智慧，振兴实学'，为我国正式颁布大学教育宗旨之始"[②]。1904 年《奏定学堂章程》规定，优级师范学堂开设"教育学""教授法"等课程，遂为教育学及教学论课程导入大学课程教学体系奠定了基础。

（一）教学论学者群体与国立综合性大学教学论课程设置及其教学

中华民国建立后，高等教育包括大学、专门学校和高等师范学校。1913 年，教育部公布的《大学规程》规定："大学之文科分为哲学、文学、历史学、地理学四门；中国哲学类设教育学等。"[③]1918 年教育部公布的全国大学概况中，国立大学有北京大学、北洋大学和山西大学三所，其中仅有北京大学设置了教育学方面的课程。1922 年新学制颁布后，全国大学数量骤增，至 1925 年国立大学共

---

① 教育部教育年鉴编纂委员会. 第一次中国教育年鉴 [M]. 上海：开明书店，1934：348.
② 教育部教育年鉴编纂委员会. 第一次中国教育年鉴 [M]. 上海：开明书店，1934：348.
③ 璩鑫圭，唐良炎. 中国近代教育史资料汇编·学制演变 [M]. 上海：上海教育出版社，1991：697-698.

有 21 所，至 1929 年"公立大学及学院共 35 所"[①]，至 1931 年"公立大学及学院共 39 所"[②]。国立大学教育学院（系）开设"教学论"课程的学校有：北京大学开设"普通教学法（必修）"和"各科教学法（选修）"课程；东南大学开设"普通教学法""各科教学法""小学教材""课程编制"课程；武汉大学开设"教学法通论"课程；中山大学开设"教学法"课程；浙江大学开设"普通教学法"课程；四川大学开设"普通教学法"和"各科教学法"课程；国立中央大学开设"普通教学法"课程；等等。下文拟以浙江大学和武汉大学为例来进一步说明教学论学者在当时的综合性大学里讲授教学论课程的具体情况。

国立浙江大学于 1928 年成立，1932 年院系改组后设文理学院。文理学院内设教育学系，开设"普通教学法""中学学科教学法""小学学科教学法"等教学论课程。普通教学法为每周 3 学时，一学期修完，共 3 学分，授课教师为郑晓沧。此科目教学内容包括教法的原理和教法的实际。郑晓沧教授讲授此科目时使用的教本为道格拉斯（Douglass）的《现代中学教学法》（*Modern Methods in High School Teaching*），参考书有巴格莱（Bagley）、莫里森（Morrison）、格雷戈里（Gregory）、帕刻（Parker）、基思（Keith）等人的著作。中学学科教学法每周授课 3 学时，实习 3 学时，授课一学期，共 4 学分。讲授此科目的目的在于"使学生习得中等学校学科教学之技术，特别注重各人的主系及副系学科之教学。使学生明了各科教学之重要原则，备教学上切磋或指导之参考"[③]。小学学科教学法每周授课 3 学时，实习 3 学时，授课一学期，共 4 学分，授课教师为俞子夷。讲授此科目旨在"使学生习得小学各科教学法之具体经验，俾服务时得有灵活之技术"[④]。此科目内容包括小学各学科教学的目标、作业要项、教学方法、教材收集、实地教学、成绩考查等。教师讲授此科目所使用的教本为"各种师范用各科教学法及单行本各科目之教学法"[⑤]。

国立武汉大学于 1928 年成立，设文学院，包括教育系、历史系等。1930年，改哲学系为哲学教育系。据《中华民国十九年度国立武汉大学一览》记载，

① 教育部教育年鉴编纂委员会. 第一次中国教育年鉴 [M]. 上海：开明书店，1934：355.
② 教育部教育年鉴编纂委员会. 第一次中国教育年鉴 [M]. 上海：开明书店，1934：355.
③ 国立浙江大学. 中华民国二十一年度国立浙江大学一览 [A]. 杭州：国立浙江大学，1932：70.
④ 国立浙江大学. 中华民国二十一年度国立浙江大学一览 [A]. 杭州：国立浙江大学，1932：71.
⑤ 国立浙江大学. 中华民国二十一年度国立浙江大学一览 [A]. 杭州：国立浙江大学，1932：71.

文学院选修课开设"课程论和教育方法"课，在第四学年修习，每周3学时。据《中华民国二十二年度国立武汉大学一览》记载，哲学教育系开设的教学论课程有"普通教学法"和"课程论"。[①]"课程论"每周3学时，一学期授完。此科目教学内容包括"中小学课程编制的理论和实际，内分下列数部：（1）课程的意义及其问题；（2）课程编制的普通原则和选择及其组织各科内容的特殊原则；（3）各专家对于课程编制的研究和主张；（4）一般实验学校的新课程；（5）实习课程编制的步骤及改良的方法"[②]。上述科目授课教师均为王凤岗。据1934年《中华民国二十三年度国立武汉大学一览》中《各学院概况学程内容及课程指导书》记载，哲学教育系开设"课程论"和"各科教学法"教学论课程，其中课程论每周2学时，一学期授完。该课程研究和讲授中小学课程编制的理论和实际，"内分下列数部：（1）课程的意义及其问题；（2）课程编制的普通原则和选择及其组织各科内容的特殊原则；（3）各专家对于课程编制的研究和主张；（4）一般实验学校的新课程；（5）实习课程编制的步骤及改良的方法"[③]。各科教学法每周2学时，一学期授完。该课程的主要内容及目标如下："（1）略述教学法上一般原理、技术和种类，使学者获得教学法的普遍知识；（2）介绍最近欧美同行的新教学法，如设计教学法、德可乐利教学法、道尔顿制及文纳特卡制等，以为改进吾国中小学教学法的参考；（3）详细分论中小学各科心理学及各科教学法，以为准备充任各科教师者借鉴或采用。"[④]以上科目均由王凤岗讲授，在此授课讲义基础上他编成了《课程编制之理论》一书。

据1936年《中华民国二十五年度国立四川大学一览》，教育学系开设的必修课有"普通教学法""课程编制""小学各科教学法""中学各科教学法"。"普通教学法"于第三学年开设，每周4学时，一学期修完，共3学分，授课教师为张敷荣。教师开设此课程的教学方法包括讲授、讨论、指导、参观及实习、课外选读及报告，所使用的参考书有罗廷光的《普通教学法》、舒新城的《现代教育方法》等。"课程编制"于第四学年开设，每周2学时，一学年修完，共4学分，授

① 国立武汉大学. 中华民国二十二年度国立武汉大学一览[A]. 武昌：国立武汉大学，1933：28.
② 国立武汉大学. 中华民国二十二年度国立武汉大学一览[A]. 武昌：国立武汉大学，1933：30.
③ 国立武汉大学. 中华民国二十三年度国立武汉大学一览[A]. 武昌：国立武汉大学，1934：31.
④ 国立武汉大学. 中华民国二十三年度国立武汉大学一览[A]. 武昌：国立武汉大学，1934：31-32.

课教师为张敷荣。教师开设"课程编制"课程的教学方法有讲授讨论、设计练习、批评我国现在的小学课程阅读报告。教师所使用的教本为诺顿等（J. K. Norton & M. A. Norton）的《课程建设的基础》（*Foundations of Curriculum Building*），使用的参考书有博比特的《课程》、程湘帆的《小学课程概论》、郑晓沧等译的《设计教学法》等。"小学各科教学法"（必修），每周 3 学时，一学期修完，共 3 学分，授课教师为张敷荣。开设"小学各科教学法"课程的主要目的在于"使学者能应用科学原理及方法以改进或辅导小学各科教学，其内容包括现代小学各科教学之心理的、生理的与社会文化的基础，使学者明了小学各科教学之目的、教材之内容、教学之方法及教学成绩之考核等"[①]。教师开设此科目的教学方法包括讲授、讨论、指导、参观、实习，使用的主要参考书有钟鲁斋的《小学各科教学法之研究》。"中学各科教学法"（必修）每周 3 学时，一学期修完，共 3 学分，授课教师为张敷荣。教师开设此科目的教学方法包括讲授、讨论、指导、参观、实习，所使用的教本为波新（N. L. Bossing）的《中等新教学法》（*Progressive Mthods of Teaching in Secondary Schools*），主要参考书有密里著、程其保译的《中等教学法之研究》，胡毅著的《中等教学法之原理》等。

国立西南联合大学于 1938 年由北京大学、清华大学和南开大学西迁至昆明合并改组而成，是年奉教育部令成立师范学院，设教育学系，以"培养教育行政管理人员为主要任务，兼及教育研究人才和合格的中等学校教师"[②]。师范学院课程分为教育学科基本科目（22 学分），包括"教育学概论""中等教育""教育心理学"，属于师范学院各系学生的共同必修课程[③]；教育学专业科目（172 学分），其中包括"普通教学法"（三年级必修，4 学分），先后由罗廷光、黄钰生、胡毅、严依云讲授；"分科教材教法"（四年级必修，6 ~ 8 学分），先后由黄钰生、查良钊、陈友松、田培林、曾作忠、陈雪屏、严依云讲授；"小学各科教材教法"（四年级必修，4 学分），由严依云讲授。1939 年，师范学院附设中学和小学，作为师范生教育实习和实验的场所。

---

① 国立四川大学. 中华民国二十五年度国立四川大学一览 [A]. 成都：国立四川大学，1936：71.

② 西南联大北京校友会. 国立西南联合大学校史——1937 至 1946 年的清华、北大、南开 [M]. 北京：北京大学出版社，1996：411.

（二）教学论学者群体与省立综合性大学、私立大学教育学科教学论课程设置及其教学

除国立综合性大学外，省立大学教育学科也成为教学论课程设置及其教学的重要平台，其中尤以安徽省立大学的教学论课程设置及教学有代表性，能反映当时省立大学教学论课程及其教学的总体状况。安徽省立大学于1928年2月成立，设教育学系。1930年6月，杨亮功任校长，对院系进行调整扩充，改教育系为哲学教育学系。杨亮功（1897—1992），原名杨保铭，安徽巢湖人，1916年入北京大学预科班学习，1919年任安徽省立第一中学校长，1922—1927年先后赴美国斯坦福大学教育学院、哥伦比亚大学师范学院和纽约大学教育学院留学，获博士学位。据1935年《安徽省立大学课程说明书》记载，教育学系开设教学法类课程，包括"普通教学法""小学各科教材及教学法"课程，并预备添设"中学国文教学法""中学历史教学法""中学英文教学法"等教学论必修课程。此外，在教育学系的选修课程中有"课程论"，在第三、四年级开设，每周课时数为2学时，2学分，预修课程为"普通教学法"和"普通心理学"。①

中华民国成立后，国人创办的私立大学才逐渐发展起来。据《第一次中国教育年鉴》，1927—1928年私立大学在教育部立案者有厦门大学、大同大学、复旦大学、光华大学、大夏大学、南开大学。②1937—1945年，私立大学或改为国立，或与国立大学合并，或在调整的基础上恢复教育学科的设立。据《第二次中国教育年鉴》，若干私立大学及学院中开设教学论课程，如大夏大学、国民学院、光华大学、北平中国大学、武昌中华大学、复旦公学、南开大学、广州大学、大同大学、广东国民大学等。上述私立大学中尤以厦门大学教学论方面的课程设置及其教学较为规整。

厦门大学于1920年开始筹办。1926年春，厦门大学正式开学，设师范部，内设文理两科。同年夏，师范部即改为教育学部。1933年，教育学部改为教育科，随之扩充为教育学院，下设教育系、教育心理学系和教育行政系。1936年6月，教育学院并入文学院，设立教育学系。教育学院教授有孙贵定、庄泽宣、朱君毅、杜佐周、钟鲁斋、姜琦、邱椿、钟道赞、雷通群等著名学者。据1934年9月至1935年1月的《厦门大学学生入学手册及学程一览表》统计，教育学院开设教学论

---

① 安徽大学. 安徽省立大学课程说明书 [A]. 安庆：安徽大学，1935：30-31.
② 教育部教育年鉴编纂委员会. 第一次中国教育年鉴 [M]. 上海：开明书店，1934：17.

方面的课程有"普通教学法"和"小学各科教学法"。"普通教学法",修习年级为本科三、四年级,每周 3 学时,3 学分,由杜佐周授课;"小学各科教学法",修习年级为本科三、四年级,每周 3 学时,3 学分,由钟鲁斋授课,并在此基础上编成《小学各科新教学法之研究》。此类课程设置与教育学院教学目标相适应。

(三)个案考察:国立中央大学教学论课程设置及其教学

1920 年 4 月,郭秉文在校务会议上提出在南高师校址和南洋劝业会旧址的基础上筹建国立大学的议案。次年 8 月,国立东南大学成立,由南高师校长郭秉文兼任东南大学校长。1922 年,北洋政府颁布"壬戌学制",决定将高等师范学校升格为师范大学或与综合性大学合并。同年 12 月 20 日,东南大学召开教授会、评议会联席会议,决定将南高师并入东南大学。1923 年 7 月,合并后的东南大学正式成立,设教育科,陶行知任教育科主任。教育科设主、辅系课程,辅系课程"教育理论"(包括教育概论、教育哲学、课程之社会的基础等内容)、教育行政、试验教育、教学法、教育史、家政艺术等六方面共开设 127 门课程[①],供本科或其他系学生选修,其中教学法方面的课程共计 27 门(见表 2.2)。

表 2.2　1923 年国立东南大学教学法部分课程

课程	学时(分)	教学年限	课程	学时(分)	教学年限
普通教学法	2(2)	半年	初级国文教学法	3(3)	半年
中等教学法与实习试验	3(3)	半年	生物教学法	3(3)	半年
初等教学法与实习试验	3(3)	半年	地理教学法	3(3)	半年
小学教材	2(2)	半年	历史教学法	3(3)	半年
课程编制	3(3)	半年	数学教学法	3(3)	半年
小学校之教室管理与测验	3(3)	半年	理化教学法	3(3)	半年
中等学校普通科目之教学法	3(3)	半年	混合理科教学法	3(3)	半年
英语教学法	3(3)	半年	生理卫生教学法	3(3)	半年
工艺教学法	3(3)	半年	自然研究教学法	3(3)	半年
音乐教学法	3(3)	半年	家政教学法	3(3)	半年
图画教学法	3(3)	半年	小学校之教学改良问题	3(3)	半年

---

① 东南大学. 国立东南大学一览 [M]. 南京:东南大学出版社,1923:45—53.

续表

课程	学时（分）	教学年限	课程	学时（分）	教学年限
读法教法研究	2（2）	半年	算术教法研究	2（2）	半年
中等学校之教学改良问题	2（2）	半年	小学教法之新进步及参考书目	2（2）	半年

资料来源：东南大学. 国立东南大学一览[M]. 南京：东南大学出版社，1923：45-53.

1928年5月，江苏大学又改名为"国立中央大学"。同年8月，由东南大学教育学科和江苏省立第四师范学院附设的艺术专修科合并改组而成国立中央大学教育学院，由郑晓沧任院长。1932年，国立中央大学奉令进行改组，对院系进行合并，形成六院30个系科。据统计，"1933年，教育学院教育学系必修课程为27门"[1]。1934年11月20日，经校务会议通过，颁布《教育学院教育学系选课指导书》，对教育学院教育学系教学论课程进行详细规定（见表2.3）。

表2.3　1933—1934年国立中央大学教育学院教学论课程简况

科目	学年（学分、学时）	备注
普通教学法(必修)	第二学年开设，学习时间为半年，3学分，每周上课3学时（包括教学视察每周1学时或每周2学时）	本科目主旨在于使学生明了教学法的一般原理原则，使学生获得所需之实际教学技术，其内容大纲包括教学目标、教学原则、教材的选择和组织、教学的种类（练习的、问题的、欣赏的教学）、各种教学的技术、教案的编制、个别适应问题、活动课程与学科课程的讨论，使用的参考书包括孟宪承的《教育方法原论》、罗廷光的《普通教学法》、赵廷为的《小学教学法通论》、约克姆（Youkam）和辛普森（Simpson）的《教与学指导》(*Intruction to Teaching and Learning*)、汝笛格斯（Rudigees）的《教学过程》(*Teaching Procedures*)、莫里森（Morrison）的《中等教育教学实践》(*The Practices of Teaching in the Secondary School*)、道格拉斯（Dauglass）的《高中现代教学方法》(*Modern Methods in High School Teaching*)、莫络[2]（Monroe）的《高中教学指导》(*Directing Learing in the High School*)、凯尔帕特里克[3]（Kilpatrick）的《方法论基础》(*Foundation of Method*)

[1] 南大百年实录编辑组. 南大百年实录·中央大学史料选（上卷）[M]. 南京：南京大学出版社，2002：313-338.
[2] 现通译为"孟禄"。
[3] 现通译为"克伯屈"。

续表

科目	学年（学分、学时）	备注
小学各科教法与教材（选修）	第三、四学年学习；2～3学分	本科目主旨在于使学生明了小学各科教学法和教材概况，使学生获得研究小学各科教学法与教材的方法与兴趣，其内容大纲包括新课程标准概况、活动课程概况及其批评、卫生科、体育科、国语科、社会科、自然科、算术科、劳作科、美术科、音乐科，使用的参考书包括顾子言的《小学国语教学法》、俞子夷的《小学算术教学法》、波顿（Burton）的《小学科目督导》（*Supervison of Elementary Subjects*）、施密特（Schmidt）的《教学常见分支》（*Teaching the Common Branches*）、莫络（Monroe）的《小学学习指导》（*Directing Learning in the Elementary School*）、帕刻（Parker）的《小学教与学类型》（*Types of Teaching and Learning in the Elementary School*）
中学各科教法与教材（选修）	第三、四学年学习；2或3学分	包括国文、英语等科的教法与教材

资料来源：国立中央大学.国立中央大学教育学院二十二年度进行计划书[J].国立中央大学教育丛刊,1933（1）:281-288；国立中央大学.国立中央大学教育学院选课指导书[M].北平：国立中央大学出版组,1934:2-6.

1938年12月，教育部颁布《大学共同必修科目表》和《各院系共同必修科目表》，规定师范学院各系的共同必修科目包括"教材教法之研究"等，国立中央大学均按照教育部所部定课程标准开设。至1939年8月，国立中央大学教育学院含10个系3个专修科，即教育、公民训练、国文等系及体育等专修科，原心理学系改属理学院。1940年，国立中央大学复校，教育学院也随即恢复，开始招收教育学系和师范专修科（行政组和史地组）新生。

表2.4所示为1941年国立中央大学教育学系和师范专修科教学论课程简况。

表2.4　1941年国立中央大学教育学系和师范专修科教学论课程简况

系（科）	课程	学年（期）	学分（时）	备注
教育学系	课程通论	第三学年第一学期	3（3）	选修课程："设计教学法""复式教学法""单级教学法"
	教学法	第三学年第一、二学期	3（3）；3（3）	
	各科教学法	第四学年第一、二学期	3（3）；3（3）	
	参观与实习	第四学年第一、二学期	4（4）	
师范专修科（史地组）	普通教学法	第二学年第一、二学期	3（3）；3（3）	选修课程：历史研究法
	参观与实习	第二学年第二学期	3	

资料来源：国立中央大学.国立中央大学要览[B].南京：国立中央大学,1941：31.

　　综上，国立中央大学教育学院教学论及其相关学科的教师对教学论的教学和研究做出了很大贡献。早在郭秉文任国立东南大学校长期间，其曾先后聘请孟宪承、陶行知、郑宗海[①]、俞子夷、张士一等知名教授来教育科任教。1928—1929年间，韦悫任教育学院院长，他先后聘请艾伟、常道直、许恪士、夏承枫等来国立中央大学教育学院任教。据《国立中央大学一览·教职员录》统计，1931年教育学院教育学系教授有孟宪承、张谔、许本震、廖世承、程其保、邰爽秋、王祖廉、王书林等8人（见表2.5），讲师有夏承枫，助教有杨伟文。据统计，1936年"中央大学教育学院有专任教授21人，兼任教授7人，专任讲师9人，兼任讲师3人，助教20人，教员4人，合计64人"[②]。至1944年国立中央大学师范学院教育学系有"专任教授11人，兼任教授2人，助教5人"[③]。教授中如邵鹤亭、林本、熊子容、赵廷为、许恪士、胡家健、许公益、李清悚、苏挺等均为国内知名学者。为提高教师水平，1941—1943年教育部学术委员会两次审查通过全国专科以上学校部聘教授名单，其中国立中央大学师范学院孙本文、艾伟、张士一、常道直等当选部聘教授。

---

① 后多署名为郑沧海。
② 南大百年实录编辑组.南大百年实录·中央大学史料选（上卷）[M].南京：南京大学出版社,2002：336.
③ 国立中央大学三四届学生自治会学艺部.国立中央大学概况：二十九周年校庆纪念[B].南京：国立中央大学,1944：56.

表 2.5　国立中央大学教学论及相关学科教师简况

姓名	学习经历	备注
萧承慎	国立中央大学教育学系、美国哥伦比亚大学师范学院、英国伦敦大学皇家学院	专长教学法研究，著有《普通教学法讲义》《教学法基本概念检讨》《教师基本素养三讲》等
廖世承	清华大学学士，美国布朗大学教育学硕士、心理学博士	专长中学教育研究，主讲中学普通教学法等课程，著有《教育心理学》《中学教育》《教育测量与统计》《东大附中道尔顿制实验报告》《测验概要》等
孟宪承	南洋公学中院、上海圣约翰大学、美国华盛顿大学教育学硕士、英国伦敦大学	著有《教育概论》《教育通论》《教育史》《大学教育》《西洋古代教育》等
程其保	清华大学学士、美国芝加哥大学教育学硕士、哥伦比亚大学教育学博士	专长教学论研究，讲授"教育原理""教育专题研究""中学教学法"课程，著有《中学教学法》《社会科学之教材与教学法》《小学教育概论》《教育原理》《初等教育》等
张士一	南洋公学、美国哥伦比亚大学教育学硕士	专长英语教学法研究，教授"英语语言学""教育英文""英语教学法"等课，著有《记忆学》《英语教学法》《初中直接法英语教科书》等
郑宗海	浙江高等学堂、清华学堂、美国威斯康星大学教育学硕士、哥伦比亚大学教育学博士	著有《教育概论》《教育原理》《英美书报导读》《修学指导》等及翻译杜威的《予之教育信条》和《儿童与教材》、密勒的《人生与教育》、庞锡尔的《设计组织课程论》、吉德的《教育科学之研究》《东方白》等
罗廷光	南京高等师范学校教育专修科、美国斯坦福大学教育研究院、哥伦比亚大学师范学院	专长教学论研究，著有《普通教学法》《教学通论》《教育科学研究大纲》《教育概论》等
艾伟	上海圣约翰大学理科学士、美国哥伦比亚大学教育学硕士、美国华盛顿大学心理学博士	讲授教育心理、教育统计等课程，著有《中学国文教学心理学》《英语教学心理学》《初级心理学》等
陶行知	美国伊利诺伊大学、哥伦比亚大学教育学硕士	著有《中国教育改造》《中国大众教育问题》等
赵廷为	北京高等师范学校学士、北京师范大学教育研究科	专长小学教学法研究，著有《小学教学法通论》《小学教材及教学法通论》《教材及教学法通论》《小学教材及教学法》《教育概论》等
赵迺抟	北京高等师范学校、美国哥伦比亚大学师范学院	著有《教学方法》等
熊子容	国立东南大学、美国华盛顿大学	专长课程研究，著有《课程编制原理》《论教学原则》《公民教育》等

姓名	学习经历	备 注
李清悚	东南大学	专长小学教学法研究，著有《小学教材及教学法》等

资料来源：国立中央大学.国立中央大学一览·教职员录 [B].南京：国立中央大学，1931；朱斐.东南大学史 1902—1949（第一卷）[M].南京：东南大学出版社，1991；周川.中国近现代高等教育人物词典 [M].福州：福建教育出版社，2011；周家珍.20世纪中华人物名字号辞典 [M].北京：法律出版社，1999；中华书局编辑部.岁月书香（一集）[M].北京：中华书局，2012.

大致而言，国立中央大学教学论及相关学科师资构成具有以下主要特征。

其一，大多具有留学的经历和背景，并广泛涉猎教学论的不同领域和方向。除赵廷为、李清悚外，上述教师均具有留学经历和背景，使之成为导入和推广国外教学论的重要力量，促进了近代中国教学论的教学和研究。受留学经历影响，他们在教学论及相关学科方面研究的具体领域不同，如廖世承在教学心理学方面，常道直在比较教育学方面，陶行知、罗廷光、萧承慎、赵㳘摅、程其保在教学法原理方面，赵廷为和李清悚在小学教材与教法方面，熊子容在课程论研究方面，张士一在英语教学法方面。他们的教学和研究涉及教学论各个方面，为教学论的发展做出了较大的贡献。

其二，具有较为丰富的中小学教学及管理阅历和经验。如郑晓沧曾任浙江省立女子中学校长；罗廷光曾任小学教师一年，东南大学教育科毕业后先后在南昌鸿声中学、扬州中学和无锡中学任教；赵廷为于北京高等师范学校教育科毕业后先后在浙江春晖中学、温州第十中学及附小任教；李清悚创立了国立四川临时中学等。上述学者的中小学教学及管理阅历和经验为其教学论研究积累了实践经验。如罗廷光的小学教学经历使他认识到："当小学教师，原为解决个人生活问题；通过教学实践，我逐步感到当教师的兴趣，也觉得很有意义，这对我后来长期从事教育工作有一定影响。"[①]

三、小 结

综上所述，近代中国教学论学科率先在清末优级师范学堂和初级师范学堂兴起，后借鉴日本及美国的教育体制建立起以师范学校（包括中等师范学校、高

---

① 罗德真，罗一真.秉烛沧桑——教育学家罗炳之 [M].南京：南京大学出版社，2002：4.

等师范学校、师范大学）和国立、省立综合性大学为主体的"双轨制"，并最终形成以私立大学、教会大学和独立学院为辅助的"多元化"格局。上述师范学校和大学教育学科普遍开设教学论方面的课程，具体来说，清末师范学堂主要开设"教授法""各科教授法"课程，中华民国建立后师范学校和大学教育学科普遍开设"普通教学法""小学教学法""中学教学法"课程。随着教学论教学和研究的深入开展，上述课程又细化为"小学各科教学法""中学各科教学法""小学教材与教法""中学教材与教法""小学各科教材与教法""中学各科教材与教法"等课程，并开设了"设计教学法研究""道尔顿制研究""课程研究""课程编制"等选修课。在近代中国教学论课程建设的过程中，师范学校和大学教育学科教师广泛翻译引进了外国的教学论教材和著作，在此基础上结合中国教育教学的实际，经过自身的思考和研究，编撰了不同层次、类型和主题的教学论教材和著作，并通过教学、实习等活动造就了大批教学论专业人才。尽管上述师范学校和大学教育学科教学论专业在人才培养目标、课程设置、师资结构、教学设备等方面存在着诸多差异，但它们相辅相成，共同为近代中国教学论的学科建设、理论研究和人才培养做出了重大的贡献。从这个意义上可以说，近代中国师范学校及大学教育学科既是培养教学论专业人才的摇篮，又是开展教学论研究的基地，也是汇聚教学论学者群体的平台。

第二节　教育学会与教学论学者群体学术活动的开展

甲午战争后，维新派始创近代学会，教育学会也随之萌芽。1904 年年初，直隶学务处成立教育研究所，其他民间团体应运而生，如安徽研究会、杭州研究会、绍兴研究会、江苏学务总会等。1906 年清政府颁布《教育会章程》，规定教育会设立的宗旨，"期于辅助教育行政，图教育之普及，应与学务公所及全学所联络一气"[1]。1911 年，全国教育总会第一次会议召开，"标志着现代中国有系统的教育学会及研究团体已经产生"[2]。中华民国成立后，教育部于 1912 年颁布《教

---

① 舒新城. 中国近代教育史资料（上）[M]. 北京：人民教育出版社，1961：358.
② 王有春. 近代中国教育研究机构考察——学术史的视角 [D]. 杭州：浙江大学，2013：21.

育会章程》，规定"教育会以研究教育事项，力图教育发达为目的"①。据有关统计："1912 年至 1927 年成立的教育社团有 97 个，其中民间所属者 86 个。"②纵观清末至民国时期的教育学会，可谓数量众多，类型复杂，就其对教学论学者开展的教学论研究而言，尤以俞子夷依托江苏教育总会及江苏省教育会、新教育共进社、中华教育改进社等所做的研究最为突出。

一、江苏教育总会与俞子夷单级教授法、五段教授法实验

1906 年，江苏教育总会成立。1908 年，江苏教育总会呈文道："兹查有上海龙门师范学校教员兼附属小学办事员杨保恒，办理小学有年，教授管理均合教育原理；浦东中学教员兼附属小学教员俞旨一（即俞子夷——笔者注），精于教授，经省视学侯鸿鉴称为'通省之冠'；通州师范毕业生周维城，教授活泼，成绩极优。"③次年 3 月，江苏教育总会派遣由杨保恒、周维城、俞子夷等人组成的考察团赴日考察单级教授法。1909 年 8 月，江苏教育总会在上海举办单级教授练习所，宣传、推广俞子夷等人从日本学习回来的单级教授法。因江苏省教育会的推广，单级教授法在江苏各州县单级传习所得到推广，俞子夷也被邀请去各地讲习。1911 年，清学部决定推广单级教学法，"单级教授一时间成为国内传播五段教学法的载体"④。1912 年，江苏两级师范学校改为江苏省立第一师范学校，杨保恒任校长，周维城主持师范附小，俞子夷于江苏省立第一师范学校任教，他们三人以江苏省立第一师范附小为依托进行五段教授法实验。在周维城、俞子夷等人的努力下，江苏省立第一师范附小的各科教学实验取得很大成功，使得该校成为"民国初年研究教学方法、实验、推广五段教授法的'大本营'"⑤。

二、江苏省教育会与俞子夷设计教学法实验

1912 年，江苏教育总会更名为江苏省教育会。1913 年冬江苏省教育司派俞子夷、郭秉文、陈容赴欧美考察。1914 年 8 月，俞子夷回国后在江苏省立第一

---

① 舒新城. 中国近代教育史资料（上）[M]. 北京：人民教育出版社，1961：362.

② 金顺明. 近代中国教育团体的发展历程 [J]. 华东师范大学学报（教育科学版），2002（3）：61.

③ 朱有瓛. 中国近代学制史料（第二辑上册）[M]. 上海：华东师范大学出版社，1987：338—340.

④ 肖朗，杨卫明. 江苏教育总会与清末单级教学法的传入与推广 [J]. 华东师范大学学报（教育科学版），2009（12）：79.

⑤ 熊明安，周洪宇. 中国近现代教育实验史 [M]. 济南：山东教育出版社，2001：32.

师范学校附属小学致力于"联络教材"改革实验。1918年7月,俞子夷继任南京高等师范附属小学主任并在该校低年级进行"教材中心问题联络法"实验。1920年秋,俞子夷以原来江苏省立第一师范学校附属小学搞"联络教材"实验的教师为核心,在南京高等师范学校附属小学再次进行设计教学法实验。经过几年设计教学法实验,南京高等师范学校附属小学的学生成绩有所提高,试行情况详细情形记载于俞子夷《一个小学十年努力记》及其他书刊。根据实验研究的结果,俞子夷在附小联合会上提出一篇简短论文,正式采用"设计教学法"这一名称。联合会决定推广这种实验,并在苏州第二女子师范学校举办暑期讲习所,由俞子夷讲授设计教学法。1926年夏,俞子夷离开南京高等师范附属小学,一年后附小实行的设计教学法结束。在这八年间,"俞子夷主持下的南京高等师范学校附属小学不仅成为当时全国试行设计教学法的重镇,而且也成为中国20年代小学教学改革的一面旗帜。俞子夷本人也被公认为提倡设计教学法最力者"[1]。

　　除开展教学方法实验研究和推广外,江苏省教育会于1913年5月创办了《教育研究》,使其成为传播研究教学论的重要载体。王朝阳担任编辑部主任。该刊以"实际研究为主旨,不尚空谈"。刊物上的文章以中小学教师的稿件为主(见表2.6)。

表2.6 《教育研究》部分教授学(法)研究论文一览

作者及译者	篇名	年份(期数)
江苏省立第一师范学校附属小学教授法研究会	小学国文科读法教授之研究	1913(1)
吴宗瑗	小学国文科书法之研究	1913(1、2)
阅云	算术教授之新潮	1913(1、2)
王朝阳	高等小学理科教授之研究	1913(3)
顾任伊	欧美理科教授之新潮(续)	1913(3、4)
顾鼎铭	师范学校乐歌教授之研究(续)	1913(3、4、5)
王朝阳	教授宜重练习论	1913(4)
杨鄂联	自学辅导主义之教授法	1913(5)
野鹤	述发现创作的教学法	1913(6)

---

① 江苏省教育会. 教育研究 [J]. 上海: 国光书局, 1913(1): 2.

续表

作者及译者	篇名	年份（期数）
方鹤超	修身教授之一得	1913（6）
陈善	单级教授之刍闻尺见	1913（6）
阅云	理科教授中儿童实验教材之研究（续）	1913（6、7）
王朝阳	学校教育采用实用主义教育之研究	1913（8）
野鹤	教授上之感情主义与意志主义	1913（8）
江苏省立第一师范学校附属小学	全日制二部教授之研究	1913（9）
李元衡	单级教科书及教授书之编辑	1913（10）
王朝阳	修身科教授之精神陶冶	1913（11）
江苏省立第一师范学校附属小学	缀法研究	1914（12）
王朝阳	论小学校图画之研究	1914（13）
陆济	初等小学体操科教授要目之研究	1914（13）
觉后	手工科教授之研究（续）	1914（12、13）
北京女子师范学校	教授法研究会记录	1914（14、15、16），1915（21）
吴家煦	德国小学之教授法	1914（14）
江苏省立第二师范学校附属小学	论实用主义小学教育法	1914（15）
毓材	欧美小学校修身科教授要目	1914（15）
野鹤	拔都比亚式学级个别教授	1914（16）
杨嘉椿	关于教授训练之琐谈	1914（17）
叶珰生	小学图书科教授之目的	1914（17）
俞子夷	教授法上之动机	1914（18）
俞子夷	实用算术教授法	1915（19）
沈玉	我校体操教材之新配当	1915（19）
叶珰生	论图画教授与博物教授之必须联络	1915（20）
江苏省立第一师范附属小学	国文科读法预习法之调查研究	1915（20）
寒茶	论小学校作文教授之价值	1915（20）
陆殿扬	中学校外国语教授之研究	1915（21）

续表

作者及译者	篇名	年份（期数）
赵光绍	小学校体操科教授顺序	1915（21）
王颂衢	手工与算术习字图画同时教授之实验	1915（22）
濮祁	算术教授上之缺陷及救济法（译文）	1915（22）
潘文安	应用自学辅导主义教学之研究	1915（23）
江苏省教育会理科教授研究会	理科教授研究会第一次研究报告	1915（23）
王家骥	初小三年级除法演算式之研究	1915（26）
沈占先	活动的教授法实验谈	1915（26）
盛爱初	国民学校珠算科教授要目之研究	1915（26）
李廷燮	劣等儿童之算术教授法（译文）	1915（26）
陆殿扬	内地学校英文教授法之商榷	1916（27）
江苏省立第一师范附属小学	算术之形式	1916（27）
黄炎培	中国文之新教授法	1916（27）

资料来源：江苏教育会. 教育研究，1913—1916.

综观表 2.6 所列论文，从供稿作者来看，以中小学教师的论文为主，尤以王朝阳为最多。王朝阳，字旭轮，号饮鹤，晚号野鹤，江苏常熟人。1904—1906年入江苏师范学堂"速成科甲班"就读，毕业后在常熟的辛安（辛庄）、练罗（练塘、冶塘）一带从事小学教育。1907—1909 年入江苏师范学堂"选科插班"就读，1910 年 2 月就任常熟辛安第一国民小学校长。1912 年 5 月，王朝阳赴日考察教育，重点考察日本师范教育及中小学管理、教授、训练、教授法等。他回国后撰写的《日本师范教育考察记》，系我国"第一本实地考察外国师范教育制度的著作"[①]。1913 年 2 月，王朝阳在家乡创办初等小学。同年，他被公举为常熟县教育会会长，同时被选为江苏省教育会执行干事，主持江苏省教育会教育部的研究工作，并兼任江苏省教育会主办的《教育研究》编辑。他先后以"野鹤""王朝阳""旭轮"为笔名在该刊发表论文 60 多篇，成为该刊的主要撰稿人。其投稿的内容涉及各科教学法、教学法原理、实用主义教学等，具有实用性，这也与他主

---

① 中国人民政治协商会议江苏省常熟市委员会文史资料委员会. 常熟文史资料辑存（第十七辑）[A].1990：37

办该杂志以"实际研究"为主旨相适应。

综上所述，以俞子夷为代表的早期教学论研究学者借助江苏教育总会和江苏省教育会来实验并推广单级教授法、五段教授法以及设计教学法，为近代教学论学科的初步形成做出了重要贡献。

三、新教育共进社及中华教育改进社与陶行知的教材与教法研究

1918 年 12 月 22 日，"新教育共进社"成立，由蒋梦麟任主任。1921 年 12 月，中华教育改进社成立，旨在"调查教育状况，研究教育学术，力谋教育改进"①。1922 年 4 月，中华教育改进社总事务所在北京正式成立，陶行知主持所内事务。为把调查和研究事业进行推广，新教育共进社和中华教育改进社先后创办《新教育》杂志，蒋梦麟任主编。自 1922 年 8 月第 5 卷第 1、2 期起，该杂志改由东南大学主办，陶行知任主编。他对该刊物进行改组，分成 22 组，并明确规定各组编辑人员名单，使该杂志编辑走向规范化。其中，教材与教学法组编辑人员有秉志、徐则陵、张准、张士一、郑晓沧和邓萃英（见表 2.7）。

表 2.7 《新教育》教材与教学法组编辑人员简况

姓名	留学经历	工作经历
秉 志	康奈尔大学理学学士、哲学博士	历任东南大学、厦门大学、国立中央大学、复旦大学教授，中国科学社生物研究所、静生生物调查研究所主任、教授。
徐则陵	伊利诺伊大学史学硕士、哥伦比亚大学硕士	任东南大学教育科主任
张 准	麻省理工学院	任教于南京高等师范学校
张士一	哥伦比亚大学师范学院	历任东南大学、国立中央大学教授，英语教学法研究专家
郑晓沧	美国威斯康星大学教育学学士、哥伦比亚大学师范学院教育学硕士	历任南京高等师范学校、东南大学教育学系教授
邓萃英	日本东京高等师范学校、哥伦比亚大学师范学院	历任北京高等师范学校教授、数学部主任，厦门大学和河南大学校长

资料来源：新教育共进社. 新教育，1922（5）：22.

---

① 新教育共进社. 中华教育改进社简章 [J]. 新教育，1919（1）：3.

上述教材与教学组编辑人员均有留学美国经历。秉志堪称 20 世纪中国科学家代表，以倡导"科学救国"而著称，他运用科学研究方法进行生物学学科研究。张准曾是 20 世纪 20 年代物质科学组——化学股成员之一，主张用科学方法研究教育。邓萃英提倡科学研究，在国立北平师范大学增设研究科。从上述编辑组人员的留学和工作经历来看，他们均受到了美国进步主义教育思想影响，且提倡科学方法研究教育。陶行知之所以把上述成员组成教材与教学组编辑人员，是因为他试图运用科学方法进行教材和教法研究，这与《新教育》杂志的主旨相符，同时也说明该时期教材与教法正处于取法美国、开展科学探索和研究的历史时期。

表 2.8 列出了《新教育》杂志刊登的部分论文。

表 2.8 《新教育》部分论文一览

作者	篇名	年份（卷—期）
孙本文	中学一、二年生读书能力试验之统计	1919（1—2）
黄炎培	减少授课时间与精选教材问题	1919（1—2）
徐甘棠	中学地理分科法	1920（2—5）
徐甘棠	教授普通科学问题	1920（2—5）
朱仲琴	国语教授的实况	1920（3—1）
朱仲琴	中国教育实际问题数则	1922（4—1）
刘 儒	国语教学法讲义	1921（4—3）
陈鹤琴	一个算术测验	1921（4—3）
陈宝泉	对于设计教学法辑要的感想	1922（4—5）
俞子夷	小学校初年级读法教科书急应改革的问题	1922（4—5）
陈鹤琴	一种国文测验：词句重组	1922（4—5）
张士一	我国中等学校英语教授的改良	1922（5—1、2）
吴研因	中国语文教学法概要	1922（5—4）
程湘帆	小学读法教学三个问题	1922（5—4）
朱经农	道尔顿方法述要	1923（6—1）
李廉方	小学教材之商榷	1923（6—3）
俞子夷	编造小学书法测验方法的概要	1923（6—4）、1924（8—4）
冯达夫	算术教学法的实地参观讨论	1923（6—4）
冯达夫、王芝九	英语实地教学参观讨论会纪要	1923（6—4）
程湘帆	师范学校之各学科教学标准	1923（6—5）
曹 刍	设计教学法原理	1923（7—5）、1924（8—4）
冯顺伯	初中公民学教材编制与教学	1924（8—2）

续表

作者	篇名	年份（卷—期）
陈鹤琴	初小默读测验编造程序	1924（8—3）
马客谈	小学新方法之批评	1924（8—5）
施仁夫	适应个性的小学教育法	1924（8—5）
赵欲仁	设计的小学教育法	1924（8—5）
章柳泉	关于教学上所应知的两件事	1925（10—1）
徐敬修	各科测验法	1925（10—1）
李晓农	前期小学国语教学概要	1925（10—1）
赵欲仁	中国文字直写横写的比较研究（一）	1925（10—5）
俞子夷	设计教学法问答	1925（11—3）
张锡昌	低年级教学上的几个问题	1925（11—3）

资料来源：新教育共进社．新教育，1919—1925．

　　1925 年 8 月《新教育》月刊停刊后，中华教育改进社创办《新教育评论》周刊，由陶行知任主编。该杂志注重 "批评本国现时教育上政策、主张与实施；建议今后本国教育上各种革新的计划；介绍和批评外国最近的教育制度和学说；报告各地教育调查的结果"[①]。

　　表 2.9 列出了《新教育评论》刊登的部分论文。

表 2.9　《新教育评论》部分论文一览

作者	篇名	年份（卷—期）
高仁山	对艺文中学学生讲道尔顿制	1925（1—11、12）
邱椿	评道尔顿制	1926（2-4、5、10、11、16）
高仁山	与邱椿先生讨论 "评道尔顿制"	1926（2—6）
陈宝锷	我对于道尔顿制之观察	1926（2—5）
沈荣龄	复式教学新制讨论	1926（2—7）
李栋	论道尔顿制	1926（2—8）
高仁山	再与邱先生讨论 "评道尔顿制"	1926（2—13）
罗志英	读 "再评道尔顿制"	1926（2—14）
赵迺抟	教科书问题（续）	1926（2—13、14）
邱椿	评道尔顿制的尾声	1926（2—16）
赵迺抟	道尔顿制的原则	1926（2—18）

---

① 王西征．从新教育到新教育评论 [J]．新教育评论，1926（3-1）：14．

续表

作者	篇名	年份（卷—期）
高仁山	哀"评道尔顿制的尾声"	1926（2—18）
罗志英	读"评道尔顿制的尾声"	1926（2—18）
李 溶	从逻辑上批评邱椿"评道尔顿制"	1926（2—18）
陈科美	介绍克伯屈教授	1926（2—22）
凌 冰	克伯屈与设计教育法	1926（2—22）

资料来源：中华教育改进社. 新教育评论，1925—1927.

总体而言，教学论学者借助新教育共进社和中华教育改进社两个教育学会，对设计教学法、道尔顿制的传入及推广开展研究，促进了近代教学论的深入发展。

第三节　教育研究机构与教学论学者群体学术活动的开展

南京国民政府成立后，依托国立综合性大学和国立师范大学成立的教育研究机构，成为教学论学者传播和推广教学论研究成果的重要平台。

一、国立中山大学教育研究所与教学论学者群体学术活动的开展

1927年，国立中山大学教育研究所成立后，教学论学者群体主要开展了以下教学论研究。①

（一）开展中小学教学及教学法研究

首先是中小学国文教学研究。该研究主要包括小学分级字（词）体研究、小学国语教科书分析、儿童国语读本演进之研究、初中国文教材研究。研究内容包括教学内容、教科书、教师、学生等，研究范围已经深入国文教学的各个方面。其次是中学教学法改造研究，对当时备受国人瞩目的道尔顿制、设计教学法等进行分析，以便寻求适用于中国中学教学程度及今后中学教学法应用的趋向。然后是教学试验。招收一年级学生36名，进行教学方法实验。该实验以学生的自动自发为原则，不用课本，不用教师讲授，完全以学生自动学习为开始和结束。此学习方法属德可乐利教法的变通，和道尔顿制又有不同之处。

---

① 国立中山大学教育研究所. 本所研究事业十年 [M]. 广州：中山大学出版社，1937：1.

（二）创办《教育研究》

该研究所除进行中小学教学研究外，还于 1928 年 2 月创办《教育研究》，旨在 "发扬教育学术，供给研究资料，提出实际问题，力避空论，以创教育界实事求是之风气"[①]。据研究所编的《教育研究论文索引》（第 1—64 期，1928 年 2 月—1935 年 12 月）统计，《教育研究》上发表的论文内容主要包括教育通论、心理科学、各国教育、教育行政、各级教育、专业教育、社会教育、学校行政、课程教法和各科教育 10 个方面的内容。

表 2.10 所示为国立中山大学《教育研究》期刊发表的部分教学论论文。

表 2.10　国立中山大学《教育研究》期刊部分教学论论文一览

作者	篇名	年份（期数）
刘孟晋	合一教学法弊端	1928（6）
陆厚仁	课程研究报告	1928（7）
许崇清	Winnetka System 与 Complex System	1928（7）
崔载阳	苏俄的小学课程	1928（7）、1929（9）
陆厚仁	课程编制的基本原则	1929（9）
崔载阳	如何使小学课程主义化儿童化效率化	1929（12）
庄泽宣	怎样提倡科学教育	1929（14）
阮真等	初中国文教材研究	1929（14）
崔载阳	批评小学课程暂行标准	1930（16）
崔载阳	新土耳其的小学课程	1930（24）
曹刍	阅读教学法	1930（25）
唐惜分	三民主义的中学课程意见书	1930（27）
许成荣	文纳特卡学校的一些介绍	1931（27）
崔载阳	本校女中试行新法教学经过	1932（34）
陶知行、庄泽宣	关于科学教育的讨论	1932（35）
张文昌	中学教本研究	1933（41）
姜琦	教授学上的两极性	1933（42）
赵邦嵘	一个自然科教学的试验	1933（44）
张雨峰	中学地理教学法	1933（45）

[①]　国立中山大学教育研究所. 本所研究事业十年 [M]. 广州：中山大学出版社，1937：59.

续表

作者	篇名	年份（期数）
艾伟、阮真	国文教学的基本问题	1934（51）
崔载阳、方惇颐	根本改变我国小学课程之尝试	1934（51）
吴明惠等	中等数学心理	1935（57）
方惇颐	民族中心小学课程编制的演进	1935（60）
邓峻璧	民族中心小学实验一年来教学的经过	1935（60）
蒋仲虎	民族中心小学实验班教学经验谈	1935（60）
陈孝辉	教科书印刷的研究	1935（62）
陈孝辉	我国小学教科用书之沿革	1936（68）

资料来源：国立中山大学教育研究所．教育研究论文索引（第1—64期）[M]．广州：中山大学出版社，1936：10-12．

（三）开设教学论课程及教学

自1935年起，研究所正式培养教育教学专门研究人才（见表2.11）。据统计，1928—1948年，"研究所招收研究生50名左右，明确可知在1945年前完成学业并获得学位者有22人，1945年后又有13人入所，但总计完成学业者应在30人左右"[1]。研究所成立后，其研究人员大部分由教育系教授及职员担任，先后在所担任研究和指导研究生的人员有崔载阳、陈礼江、邰爽秋、唐惜分、古楳、林砺儒、范琦、雷通群、胡毅、许逢熙、王越、杨敏麒、周葆儒、黄敬思、林本、陈节坚等。同时，研究所人员还开设"教育研究法""课程研究""中国教育问题研究""学科心理问题""中学各科教学法"等教学论课程。

如表2.11和表2.12所示，国立中山大学教育研究所的指导教师一般具有在国外著名大学留学的经历，这种经历对其回国后开展教学工作具有十分重要的影响和指导意义。

---

① 王有春．近代中国教育研究机构考察——学术史的视角[D]．杭州：浙江大学，2013：88．

表 2.11　国立中山大学教育研究所部分教职员简况

职　别	姓　名	求学经历	到校年月
指导教师兼所主任	崔载阳	法国里昂大学	1927 年 5 月
教育学部指导教授	林　本	日本东京高等师范学校、东京文理科大学	1935 年 9 月
	范　琦	日本东京高等师范学校研究院专攻科，美国哥伦比亚大学、哈佛大学、霍普金斯大学研究院	1931 年 8 月
	雷通群	日本东京高等师范学校、美国斯坦福大学	1932 年 9 月
	钟鲁斋	美国斯坦福大学	1936 年 9 月
教育心理部指导教授	高觉敷	香港大学文学士	1936 年 9 月
	杨敏麒	美国斯坦福大学	1934 年 8 月
	陈节坚	法国里昂大学、巴黎大学	1935 年 8 月
	邹　谦	日本东京高等师范学校	1936 年 9 月
	王　越	东南大学、燕京大学、北京大学	1933 年 10 月
助教	方惇颐	国立中山大学教育学系	1933 年 7 月
	石玉昆	江苏省立教育学院民众教育系	1936 年 9 月
	林锦成	国立中山大学教育学系	1933 年 11 月
	戚焕尧	国立中山大学教育学系	1935 年 10 月

资料来源：王有春. 近代中国教育研究机构考察——学术史的视角 [D]. 杭州：浙江大学，2013：68-69.

表 2.12　国立中山大学教育研究所研究生教学论课程说明一览

课程名称	课程目的、内容摘要	主讲教师
教育研究法（必修）	目的：研究各种教育方法的沿革、内容及其现状；应用各种科学方法调查实验现代教育上的重要问题，以期使科学的教育学有所进展；希望贡献研究所得的结果，为改进吾国教育的参考。 内容摘要：研究科学方法的本质、教育调查法、实验法、测量法、课程编制法、常模法、图书之分类与阅读法、做报告的方法等；商讨全学期调查实验计划。	陈礼江
课程研究（必修）	目的：使学者明了各级课程理论及编订各级课程之根据，以备对于课程之改进有所补助。 内容摘要：课程意义、编订方法、学科组织、教材甄别、课程效率之考核、设计课程、各级学校课程、民众学校、科目支配与时间问题、改造原则。	钟鲁斋

续表

课程名称	课程目的、内容摘要	主讲教师
学科心理问题（必修）	目的：解决学科心理之问题。 内容摘要：分为普通和特殊两方面。前者如小学生和中学生在学习各种科目时，其心理历程如何，应加以分析；后者如读物行列之长短及读物用纸等对于阅读效率之影响因素，应加以研究。	邰爽秋、高觉敷
中学各科教学法（选修）	目的：供给中学教学普通应用的知识；讨论中学各科教学实际的问题及其改进；养成中学行政人员有辅导各科教学的能力。 内容摘要：分总论和分论。前者总述中学的课程及其教学目的，中学生身体、智力及思想方面种种特征，中学教学的普通原理、方式及其过程。分论部分则具体论述各科，如自然科学、语文、数学等每一科目的教学目的、设备、教学要点、改进问题。最后讨论教学学习及成绩考查。	胡 毅

资料来源：国立中山大学教育研究所. 本所研究事业十年[M]. 广州：中山大学出版社，1937:6-7.

二、国立北平师范大学教育研究所与教学论学者群体学术活动的开展

1932 年 9 月，国立北平师范大学教育研究所成立，旨在"为训练教育研究之专门人才；为研究教育问题；为纂辑各科教材等"[1]。秉此宗旨，教育研究所研究人员开展了教学论研究工作。

（一）教学论专业人才培养

教学论学者根据研究所及研究生的实际情况来设置教学论课程，如"教育研究法""教育测验法""教育实验法"和"高等教育统计""学务调查法""课程论"等。"教育研究法"和"学务调查法"由李建勋授课。[2]

研究生除进行专题研究外，还须提出论文研究题目，由主任导师指定导师一人或两人指导研究，研究生必须论文合格才准予毕业。研究生论文的有关科目分为四组，其中"教材及教法"组的指导教师为杨亮功。杨亮功（1897—1992），早年毕业于北京大学中国文学系，1922 年秋至 1924 年 6 月留学于美国斯坦福大学教育学院。当时该教育学院因由美国教育学家克伯屈主持而著称，且"克氏著作

---

① 国立北平师范大学编辑组. 国立北平师范大学一览[A]. 北平：国立北平师范大学，1934：224.

② 国立北平师范大学编辑组. 国立北平师范大学一览[A]. 北平：国立北平师范大学，1934：228.

颇丰"①。两年后，他完成硕士课程，其毕业论文题为《中学课程之研究》。此后，他又入哥伦比亚大学师范学院选修杜威的"教育哲学"、克伯屈的"教育原理"、桑代克的"教育心理学"、麦柯尔的"教育测验"等课程。他曾回忆道，杜威、克伯屈和斯泰耶的教学方法"实各有千秋"②。

（二）教学实际问题研究

研究所成立后，设所长一人（由校长兼任）、主任导师若干人、导师助教及助理若干人。研究所导师除授课和训练学生外，须提出重要的教育研究课题，然后指导助教、助理等从事研究。据相关资料，研究所在李建勋主持下，主要开展了以下教学实际问题研究："中学英语教学法之实验"，即在三年期间运用实验法对国立北平师范大学附中及附小的英语直接教学和混合教学进行了比较实验研究；"单式教学与复式教学之比较"，即在国立北平师范大学附小进行了单式制和复式制教学效果比较实验研究；"普通教学法和设计教学法之比较实验"，即以国立北平师范大学附属幼稚园几个班为实验场所，运用比较法、观察法和分析法进行了普通教学法和设计教学法的实验比较，其结果为在幼稚园试行设计教学法可行并取得了一定效果；"师范学校教育课程之教材及教法研究"，即对师范学校有关小学行政、普通心理、教育心理及教育概论四种教育课程的教材及教法进行了研究。

（三）创办教育刊物，传播教学论研究成果

1919 年 12 月，北京高等师范学校创办《教育丛刊》。至 1926 年 4 月停刊，该刊共出版 33 期。该刊初为不定期出版，从第 2 卷起改由中华书局定期出版，每年出版 8 期（1、2、7、8 月不出版），从 1924 年起改由北京师范大学出版部编辑。该刊辟有论述、调查、附录等栏目，成为北京师范大学教职员、学生及毕业校友共同研究教育、自由发表思想的园地。

表 2.13 列出了北京高等师范学校《教育丛刊》刊登的部分教学论论文。

表 2.13　北京高等师范学校《教育丛刊》部分教学论论文一览

作　者	篇　名	年份（集）
虞成章	普通学校本国历史教授之研究	1919（1）

---

① 杨亮功. 早期三十年的教学生活·五四 [M]. 合肥：黄山书社，2007：38.

② 杨亮功. 早期三十年的教学生活·五四 [M]. 合肥：黄山书社，2007：36.

续表

作　者	篇　名	年份（集）
陆　宇	历史教授法革新论	1919（1）、1920（2、3）
夏宇众	中学国文科教授之商榷	1919（1）、1920（2、3）
程廷熙	初等数学教授之研究	1920（2）
周　达	中学国文教授	1920（2）
虞成章	中小学地理教授之研究	1920（3）
于敏贞	小学低年级美术教学的研究	1920（3）
工　俞	美国大学教授法	1920（4）
常乃德	教授小识	1920（4）
焦蕴华	中学校英文教授之商榷	1922（5）

资料来源：北京高等师范学校. 教育丛刊. 1919—1922.

1930 年 4 月 1 日，国立北平师范大学教育学会创办《师大教育丛刊》。该刊存在两年多，共出版 7 期。

表 2.14 列出了《师大教育丛刊》刊登的部分教学论论文。

表 2.14　《师大教育丛刊》部分教学论论文一览

作　者	篇　名	年份（卷期）
陈志潼、郝延读	实际教学上具体问题之讨论	1930（1—1）
郭鸣鹤	普通教学法原论	1930（1—1）
陈志潼、侯潘	实际教学上具体问题之讨论（续）	1930（1—2）
程陶动	高级中学普通科课程暂行标准之批评及其改良	1930（1—4）
郭鸣鹤	什么是设计教学法	1930（1—4）
吴荣耀	问答教学法之研究	1930（1—4）
邱　椿	国立北平师范大学教育学系课程标准	1930（1—4）
张雪门等	中国近年来幼稚教育课程之变迁	1930（1—4）
于敏贞	小学低年级美术教学的研究	1931（2—3）

资料来源：国立北平师范大学教育学会. 师大教育丛刊, 1930—1931。

由表 2.14 可知，因该刊物创办时间较短，较之《教育丛刊》，从其数量上看教学论研究论文数量较少；从其内容看，前者注重各科教学及教法研究，而《师大教育丛刊》更趋向于对教学原理和方法进行探讨。

1932 年 10 月，《师大月刊》编辑部创办《师大月刊》，取代《师大教育丛刊》。至抗战全面爆发停刊，《师大月刊》"教育学院专号"共发行 16 期。"教育学院专号"分论著、研究、译述、报告等 4 个栏目。《师大月刊》遂成为"教育研究所师生刊载教育理论和教育实验研究成果的重要园地"[①]，其中涉及了教学论研究论文。

表 2.15 列出了《师大月刊》刊登的部分教学论论文。

表 2.15 《师大月刊》部分教学论论文一览

作 者	篇 名	年份（期数）
戴骏文	英文教学法实验进行状况报告	1933（5）
于敏贞	现代初中图画科教材教法及设备	1933（12）
张鸿来	国立北平师范大学附属中学南校新订课程草案	1934（9）
王兆亭	小学心算教学和心算教材	1934（9）
孙一青	国立北平师范大学附属中学北校劳作课程教学计划	1934（9）
王钧衡	怎样才可以收到地理教学的效果	1934（13）
赵 镛	小学算学教材的研究	1935（17）
第二附小	小学说话科之教学方案	1935（17）
郝士英	初级民众学校国语教材之研究	1935（20）
洪芸仙	高中国文教材之研究	1936（24）
汪 震	初中文法课程分授提议	1936（25）
王国栋	初中国文教学实施之商榷	1936（25）
王钧衡	中国地理教材的教法片段论述	1936（29）
黄玉树（研究院毕业生）	课程之今昔观与今后编制课程应趋之途径——以公民科为例	1936（32）
吴培申（教育系毕业论文）	师范学校小学行政科教材及教法	1936（32）
王国栋	国文教学上两个实际问题的探讨	1936（32）
戴骏文	中等学校英语教学法	1935（21）

资料来源：国立北平师范大学师大月刊编辑部. 师大月刊，1933—1935.

从《教育丛刊》《师大教育丛刊》到《师大月刊》，从一个侧面反映了国立北平师范大学教育研究所教学论研究的基本轨迹，也在一定程度上折射出 20 世纪 30 年代教学论学者群体开展教学论研究的总体情况，即遵循学科教学法—普通教学法—教材教法研究的内在发展理路，这与近代中国教学论发展的总体历程相吻合。

---

① 黎锦熙. 研究所史略 [J]. 师大月刊，1932（1）：62.

三、国立西北师范学院师范研究所与教学论学者群体学术活动的开展

1939 年 8 月,国立西北师范学院师范研究所成立。至 1950 年因学校机构调整撤销,国立西北师范学院师范研究所共存在 12 年。尽管条件极其艰苦,教学论学者始终以"研究高深教育学术,训练教育学术人才及协助师范学院所划区内教育研究机关,研究教育问题,并改进其教育设施"① 为目的开展教学论研究。

(一)培养教学论专业人才

为培养研究所的教学论专业人才,教学论学者首先通过设置教学论课程来训练教学论学术人才(见表 2.16)。研究生训练主要包括"学识技能的培养"和"技能训练"。前者按照规定的教育学科修满 30 学分(后遵教育部令改为 20 学分),后者是"研究生在修习完学分后,作带有创造性质论文一篇"②。

表 2.16 国立西北师范学院师范研究所研究生修习课程及学分一览

学生类别	科目类别	课程	导师	开课时间	学分
各大学教育系毕业考入者	必修(16学分)	教育研究法	李建勋	一学年(每周2学时)	4
		高等教育心理	郝耀东	一学年(每周2学时)	4
		高等教育统计	不详	一学年(每周2学时)	
		学务调查	李建勋	一学年(每周2学时)	
		论文研究	不详	一学年(每周2学时)	不计学分
	选修(4学分)	教育哲学问题讨论(研究教育哲学问题者必选)	王凤岗	一学年(每周2学时)	4
		课程研究(研究教材教法问题者必选)	金澍荣	一学年(每周2学时)	4
		教育实验法(研究教育心理问题者必选)	程克敬	一学年(每周2学时)	4
大学文理学院各系毕业考入者	除上述各种科目及学分外	教育统计	不详	一学年(每周2学时)	4
		教育哲学	王凤岗	一学年(每周2学时)	4
考入,未曾学过教育学者	须补修下列各科目	教育心理	郝耀东	一学年(每周2学时)	4
		教育行政	李建勋	一学年(每周2学时)	4

资料来源:甘肃省档案馆藏西北师范大学档案. 国立西北师范学院院务概况(卷宗号:33—

---

① 国立西北师范学院师范研究所. 国立西北师院院务概况,1941:64.
② 师范学院师范研究所章程 [J]. 西北联大校刊,1939(13):15-16.

001-0593）；王有春. 近代中国教育研究机构考察——学术史的视角 [D]. 杭州：浙江大学，2013：176.

据研究生章程规定，研究生入学后须提出论文题目，由主任指定教授一两人进行指导，研究生必须完成论文且审核合格并完成学习任务方可毕业。据统计，国立西北师范学院师范研究所部分研究生以教学论研究内容为其论文题目，如刘泽的《三民主义与初中本国史教材》（指导教师郝耀东）、贾则复的《中学国文精读教材》（指导教师李建勋、金澍荣）、杨少松的《小学常识教材》（指导教师金澍荣）、孙天泰的《小学教师教学成功因素之分析》（指导教师李建勋）等。[①] 上述论文从内容上看，以学科教材研究为主，这与该研究所的主旨相符，且李建勋为重要的指导教师。

（二）教学论专题研究

研究所"研究高深教育学术"是指由该所教授"自作研究解答学术问题"[②]。国立西北师范学院师范研究所迁至兰州城固时期，因条件限制，文科科研气氛浓于理科，也因师范研究所的设立，教育研究工作开展相对顺利。据统计，由李建勋、刘亦衍、程克敬、金澍荣、鲁世英、王凤歧等8位教授主持的教育专题研究约为23项[③]，其中教学论专题研究有9项（见表2.17）。

表2.17　国立西北师范学院师范研究所（教育研究所）教学论专题研究一览表

题目	研究者	研究时间	研究计划（内容）	研究成果
初中英语课本之分析	金澍荣、尹赞钧	1940年2月—1941年7月	该研究为"英语教材及教法之研究"一部分	研究专刊第一种第二册，1942年出版
中学数学教材教法之研究	刘亦衍、刘汉江	1941年9月—1943年12月	1.现行中学数学教本量与质之分析 2.测验中学毕业生计中学生之数学能力 3.征询专家意见 4.整理报告 5.编辑教科书	由教育部审核出版

① 王有春. 近代中国教育研究机构考察——学术史的视角 [D]. 杭州：浙江大学，2013：178-179.
② 甘肃省档案馆西北师范大学档案. 国立西北联合大学师范学院师范研究所筹设经过报告（卷宗号：33-001-0319）.
③ 王有春. 近代中国教育研究机构考察——学术史的视角 [D]. 杭州：浙江大学，2013：181-185.

续表

题 目	研究者	研究时间	研究计划（内容）	研究成果
高中英语课本之分析	金澍荣、李庭芗	1941年2月—1941年11月	该研究为"英语教材及教法之研究"一部分	研究专刊第一种第三册，1945年出版
师范学校教育行政教材教法研究	李建勋、韩温冬	1940年8月—1942年8月	以国民教育行政人员训练目标、现有师范学校小学行政教科书分析、现行文献中有关国民教育论述之分析及新县制下中心及国民学校行政实况调查的研究结果为依据，确定师范学校教育行政课程内容及教学参考资料，建议课程标准，并编辑适用之教材	研究专刊第五种，1946年2月印行
中学国文因素分析教学法与普通教学法之比较	李建勋、贾则复	不详	不详	不详
师范学校教育通论教材教法之研究	金澍荣、许椿生	1941年2月—不详	一、教学目标之研究 1.检讨"教育概论"与"教育通论"在功用及注意点上之差别 2.分析整理与补充部颁课程标准中规定之教学目标 二、教学内容之研究（部定教材大纲之检讨）	不详
教育哲学教材教法研究	慈连炤	不详	不详	不详
教学辅导之理论与实际	陈侠	不详	不详	不详
师范学校家事科教材教法	齐国梁	不详	不详	不详

资料来源：王有春. 近代中国教育研究机构考察——学术史的视角[D]. 杭州：浙江大学，2013：181-185.

　　总之，教学论学者借助近代教育研究机构来设置教学论课程及教学，开展教学论专题研究及中小学教学实验，以培养教学论专业人才、解决教学实际问题等，为近代教学论学科的深入发展提供了基础和条件。

第四节 教育期刊与教学论学者群体学术活动的开展

如前所述，除教学论学者借助教育学会和教育研究机构来开展教学论研究外，《教育杂志》《中华教育界》《教与学月刊》等教育期刊也成为教学论学者传播和研究教学论学科的重要平台。

一、《教育世界》与赫尔巴特教学论的导入与传播

1901 年，罗振玉在上海创办《教育世界》，至 1908 年 1 月停刊。《教育世界》共出版 166 期。《教育世界》主要设置了文篇、译篇、学校、教授训练、教育史、学术史等栏目，其中教学论学者主要在"译篇"栏目刊载译介的赫尔巴特教育学说以及教授学（法）、各科教授法教材。

表 2.18 列出了《教育世界》刊登的译介教授学（法）的部分论著。

表 2.18 《教育世界》译介教授学（法）部分论著一览

作者及译者	篇 名	年份（期）
汤本武比古	教授学	1901（12–14）
藤泽利喜太郎著，王国维译	算术条目及教授法	1901（14–15）、1902（16–18）
矢泽米三郎	理科教授法	1902（21–23）、1904（79–83）、1904（85）
不详	中学校教授细目	1902（22–30）
大濑甚太郎、中川延治所	教授法沿革史	1902（25–28）
东基吉著，沈纮译	小学教授法	1902（35–36）
杉山富槌	心理的教授原则	1902（36–39）
和田喜八郎所	新规则小学校各科教授要义	1903（64–65）
不详	地理教授法	1904（69–71）
不详	法国修身教授法之一斑	1904（73）
不详	历史教授法	1904（72–74）
不详	图画教授法	1904（75）
不详	塔格曼式之道德教授论	1904（84）
不详	修身教授法	1904（86–88）
不详	算术教授法	1904（89）
长谷川乙彦	教授原理	1905（93–95）
不详	巴嘉氏之统合教授论	1905（97–102）

续表

作者及译者	篇　名	年份（期）
不详	实科教授法	1905（108-109）、1905（111-114）
不详	西烈尔氏训练论	1906（118）、1906（121-122）、1906（124-125）
不详	理科教材统合说	1906（126）
不详	劣等生教授法	1907（143）
富永岩太郎	大教授法	1907（144-148）、1907（153、156）
新井博次	二部教授论	1907（158）、1908（166）

资料来源：陈科美. 上海近代教育 [M]. 上海：上海教育出版社，2003：178；上海图书馆. 近代中国期刊篇目汇录（第二卷 上册）[M]. 上海：上海人民出版社，1979：134-160；吕顺长. 清末浙江与日本 [M]. 上海：上海古籍出版社，2001：207-213.

上述译著从内容上看，主要包括赫尔巴特教授学和各学科教授法内容。严格来说，该时期教学论学科尚未形成，没有专门从事教学论研究的学者，翻译上述著作的主要是汤本武比古等日本学者及王国维等教育学者。

二、《教育杂志》与教学论学者群体学术活动的开展

1909 年，商务印书馆创办《教育杂志》。至 1948 年 12 月终刊，《教育杂志》共出 33 卷 382 期。教学论学者借助《教育杂志》刊载的教学论论文主要包括"新教学方法介绍、小学应用教材的研究、各种科学研究方法的介绍、特种教学方法的研究和探讨、各级课程标准的研究或讨论、教学经验的表白和感想"[①] 等内容。

（一）教学法及各科教学法介绍和研究

从该杂志作者投稿的内容看，其研究内容主要包括教学法和各科教学法，如庄适的《教授法略说》、志厚的《新开发教授论》、刑定雪的《教学法之新研究》、俞子夷的《教学法的科学观和艺术观》、常道直的《小学教学法概要》、夏承枫的《教学方法概论》、杨贤江的《学习法的教学》、蔡孟华的《文纳特卡制概论》等。除上述教学法论文外，该杂志还刊载各科教学法论文，如天民的《研究各科教授之先决条件》、太玄的《技能科教授之要谛》、簋吾的《小学校商科之教授法》等。此外，传入的各种教学方法论文有张世枸的《莱茵氏之五段教授法》、陆费逵的《采用全日二部教授》、刘可大的《单级教授例》、郑朝熙的《单级教授之要项》、

---

① 何炳松. 何炳松文集 [M]. 北京：商务印书馆，1997：302.

天民的《分团式的教育法》、张九如的《协动教学法的尝试》，还介绍了自学主义教授法、勤劳主义教授法、"教学做"合一教学法。

（二）"设计教学法"和"道尔顿制"的译介和研究

五四新文化运动后，美国进步主义影响下的各种教学方法相继传入，国内教学论学者借助《教育杂志》，译介并传播美国进步主义教学方法的内容，其中以译介"设计教学法"和"道尔顿制"的数量为多（见表2.19）。

表2.19 《教育杂志》译介、研究"设计教学法"和"道尔顿制"的部分论文一览

作者及译者	题 目	年份（卷号）
厚 生	设计法是什么	1921（13-5）
知 我	设计教学法的研究	1921（13-7）
R. W. Hatch 著、杨贤江译	近代史的设计教学法	1921（13-8）
慈 心	马克马利底设计的教学	1921（13-9）
杨贤江	设计教学法举例	1921（13-10）
范云六	儿童设计的学习法	1922（14-2）
沈百英	设计教学法试验报告	1922（14-6）
沈子善	设计教学法的真诠与其发达史	1922（14-7）
刘孟青	设计教学法概要	1922（14-10）
补 白	北高邮附小一年级设计教学法的概况	1923（15-2）
盛朗西	四年下期实施设计教学的一例	1923（15-10）
沈百英	设计教学法	1924（16-9）
沈百英	设计教学的种类和方法	1927（19-5）
朱培钧	小学低年级读物的设计教学研究	1929（21-5）
鲍德徵	道尔顿实验室计划	1922（14-6）
不 详	达尔顿案（即"道尔顿制"）	1921（13-8）
沈仲九	国文科试行道尔顿制的说明	1922（14-11）
刘建阳	道尔顿制之实际经验	1922（14-11）
舒新城	什么是道尔顿制	1922（14-11）
舒新城	关于道尔顿制的著作	1922（14-11）
金保赤	英国施行道尔顿制之原因与其实际状况	1922（14-11）
余家菊	道尔顿制与中国之教育	1922（14-12）
朱光潜	在道尔顿制中怎样应用设计教学法	1922（14-12）
朱经农	道尔顿方法中之互助与合作的精神	1923（15-3）
舒新城	道尔顿制与小学教育	1923（15-3）
舒新城	关于道尔顿制的几种新表	1923（15-7）

续表

作者及译者	题　目	年份（卷号）
朱光潜	道尔顿制下的英文教学法	1923（15-12）
舒新城	道尔顿制功课指定概要	1923（15-10）
舒新城	道尔顿制与小学国语教学法	1924（16-1）
沈百英	试行道尔顿制之困难问题及其补救办法	1924（16-4）
章克标	道尔顿制在日本的概况	1924（16-7）
周为群	试行道尔顿制的必要条件	1924（16-7）
赵廷为	道尔顿制与教师问题	1925（17-9）

资料来源：陈东原，吴保障，蒋元卿. 教育杂志索引（第1卷至第23卷）[M]. 上海：商务印书馆，1936：73-81；教育杂志社. 教育杂志索引（第24卷至第25卷）[M]. 上海：商务印书馆，1936：10-15.

（三）教科书（教材）研究

《教育杂志》的创办"以讨论教育学术为名，实际上的目的是要把它作为推广教科书的工具，通过杂志与各学校取得联系"[①]。该时期《教育杂志》刊载了教学论学者大量教科书（教材）研究论文，如帅群的《论采用教科书》、宝四的《中学校教科用书之商榷》、商务印书馆的《编辑教科书商榷之结果》、贾丰臻的《今后小学教科之商榷》、张世㭍的《论教科书与教育进化之关系》、舒新城的《编制混合心理学教科书的意见》、沈佩弦的《小学教材选择与组织之原则》、沈仲九的《初中国文教科书问题》、寿勉成的《我国大学之教材问题》、杜佐周的《横行排列与直行排列之研究》等。自1916年后，为适应教学发展需要，《教育杂志》栏目内容有所调整，教科书（教材）研究内容逐渐被取消，增加了教学理论和方法研究的论文。

三、《中华教育界》与教学论学者群体学术活动的开展

1912年，陆费逵于上海成立中华书局，初期以经营中小学教科书为主。次年，中华书局始设编辑所出版《中华教育界》杂志。从该刊内容看，教学论学者群体关于教学论研究的内容主要包括教科书（教材）、教学法、教学论专题等研究。

---

① 章锡琛. 漫谈商务印书馆[M]. 北京：商务印书馆，1987：114.

（一）教科书（教材）、教学法研究

这部分论文内容主要包括教科书（教材）选择与编写、教材心理探讨等，如江梦梅的《现行教科书制度与前清制之比较》、华汝成的《中小学校自然科学教材的研究》、潘之赓的《教科书应有的功用及使用的方法》、王克仁的《小学教科书的问题》、余先砺的《中学公民科之编制》、程其保的《初中国文教材之研究》等。此外还涉及教科书制度研究、教科书（教材）的使用价值分析、教材理论研究等，其内容包含了教科书（教材）理论和实践研究，把心理学运用到教材研究中，促进了教科书（教材）研究的深入发展。五四新文化运动后，受美国进步主义教学论影响，各种教学法相继传入国内，《中华教育界》着力于推广设计教学法和道尔顿制研究，教学论学者群体主要撰写教学法和小学教学方法等论文，如葛承训的《设计教学》、潘之赓的《小学初年级设计的报告》、朱翊新的《道尔顿制提要》、张九如的《研究内乱的协动教学法概观》、杨逸群的《高级小学国语科采用道尔顿制的理由和办法》、余家菊的《达尔登制之实际》、祝其乐的《分团教学与自动作业》、舒新城的《道尔顿制讨论集要》、舒新城的《道尔顿制设备概说》、朱智贤的《论教学方法上的理论与实际一致原则》、吴增芥的《小学教学方法的新认识》、刘天予的《教学法概论》、葛承训的《教学方法评论》、沈子善的《道尔顿计划概论》、徐德春的《教学做合一概论》、萧承慎的《教学法基本概念的检讨》等。

（二）教学论专题研究

《中华教育界》以"专号""特辑"等形式发表了若干教学论专题研究论文，如"道尔顿制批评号""教科书专号""教学问题特辑"等。

表 2.20 列出了《中华教育界》"道尔顿制批评号"刊载的部分论文。

表 2.20 《中华教育界》"道尔顿制批评号"部分论文一览

作 者	论文题目
陈启天	刊行道尔顿制批评号旨趣
舒新城	今后的中国道尔顿制
廖世承	中学实施道尔顿制的批评
俞子夷	小学实施道尔顿制的批评
蒋息岑	道尔顿制试验后所得的两个重要难题
穆济波	中学国文科实施道尔顿制研究
李儒勉	道尔顿制与英语教学

续表

作 者	论文题目
马客谈	小学国语科实施道尔顿制的批评
徐元善	小学历史科实施道尔顿制的批评
武受丹	小学地理科实施道尔顿制之状况及批评
饶上达	亚丹教授对于道尔顿制之评论
余 怡	中国道尔顿制书评
薛鸿志	道尔顿制教学施行之概况调查
胡家健	南京之道尔顿制讨论会
胡叔龚	上海道尔顿制讨论会提出之问题

资料来源：中华教育界杂志社，中华教育界．1925(15-5)．

由表 2.20 可知，所刊载的论文内容主要包括道尔顿制原理介绍、道尔顿制疑难问题解答、道尔顿制实施情况介绍及评论等。与《教育杂志》仅介绍"道尔顿制"原理的研究论文相比，《中华教育界》刊载的文章对道尔顿制研究更加深入，已从原理介绍到实验推广再到实验总结的研究阶段。

表 2.21 列出了《中华教育界》"教学问题特辑"刊载的部分论文。

表 2.21 《中华教育界》"教学问题特辑"部分论文一览表

作 者	论文题目
宋家惠	小学低年级拼字片的试用
陈泰元	小学读书教学深究课文举隅
沈百英	创作儿童读物的实例
黄鹏麟	笔算珠算心算合一教学
陈益君	导生传习教学之初步实验
王锐聪	中学国文习作批改的新路
许 侃	略论中学英语教学的改进
华汝成	我对于生物学的教学经验和心得
高时良	中学生学科成绩之调查研究
张文昌	英算两科施用版习法商榷

资料来源：中华教育界杂志社．中华教育界，1948（2-11）．

《中华教育界》复刊后第二年就对中小学教学中存在的各种实际问题进行研究和探讨，以便适应抗战全面爆发后教学论研究和发展的新形势。上述"教学问题特辑"主要涉及各科教学经验总结、调查和实验等内容。

四、教学论专业期刊——《教与学月刊》与教学论学者群体学术活动的开展

1935年7月1日，正中书局创办《教与学月刊》。至1942年3月，该刊停刊，历经6年8个月，共发行68期（其中有两期为合刊）。正中书局设营业、编辑和印务三所。《教与学月刊》先由正中书局编辑所发行，后改由正中书局教与学月刊杂志社自由发行，由正中书局总经销。

（一）栏目设置与作者群体

《教与学月刊》的创刊旨在使"本月刊成为教育界公开讨论的园地，亦将成为科学救国或文化救国的先声"[①]，成为"教师与学生共同的良友，供给双方的需要，沟通双方的情绪，解决双方的困难"[②]。围绕办刊宗旨，《教与学月刊》栏目内容丰富，设置比较灵活。栏目设置主要包括论著、中小学各级各科教材、各科最新学说、各科史话、研究方法与课外读物、教学生活、读者评论等[③]，共发表论文1200余篇。栏目内容在不同时期有所调整，例如，自第7卷第1期起，除增开"教育名篇""教材研究""教法讨论""学习指导""教学随感"等栏目外，还增开"教育动态"一栏，"征集各省市及各级学校最近之教育设施状况、结果统计、活动素描等材料，文字力求生动，内容务期精彩"[④]。每期末尾还附作家小传、编后杂谈、教学论论文索引等栏目。作家小传详细介绍每期投稿作者的生平、学习工作经历、研究方向、著述等，为读者进一步了解每篇论文的内容提供参考；编后杂谈介绍每期的主要内容，给读者以导引；教学论论文索引便于读者对相关教学论研究问题进行检索和查询等。《教与学月刊》存续6年多时间，凭借官方势力支持，稿源较为稳定，有一批较为稳定的撰稿人。为确保稿源质量，该刊特邀请国内对于各学科有专门研究和有实地经验的作家，"将专门的研究化为实际的试验……证诸实际的经验供做专门研究的判断，从而使教师与学生得到良好的参考"[⑤]。总体而言，该杂志的作者群体主要由以下三类人员构成。

一是高等教育管理行政人员，这与该杂志由国民政府主办直接相关，主要

① 叶楚伧. 发刊辞[J] 教与学月刊，1935（1-1）：1.
② 全国政协文史资料委员会. 文史资料存稿选编（第23辑）[M]. 北京：中国文史出版社，2002：421.
③ 本刊征稿简则[J] 教与学月刊，1935(1-2)：2.
④ 教与学月刊社征稿函[J] 国立西北师范学院校务汇报，1942（40）：7.
⑤ 正中书局. 正中书局图书目录. 内部资料，119.

包括教育部长、高等教育司长、科长、教育部成员等。他们发表论文的数量占有一定比例，内容多集中于探讨高等教育教学改革政策和实施方面，为教学理论研究和教学改革指引方向。如陈果夫的《中国教育之改造》和《始业教育》，陈立夫的《教育宗旨释义》《道德之概念》《战时教育方针》，王世杰的《教育者之精神》，叶楚伦的《三民主义教育者的使命》，叶溯中的《劳动教育与职业教育》，等等，这体现了《教与学月刊》的权威性。

二是高校教育学术专家，包括大学校长、学院院长、系部主任以及学科领域专家、教授等。如浙江大学校长竺可桢、北京大学校长蔡元培、国立中央大学师范学院院长张士一、国立北平师范大学师范研究所所长艾伟、国立西北师范学院教授黎锦熙、正中书局编辑陆殿扬、西北大学教授姜琦、西南联合大学教授赵凤喈，以及心理学专家萧孝嵘、潘菽、高觉敷、杜佐周、胡寄南、王书林等，中国教育史专家陈东原、朱有瓛等，历史学家顾颉刚、蒋廷黻等，教育社会学专家雷通群，教育行政专家杨亮功，等等。这类作者多为所在学科的著名教授，学术造诣深厚。他们所刊发的文章主要集中于对高等教育学、学科教学法、心理学、教学心理、学科心理、中国教育史、历史学、教学原理、教育社会学、教育行政等问题的探讨，这些研究是他们对教育学、教学论、学科教学论、教育史、心理学研究经验的总结，充分体现了《教与学月刊》的学术性。

三是教学论研究学者，如庄泽宣、雷通群、沈子善、孙邦正、王士略、赵廷为、吴俊升、俞子夷、张士一、陈侠、郑宗海、李廉方、廖世承、萧孝嵘、程其保、吴研因等。这类教学论研究学者所刊发的文章主要集中于对普通教学法、学科教学法、课程论、教学论史、教学原理、教学心理、教学实验等方面的讨论。他们从教学论学科专业的视角探讨教学理论和教学实际问题，体现了《教与学月刊》的专业性。这类作者刊发文章的情况如表 2.22 所示。

表 2.22 《教与学月刊》刊载的教学论学者文章一览

作者	文章题目	研究领域
庄泽宣	小学各科教学应注意的几点	各科教学法
雷通群	教与学之史的发展及其最近趋势	教学论史
沈子善	教与学之基本原理、论中学缩短学年实验问题、小学教科书的功用与革新等	教学理论、教科书

续表

作者	文章题目	研究领域
孙邦正	小学常识教学法	教学法
王士略	论教学的场合	教学理论
赵廷为	教科书在教育中的地位及其编辑问题、较广大的教学问题等	普通教学法、学科教学法
吴俊升	小学课程基本问题之批讨	课程
俞子夷	教学法上几个重要教学原则、小学自然科学的教与学、教算一得等	教学法、学科教学法、教学实验
张士一	英语教学上的"四熟"主义	英语教学法
郑宗海	教育方法必要论、低年级时事教学的研究	教育方法、教学理论
李廉方	合科教学法	学科教学法
萧孝嵘	教与学的根本问题	教学心理
吴研因	清末以来我国小学教科书概况、批评小学教科书的标准等	教科书
廖世承	教与学	教学原理

综上所述,《教与学月刊》的作者群体具有如下特点:第一,涉及学科领域广泛。作者群体包括教育学、心理学、学科教学法、历史学、教育社会学、教育行政等领域的学者。作者群体学科领域的多样性体现了教学论研究的跨学科性和学术性。第二,教学论学者知名度高。大部分学者均系国内知名学者或某些学科领域的权威。他们大多曾留学国外,把国外教学论研究成果融入国内教学理论和实践;他们各具扎实的教学论学科研究领域方向,提高了近代中国教学论研究的学术水准,提升了教学论研究的学术影响力。

（二）教学理论研究

《教与学月刊》刊载的内容涉及教学论研究的各个方面,注重将教学理论与教学实际、教材与教法、普通教学法和学科教学法等相结合。

其一,教学理论研究。在抗战时期,教学理论研究如何肩负"抗战救国"的历史重任,涉及战时高等教育的办学方针和应对路向以及教学实践、教学论研究人才培养、教学论科学化研究等核心问题。而教与学的问题是教学理论研究的核心问题。因此,该刊对教与学问题进行了大量探讨。诚如陆殿扬在《教与学月刊》"复刊词"中所言:"本刊顾名思义,应注重'教'与'学'之技术与材料,提供积极的、假设的、具体的建议，发表实用化、科学化、合理化的研究。凡属空泛之理论，消极之批评，悉在摒弃之列。"①也就是说，《教与学月刊》创刊的使命就在于把"教"与"学"作为教学发展的方向，并辟有"论著"栏目来刊载相关文章。如，蔡元培的《教与学》、杜佐周的《教与学之心理的解释》、姜琦的《教与学的相互关系究竟怎样》、赵廷为的《较广大的教学问题》、萧孝嵘的《教与学的根本问题》、胡寄南的《学习的转移》、沈子善的《教与学之基本原理》、王士略的《论教学的场合》、雷通群的《教与学之史的发展及其最近趋势》，等等。蔡元培认为"教"指教师教授，"学"指学生学习。他向教师和学生提出三条建议："从'教而不学'到'既教且学'，从'学而不教'到'既学且教'，从'不教不学'到'又教又学'。"②杜佐周认为："教学包括教师与学生两方面的活动。换言之，教学为一种指导学生学习的活动。"③姜琦认为："从来的教育学差不多都把'教'与'学'分离开来，直到现在才有些教育学者把这两者的关系互相结合起来。"④萧孝嵘提出教与学的根本问题有二："一是'教什么学什么'，一是'如何教如何学'。第一个问题是教与学的内容问题，也就是所谓教材问题。第二个问题是教与学的方法问题，也就是所谓教学法的问题……而教学法根本问题的中心是学习定律。"⑤沈子善阐述道："教学系包括教师之教与儿童之学两方面的活动，更须注意其相互间之关联与作用。"⑥总体而言，《教与学月刊》的教学理论研究内容主要涉及教与学原理、教学心理、学习心理、教学论史等，研究范围较为广泛，尤其是在20世纪二三十年代，受美国科学化运动影响，国内学者把心理学运用到教学论和学科教学论研究中，重视对学生学习心理、学科心理、教学过程的探讨，促进了教学理论的科学化发展。

其二，教学法及学科教学法研究。20世纪三四十年代，教学论的发展呈分化趋势，教学法和学科教学法逐渐成为独立的研究领域而受到学者关注，学者发表论文于教育刊物。相比于其他教育刊物刊载的学科教学法文章数量较少，且均

① 陆殿扬. 复刊词[J]. 教与学月刊, 1938（3-5）: 1.
② 蔡元培. 教与学[J]. 教与学月刊, 1935（1-1）: 3-5.
③ 杜佐周. 教与学之心理的解释[J]. 教与学月刊, 1935（1-2）: 5.
④ 姜琦. 教与学的相互关系究竟怎样[J]. 教与学月刊, 1935（1-5）: 29.
⑤ 萧孝嵘. 教与学的根本问题[J]. 教与学月刊, 1935（1-6）: 1.
⑥ 沈子善. 教与学之基本原理[J]. 教与学月刊, 1936（2-5）: 13-14.

以散篇的形式出现以及影响力尚小等现象，《教与学月刊》着重对普通教学法和学科教学法进行了专门探讨并发表重要论文，其中普通教学法论文主要包括俞子夷的《教学法上所根据的几个重要原则》、陈东原的《私塾及其教学法》、张德琇的《社会化教学法述要》、李廉方的《合科教学法》等。俞子夷以具体实例来说明教学过程须遵循自发活动主义、类化原则、准备律、练习律等教学原则。五四新文化运动后，美国进步主义影响下的社会化教学法传入我国。社会化教学法在发展学生互助合作精神、培养学生自治习惯、增进学生创造能力等方面具有一定的价值取向，但此价值尚未被时人知晓。为此，张德琇对其内涵、实施策略进行阐述，以期对现代教学理论与实践研究提供借鉴。李廉方在国语中推行合科教学法，对合科教学和综合教学进行区分，认为综合教学是出发于学习程序，合科教学则出发于科目本身的关系，所以合科不一定要全部课程混合才算合科等。

此外，该刊还刊载了一些主要介绍各科教学法、教学实验、教学心得、教学实例及教育调查等内容的文章。如朱镜坚的《心算教学法》、孙邦正的《小学常识教学法》、俞子夷的《自然科学的教与学》、王志稼的《中学生物教与学之我见》、钦若的《基本英语的教法》、邓宴宝的《中学算学教学法的商榷》、仲光然的《中学物理教的方面的讨论》，等等。孙邦正认为，学科教学要注重教学实践经验，使学生在具体行动中学会知识。如在指导儿童研究常识时，不能专靠教师的普通讲解和诵读书本，而要使儿童从实在的活动中得到具体的经验，这时常用的教学方法包括观察、参观和游览、实验、栽种等。

其三，教材及教科书研究。《教与学月刊》除在征稿范围中有"中小学各级各科教材"外，每期还特设"教材"栏目，"根据本刊主旨，贡献国难期间我国所需要的各科补充教材，介绍各国教材的特点"①。同时规定教材的研究范围包括"整个教材之编制，一单元之教案实录，教育参考材料，某种教育方法之实验比较及其结果等"②。该刊刊载的教材文章包括赵石萍的《乡村小学教材之选择与分配》、陈东原的《我国宋元两代之小学状况及其教材》、赵欲仁的《介绍三种适合儿童学习心理的写字教材》、吴梦非的《小学音乐教材的研究》、吴研因的《编选中小学抗敌救国补充教材的一个建议》、罗香林的《华侨学校历史教材问题》，等等。这

① 本刊的使命和范围[J]. 教与学月刊，1935（1-3）：1（前言）.
② 本刊征稿简章[J]. 教与学月刊，1935（1-4）：1（前言）.

些研究较好地切合了当时教学论教材改革发展需要。以吴研因的教材研究为例。1934年，教育部颁布《师范学校课程标准》，规定"教材及教学法"为师范学校专业科目，教材及教学法研究受到教育期刊的关注。吴研因从抗战需要出发，认为现在大多数的教科书不足以适应现时的紧急需要，应当全部改编或者尽编选有关抗敌救国的教材当作补充教材充分应用。然后从编选范围、教材来源、编选方法、分量支配、印刷发行等方面对教材的编选进行阐述。再则，吴研因以小学低中年级抗敌救国国语补充教材中的课文为案例进行讲解并对教学要点进行补充说明，以期给读者最直观的材料内容呈现。

除开展教材研究外，《教与学月刊》也刊载教科书文章。如赵廷为的《教科书在教育上的地位及其编辑问题》、吴研因的《清末以来我国小学教科书概况》、沈子善的《小学教科书的功用与革新》、马若谷等的《三种现行初级国语教科书的评论》、吴增祥的《小学算术教科书评论》、张安治的《小学美术教科书评论》、傅孟真的《闲谈历史教科书》，等等。赵廷为谈道："最优良的教学，一定是除了利用教科书之外，还利用学生直接的经验和其他间接经验的来源，如参考书补充读物等等。……这是评判教师教学的优劣的主要标准。这并不是轻视教科书，而是肯定教科书非教学的唯一的对象。"[1] 陆殿扬也指出："教科书固然是教材的中心，但优良的教材绝不仅限于教科书，单有教科书还不够达到教学的理想标准。"[2] 为此，陆殿扬认为要加强教材编辑和教学实施之间的紧密联系，这是《教与学月刊》应当为"教"与"学"尽的责任，也使新教科书的运用可得到最大功劳，使新教育的推进效率极大提升。

《教与学月刊》是近代中国第一份也是唯一一份以"教与学"命名的期刊。它从"教"与"学"两个视角出发，采用专题研讨的方式，颇具新意，成为研究近代教学论的重要刊物，同时也为教学论学者群体提供了一个交流、探讨教学论的平台，推动了民国中后期教学论的发展、拓展了近代教学论研究范围，从而成为教学论学科发展的重要标志。

---

① 赵廷为. 教科书在教育上的地位及其编辑问题[J]. 教与学月刊，1937（2-10）：15.
② 陆殿扬. "教与学"今后的使命[J]. 教与学月刊，1942（7-2）：1.

第三章

近代中国教学论学者群体个案考察

近代中国教学论的发展与学者群体进行教学改革实验密不可分。在教学改革实验过程中，他们不断积累实践经验，丰富和完善教学论思想，从而促进教学论的进一步发展。纵观近代中国教学改革实验，尤以俞子夷、杨保恒、沈百英、罗廷光、赵廷为、钟鲁斋、刘百川、陶行知等的教学思想与实践的意义及影响较为显著。

第一节　俞子夷的教学改革实验与教学论思想

一、俞子夷教学实践经历述要

俞子夷（1886—1970），又名旨一，江苏吴县（今江苏苏州）人，6岁进私塾，课余跟其父学习珠算。1901年，他入南洋公学中院学习，在此期间以美国传教士狄考文编的中文本《笔算数学》为课本系统地接受算术教育，为其日后进行小学算术教学法研究打下了基础。1902年10月，因学校的"墨水瓶风潮"[①]，俞子

---

① 1902年，俞子夷所在南洋公学的国文教习郭某前来监督学生自修，发现椅子上有个空旧的墨水瓶而非常生气，他责令追查此事，并把毫不知情的伍、贝两学生上告校长，"不敬师长，各记大过"。此事引起全班学生的愤怒并集体为两位同学伸冤，结果总办认为学生们聚众要挟，不守学堂章程而开除全班。该事件波及全校其他各班学生，最后全校学生集体罢课退学。

夷从南洋公学退学，不久即入爱国学社就读。在该社，俞子夷广泛阅读哲学、文学、数学等方面的书籍。1904 年，经其老师黄宗仰介绍，俞子夷入日本横滨中华学堂教数学。同年夏，俞子夷回到上海，经蔡元培推荐入新民学堂教数学。1906 年，俞子夷在上海广明学堂任教，次年该校迁往浦东，改办成浦东中学、小学及青墩小学。俞子夷在浦东中学主要教授中学植物、动物，在教学中他严格要求自己和学生，但其教学并不受学生欢迎。这段教学经历促使他反思，"这一教训是我开始研究教法的原动力"①。1908 年，俞子夷于青墩小学任教之际利用乡村学校特殊的自然环境开始尝试自然科（自然常识科）单级（复式）教学，把教材和教学方法融入学生生活中，受到学生欢迎，时任省视学的侯鸿鉴称赞道："教员俞旨一，精于教授，为'通省之冠'。"② 此次教学方法改革为其进一步开展教学方法改革实验创造了条件。1909 年春，俞子夷受江苏省教育会选派，与杨保恒、周维城三人组成代表团赴日本考察单级（复式）教授法，回国后在上海筹办单级教授讲习所，推广单级教授法。1910 年秋，单级教授讲习所关闭，俞子夷重返浦东中学教高小算术、理科和英文。1912 年，俞子夷受聘于江苏省立第一师范学校，讲授教授法和讲习科，并在江苏省立第一师范附小兼职，讲授算术和英文。此时，江苏省立第一师范附小校长为杨保恒，周维城为附小主事，附小的其他教师多为单级教授讲习所教员。在俞子夷的带领下，江苏省立第一师范附小率先进行单级教授法课堂实验，把"五段教授法"运用到各科教学过程中，根据实际情况对"五段教授法"进行改革，这次教学方法改革实验取得了很大效果，在全国产生了重要影响，江苏省立第一师范附小遂成为俞子夷与其他单级教授讲习所成员进行教学方法改革实验的大本营。此次教学方法改革实验给俞子夷留下了深刻印象，他日后追述道："这对我最有益，仿佛入师范补了一年课。"③ "当时不仅留心课堂里的教学实践，而且买了很多日文教法书和其他刊物狂读，甚至早晚出入学校路上也且走且读。"④ 辛亥革命后，全国兴起教学方法改革实验，江苏省一直成为全国教学方法改革实验的楷模。为此，1913 年江苏省教育司委派俞子夷前

---

① 董远骞，董毅青. 俞子夷教育实践研究 [M]. 杭州：浙江教育出版社，2008：22.
② 董远骞，董毅青. 俞子夷教育实践研究 [M]. 杭州：浙江教育出版社，2008：27.
③ 董远骞，等. 俞子夷教育论著选 [M]. 北京：人民教育出版社，1991：476.
④ 董远骞，董毅青. 俞子夷教育实践研究 [M]. 杭州：浙江教育出版社，2008：41.

往欧美考察教育。到美国后，俞子夷先后参观了哥伦比亚大学师范学院附小及该校图书馆，并阅读了杜威的《思维术》（*How We Think*）和《数的心理学及其在算术教学法上的应用》（*The Psychology of Number and Its Application to Method of Teaching Arithmetic*）、施菊野（G. D. Strayer）的《教学法概要》[①]，以及包括算术教法的历史和各时代算术课等相关著作。回国后，江苏省教育会邀请俞子夷介绍他考察的欧美教育情况。在报告中，俞子夷强调在教育工作中必须研究两个问题："一是教育目的，在于改良社会；二是教育方法，课程宜减少，教材要求联络，教授方法须注意自习，以期养成儿童自动读书的习惯。"[②]1914—1918 年，俞子夷在江苏省立第一师范学校任教，并在附小主持名为"联络教材"的教学改革实验。1918 年，他入南京高等师范教育科任教，次年秋在南京高等师范附属小学试行设计教学法实验，其研究经过及成果均以文字做了详细记录，见诸《一个乡村小学教员的日记》一书。1922 年，麦柯尔来华，俞子夷参与到教育测验中并编写测验教材。1924 年，他受江苏义务教育期成会委托，调查江南江北各小学的教育情况，三年后其调查结果报告刊载在《教师之友》和《初等教育》刊物上。1926 年秋，俞子夷任教于杭州省立女子中学师范部，并主持附小工作。1927 年 5 月，他在浙江省教育厅主持初等教育。是年 8 月，他出任第三中山大学普教管理处处长，次年任浙江大学教育系教授，并先后在杭州女子中学、杭州高级中学、杭州师范学院兼课。抗日战争全面爆发后，俞子夷于杭州汤溪山村里的下王小学附设初中补习班教物理、植物课。1939 年夏，他在湖湘师范讲授"小学教材教法"课程。次年，湖湘师范设国民教育实验区，俞子夷任主任，编写实验教材，进行小学实际问题研究。1943 年春节后，浙江省教育厅创办国民教育示范区，俞子夷任主任。1944 年，俞子夷负责指导师范生在山区乡村小学教育实习。抗日战争胜利后他重回杭州，于浙江大学师范学院教育系任教，先后讲授初等教育、普通教学法、小学教材教法、民校教材研究、教育行政等课程。1947—1949 年，他兼任浙江大学与教育厅合办的国民教育实验区主任，实验的重点是小学各科教材教法的改革，为配合改革需要编写了一套初级小学各科教法教材。

由上可知，俞子夷始终把教学理论和教学实践结合起来进行教学论研究，并

---

① 该书后由俞子夷译成中文，商务印书馆 1917 年出版。

② 记工. 历史年鉴 1914[M]. 长春: 吉林文史出版社，2006 : 165.

在不同时期其研究成果以论文和著作形式发表，这些论文和著作成为后人了解其教学论思想的第一手资料。

二、俞子夷的教学实验及其研究

（一）单级（复式）教授法实验

因首次从日本引进单级教授法并进行小学各科单级教授法实验，俞子夷被誉为"中国现代教学实验的第一个代表"[①]。单级教授法的传入与推广直接推动了"五段教授法"实践的开展。

1. 赴日考察单级教授法

清末废科举兴学后，学堂普遍采用班级授课制。班级授课有多种形式，包括单式教学、复式教学和单级教学。教师在一个教室内，用统一教材，对同一年级的学生进行教学的组织形式，称单式教学；教师在同一教室、同一课时内，用不同教材（或同教材异程度），将直接教学与学生的自动作业配合，对两个或两个以上年级的学生进行教学，称复式教学；全校各年级的学生合并在一个教室由一位教师实施复式教学，称单级教学，该校则称单级小学。单级和单式只有一字之差，意义完全不同。清末开始引进班级授课制，只有单式教学，并未引进单级（复式）教学法。"吾国学制亦有单级之名，未示编制之法，而各厅州县现办之小学，竟但有多级，而未闻有单级。良由办学者未经研究，而能合此项教员之选者，又甚难其人，坐是以少数学生分为多级之弊，经费之虚耗者既多，既教育之进步不免因之阻碍。"[②] 当时，"各处小学，每一校多则三四十人，少亦一二十人，其中程度不齐，多至三级，少至两级，每班一级者绝少。授课者合数班为一堂，甲班授课，乙丙班默坐，小学每日授课六小时，而学生受课者，每班只得两小时"[③]。在这种情况下授课，教师教学效率低，不利于新式学堂的普及。因此，引进单级（复式）教学，培养单级（复式）教学教师，以摆脱小学教学困境，成为清政府极其迫切的任务。而单级教授法系日本师范学校特别是高等师范学校推广普及小学义务教育的重要方法，并受到时任江苏教育总会干事袁希涛关注。袁

---

① 王策三. 教学实验论 [M]. 北京：人民教育出版社，1998：118.
② 朱有瓛，等. 中国近代教育史资料汇编·教育行政机关及教育团体 [M]. 上海：上海教育出版社，2007：297.
③ 陈学恂. 中国近代教育史教学参考资料（上册）[M]. 北京：人民教育出版社，1987：667.

希涛（1866—1930），字观澜，江苏宝山（今属上海市）人，中国现代教育家。1904 年赴日考察，1905 年任上海龙门师范学校校长兼任江苏学务处议绅，1912 年任教育部普通教育司司长，1923 年当选为江苏省教育会会长。他积极倡导国民教育，特别热衷于普及义务教育并先后组织义务教育促进会、义务教育期成会等。袁希涛把向日本学习单级教授法作为其推广小学义务教育发展的重要途径，认为这样既可节省创办小学的经费，也可以学到日本的办学经验。受此启发，江苏教育总会筹办单级教授讲习所，决定先派有经验的教师赴日考察。1908 年，江苏教育总会呈文："兹查有上海龙门师范学校教员兼附属小学办事员杨保恒，办理小学有年，教授管理均合教育原理；浦东中学教员兼附属小学（即广明小学——笔者注）教员俞旨一，精于教授，经省视学侯鸿鉴称为'通省之冠'；通州师范毕业生周维城，教授活泼，成绩优极。以上三员均由敝会派赴日本考察单级小学编制设备情形并一切教授方法，以为办理练习所之准备。"[1] 次年 3 月，由杨保恒、周维城、俞子夷等 4 人组成考察团赴日考察单级教授法。一个月后，俞子夷一团抵达日本，"以东京高师附小第三部之单级为主要对象，从学年开始第一天起，连续参观了四五个星期"[2]。其间，考察团顺带参观了一班全日二部、第二部复式、第一部单式及东京女高师附小单级班的教学情况。之后，又去某乡村参观了一所父女包办的单级小学。"父主持，女协助，家住在学校旁边。白发老教师，看来年近 60，教六学年单级亦井井有条。特别注意整齐。课间休息，指导高级儿童用绳子检查桌椅行列，并加整理。此外，一般小学，特殊小学（贫苦儿童），还有一所某县的师范，都以了解概况为主，不注重听课。"[3] 与此同时，考察团成员受各自学校委托，还参观了东京高师附中、青山师范等学校。在参观、观摩过程中，考察团认真听讲，并随时做好笔记，"出外三个月，满载而归"[4]。

2. 单级教授法的推广与应用

1909 年 8 月，江苏教育总会在上海举办单级教授讲习所，宣传、推广俞子夷等在日本学到的单级教授法。讲习所共举办两届，各为一学期。第一届学员为

[1] 朱有瓛. 中国近代学制史料（第二辑 上册）[M]. 上海：华东师范大学出版社，1987：338-340.
[2] 董远骞，等. 俞子夷教育论著选 [M]. 北京：人民教育出版社，1991：467.
[3] 董远骞，等. 俞子夷教育论著选 [M]. 北京：人民教育出版社，1991：468.
[4] 董远骞，等. 俞子夷教育论著选 [M]. 北京：人民教育出版社，1991：468.

江苏省内各地选送的优秀小学教师，第二届学员来自全国各省。讲习所讲习内容为三人分工，各自以一方面内容为中心，"杨讲训育，周讲单级通论，我（即俞子夷——笔者注）讲教法实际"①。讲课依次分三步进行，即理论讲授、教学示范和学员轮流实习。因江苏省教育会的推广，单级教授法在江苏各州县单级教授传习所得到推广，俞子夷也被邀请去各地传习。此外，其他各省也纷纷成立单级教授研究所。1911年，清学部决定推广单级教授法，颁布《奏拟定单级教授二部教授办法折》，称"欧西、日本之教育，所以能日新月盛者，大抵得力于单级教授为多。中国兴学伊始，地方财力既极困穷，兼之各校之内，学童人数无多，程度复不齐一，居今日而欲谋普及，舍单级教授，更别无审端致力之方"②。于是便把"四人考察团抬进来的教学方式、方法合法化了"③。

一方面，单级教授法的传入和推广对近代中国单级（复式）教授法教材的编写产生了重要影响。1909年，杨保恒、周维城编写《单级教授法》，此书成为单级教授讲习所的教材。该书的出版，据俞子夷回忆，"我国第一部完备的单级教授法便到处风行。同内容，异程度；同内容，同程度等名词，立刻成为教育家比用的语汇"④。此后，各种单级教授法教材相继出现。例如，顾旭候的《实施单级教授法》和李元衡的《单级教授法》，其内容包括儿童分组、儿童座位排列、日课表、校舍及教具、自动的课业、各科教授法（修身、国文、算术、历史、地理、理科、技能科）、教学效果。再如，顾树森编《单级教授法》分本论和各论，本论具体论述单级教授法原理及二部制、儿童分组及座位编排、教科书、时间安排、单级教授之阶段与形式、教案等，各论主要论述学科教授法。此外，还有张方钧的《单级教授法》、李晓农的《革新单级教育》、俞子夷的《怎样实施复式教学与单级教学》、李伯棠的《单级教授法概要》等。总体而言，上述教材主要包括单级教授法原理和实践方面的内容，并把它们运用到各学科教学中去，以求促进各科教学法发展。单级教授法教材的编写内容，也是各科教授（学）法研究内容的重要组成部分。此外，单级教授法教材的编写结构也成为近代教学论教材的编写结

---

① 陈元晖. 中国近代教育史资料汇编. 实业教育　师范教育 [M]. 上海：上海教育出版社，2007：812.
② 朱有瓛. 现代学制史料（第二辑 上册）[M]. 上海：华东师范大学出版社，1998：345.
③ 陈元晖. 中国近代教育史资料汇编·实业教育 师范教育 [M]. 上海：上海教育出版社，2007：814.
④ 董远骞，等. 俞子夷教育论著选 [M]. 北京：人民教育出版社，1991：272.

构的重要参照，为创立近代中国教学论做出了贡献。

　　另一方面，单级教授法的传入直接促进了五段教授法的传播与应用。俞子夷说："复式是一种单级编制的方式……因为有了这一种班级编制，所以就有一种适合于这种编制的教学方法。"[1] 据他回忆："五段法的输入比单级早，其传播情况分为三期。"[2] 第一期在 1908 年前，"主要靠两条途径：一是国内师范学堂，二是赴日本留学师范者"[3]。起初，五段教授法"仅仅在讲义和口头谈话中推行，小学课本里很少出现"[4]。例如，1902 年《钦定学堂章程》注重"整齐划一"的办法，要求"各校通行班级授课制，采用一律的教科书、一律的五段教授法"[5]。1904 年，直隶学务处组织了教育研究所，其他地区也组成了不同的教育团体，如福建教育学会、杭州教育学会、山东教育研究公所、粤省学界会、河南教育学会等，这些教育团体主要力求寻找教学方法的改进途径，并向教师传授教育学和教学法知识，其中主要是赫尔巴特的"五段教授法"，此方法被当时小学教师"奉之为圭臬"。[6] 随着教学改革的深入，有些私塾也在进行教学方法的改良，如 1905 年上海绅商学界筹资成立总会，其宗旨为"惟教授悉用新法，重讲解不重背诵，先求讲明蒙学新书，然后由浅入深，实事求是"[7]。此外，清政府官员也把是否施行"五段教授法"作为衡量教师上课好坏的标准之一。如 1908 年，李揩荣检查河西初等小学堂教学后，给清政府的报告中便提到："教员张作舟，系通州初师毕业生……聆其讲授修身，于五段教授法稍欠研究。"[8] 由此可知，在 1908 年以前，五段教授法的传入仍停留在模仿或移植阶段，尚未对当时小学的教学实际活动产生重要影响。

　　第二期夹在单级里传播。正如俞子夷所言："四人考察团，好比抬一乘绿呢官轿，接来了单级教法，并大张旗鼓，演了两台庙戏。单级只是编制方式，教法实质仍不外日本通行的那一套所谓海尔巴脱（即赫尔巴特——笔者著）的五段

① 俞子夷. 复式教学法 [M]. 北京：华北联合出版社，1950：1-4.
② 李桂林. 中国近代教育史资料汇编·普通教育 [M]. 上海：上海教育出版社，1995：727.
③ 陈学恂. 中国近代教育史教学参考资料（上册）[M]. 北京：人民教育出版社，1987：678.
④ 陈学恂. 中国近代教育史教学参考资料（上册）[M]. 北京：人民教育出版社，1987：679.
⑤ 丁证霖. 设计教学法在中国 [J]. 课程·教材·教法，1982（2）：89.
⑥ 孙世庆，等. 中国之初等教育 [J]. 北师大教育丛刊，1923,4(2).
⑦ 朱有瓛. 中国近代学制史料（第二辑 上册）[M]. 上海：华东师范大学出版社，1987：317.
⑧ 朱有瓛. 中国近代学制史料（第二辑 上册）[M]. 上海：华东师范大学出版社，1987：317.

法。"① 事实确实如此，"就江苏而言，官立两级师范及南通师范教育各科均由日本教师任教，而所教教法，就只有这一套。龙门师范教师吴公之……他所讲也就是日本通行的一套。所以，我们一年半的努力，实在只是继续推广"②。这样，考察团的目的是学习推广日本的单级教授法，而实际收获却连五段教授法一起学了回来。"单级教授一时间成为国内传播五段教授法的载体。"③ 尽管五段教授法的输入比单级教授法早，但经过单级教授法的传入与推广，"声势当然比以前浩大"④。因此，有学者言"五段教授法的影响得以扩大，实借助于单级教授法的输入和提倡"⑤。单级教授讲习所的创办，从一定意义上讲，"标志着中国教育界对西方近代教学方法（主要是五段教授法）的研究借鉴，由舆论宣传、个别模仿的阶段进入了实际应用、全面铺开的新时期"⑥。该时期单级教授法较少有实验意味，但为后期五段教授法实验的推广提供了重要的基础和经验。讲习所后期的兴趣逐渐转移到赫尔巴特的"五段教授法"研究。

第三期主要依靠师范学校的发展。辛亥革命后，随着普通教育和师范学校的发展，教学方法研究进入了一个新的阶段。1912 年，江苏两级师范改为江苏省立第一师范学校，杨保恒任校长。周维城主持江苏省立第一师范附小，俞子夷在江苏省立第一师范学校和附小负责教授法、算术和英文的教学。通过一年多的努力，俞子夷决定在附小"集中力量，用演示、讨论方式，作较彻底的比较，试图建立各科教法的初步基础"⑦。他认为，"单级、复式、二部都只是班级编制的方式。当然，在这等特殊编制方式下，教学方式也不能不有些改变。但所变只限于方式"⑧。他把"五段教授法应用到各学科教学中，并根据中国的实际和各学科不同情况进行变通，如在国文教学中，五段简化为四段；在算术教学中，五段简化为三段，但都力求遵循一定的教学程序，教法上做到有章可循"⑨。这里的教学过

---

① 董远骞，等.俞子夷教育论著选 [M]. 北京：人民教育出版社，1991：470.
② 董远骞，等.俞子夷教育论著选 [M]. 北京：人民教育出版社，1991：470.
③ 肖朗，杨卫明.江苏教育总会与清末单级教授法的传入与推广 [J]. 华东师范大学学报（教育科学版），2009（4）：79.
④ 董远骞，等.俞子夷教育论著选 [M]. 北京：人民教育出版社，1991：471.
⑤ 周谷平.近代西方教育理论在中国的传播 [M]. 广州：广东教育出版社，1990：79.
⑥ 田正平.留学生与中国教育近代化 [M]. 广州：广东教育出版社，1996：240.
⑦ 李桂林.中国近代教育史资料汇编·普通教育 [M]. 上海：上海教育出版社，1995：728.
⑧ 陈元晖.中国近代教育史资料汇编·实业教育　师范教育 [M]. 上海：上海教育出版社，2007：809.
⑨ 董远骞，等.俞子夷教育论著选 [M]. 北京：人民教育出版社，1991：478.

程就是当时所谓的"教顺"，即上课的顺序，意味着赫尔巴特五段教授法运用于教师备课和师范生实习，因其实用性、操作性强而受到教师的欢迎，江苏省立第一师范附小的教学实践也因此取得很大成功。该校的试验很快引起轰动，省内外的参观团络绎不绝。因此，继单级教授讲习所之后，俞子夷主持的江苏省立第一师范附属小学成为民国初年改进及推广五段教授法的"大本营"。为进一步推广这一教学法，江苏省立第一师范附小成立联合会，并与浙江、安徽联合成立三省联合会，定期举办演讲会、讲习所等。当时的出版社竞相编写小学课本，由有经验的小学教师执笔。"而且教科书外，必备一套教师用的教授书，这又非真内行不可。教授书极详备，每课均有长篇教案，连同习题，教师可拿了径去上课，不必备课。据传，有不少外行教师竟将教授书中标目如'指示目的'之类亦一一板书，令儿童笔记。这样，教授书销到哪里，那套教法也推行到哪里，传播面最广。"① 五段教授法通过教学实践得到进一步推广。以五段教授法为基础的教学过程，"尽管后来吸收了新花样，但其基调始终保持不变。经过不断增补，已与当初从日本抬进来的面貌不同，成为我国独特的传统"②。

严格说来，单级教授是一种学级编制形式，而不是一种教学法，而其运用的教学法则为赫尔巴特的五段教授法。通过单级教授法的传入和推广，俞子夷对五段教授法进行教学实验并取得一定成功，对近代中国小学的教学组织形式和教学法均产生了重要影响。

3. 五段教授法的应用

如前所述，师范学校教师上课，"初时过程的建立，均参照五段教法的理论"③。这种教学过程也最受教师的欢迎，五段教授法遂成为当时师范学堂所讲授的主要方法。"自前清创设学校，规定教科，小学教员始知演习教授方法。当时赫尔巴特之阶段教授法传入中国，小学教员皆奉之为圭臬。虽实际上或用五段，或用三段，不免变通之点，然其教授之原理，均以赫尔巴特派之学说为依据。"④ 于是，五段教授法对当时小学教学法产生了很大影响。诚如陈宝泉所言：

---

① 董远骞，等. 俞子夷教育论著选 [M]. 北京：人民教育出版社，1991：477.
② 李桂林. 中国近代教育史资料汇编·普通教育 [M]. 上海：上海教育出版社，1995：731-732.
③ 李桂林. 中国近代教育史资料汇编·普通教育 [M]. 上海：上海教育出版社，1995：731.
④ 徐珍. 中外教学法演进 [M]. 北京：群言出版社，1996：55.

"前清末造，初兴学校的时候，真不知道教授法为何事。……所以当时官私编辑的小学教授用书，以及各小学实用的教授方法，殆无一不是适用五段教授法原理的。"①1912年，俞子夷在江苏省立第一师范附小进行五段教授法改革实验。他回忆道："一年余的研究，主要集中在建立一套'教顺'，后改为过程。以国文读法为例……如此，五段简化为四段，算术多省去整理，故只三段。"②俞子夷认为："这种教学过程最受欢迎。教师用以备课，师范生用以实习，只需将教材依次安排，再出些习题即可竣事。重实际是好的，然而陈陈相因，渐成形式。后来教授书出，教师竟可不必准备，径挟书而入教室。"③当时中学所采用的教学法，"其教授之良否，则纯视教材之是否丰富，说明之是否透辟为断。总之，学生所得，殆出自教授之授予"④。五段教授法成为近代教学论发展初期极其重要的教学方法，简直被视为"科学教学法"的代名词。

如上所述，教学过程、教学组织形式、教学法、教材等均构成近代中国教学论早期探索的重要内容，而单级教授法和五段教授法实验的进一步推广有力地促进了近代中国教学实践的发展，对近代中国教学论的初步形成具有十分重要的意义。

（二）设计教学法实验

辛亥革命后，为了改革师范教育和小学教育教学法，以求摆脱日本教学法的束缚，江苏教育督导府于1913年冬组织欧美教育考察团，团员包括俞子夷、郭秉文、陈容等。在美国考察的六个月期间，俞子夷花费大部分时间在哥伦比亚大学图书馆阅读，如阅读杜威的《思维术》、帕刻的《普通教学法》等的著作。据其回忆，当时"口头所谈，书本所载，尚未见到有'设计'这一专名。新教法的重点，在儿童的'自发活动'，以之列作评价课堂教学四大原则之一"⑤。同时，他也曾参观哥伦比亚师范学院的两所附属小学，其中一所小学正如作者所言，"没有见到纯粹的设计法，仍分班分科，用同教材，单式……科目与一般小学不同，着

---

① 康绍言，薛鸿志. 设计教学法辑要 [M]. 上海：商务印书馆，1922：23.
② 董远骞，等. 俞子夷教育思想研究 [M]. 沈阳：辽宁教育出版社，1993：159.
③ 董远骞，等. 俞子夷教育思想研究 [M]. 沈阳：辽宁教育出版社，1993：159.
④ 孙邦正. 中国教育问题 [M]. 台北：台湾商务印书馆，1982：374.
⑤ 董远骞，等. 俞子夷教育论著选 [M]. 北京：人民教育出版社，1991：486.

重'自然研究',史地合并为'社会研究'而常与'工艺'联络"①。另一所小学,规模小,作者参观时发现一班三年级学生正在试行设计法,"教师很闲适,仅巡视指导。但手边有一厚本笔记,不时将儿童工作情况记录"②。这些教学实验给俞子夷留下了深刻印象,并成为他回国后试行设计教学法的理论和实践的来源。与1909 年赴日考察不同,此次考察"范围广泛,无所不知,教法方面没有现成的一整套。见闻的确丰富,但均只零星碎片。且有些理论仅见于书刊"③。

1. "联络教材"的改革实验

回国后,俞子夷于江苏省立第一师范学校任教,此后 4 年间他在江苏省立第一师范附小和南京高等师范附小一直致力于"联络教材"的改革实验。1914 年,俞子夷首先在江苏省立第一师范附小的一、二年级进行"联络教材"的改革实验。这是一种打通各科教材限制的教学方法。例如,把音乐课和儿童游戏相结合;在一年级制作幼儿园用的小积木供儿童玩;手工联络他科并多作沙箱装排;在自然角养鱼虫、蝌蚪供儿童观察。每节课上课时间仍为 45 分钟,但一节课里可安排两科,如 30 分钟读书、15 分钟音乐。就是这些,"但已足够吸引各地小教界纷纷来参观。有些参观者把这些小变革统称之曰'联络教材',我们即遵用之"④。1918 年 7 月,俞子夷继任南京高等师范附属小学主任并在该校低年级实行"联络教材教学法"实验,即"自苏(州)至宁,联络教材跟了教师同去"⑤。这种"联络教材"实验以一个生活方面的问题为中心,其余有关事项均归纳在里面,如以乡土一科为中心问题,其余文艺、游戏、唱歌、工艺、美术等科教材的选取,均以和中心问题有没有联络关系为标准。这一实验时期所使用的教材,虽有科目名称区别,实际已经融合成一片。在儿童学习时,学习材料都是由教师提供的,没有自由发表意见的余地。这种"设计教学法"实验尚处于介绍和零星实验阶段,影响不大。实验的效果是"一切活动,漫无目的"⑥。但俞子夷认为:"这时期内,各科教材,统有教师自编,日后应用,便利不少。这是没有预期而自然来到的

---

① 董远骞,等. 俞子夷教育论著选 [M]. 北京:人民教育出版社,1991:486.
② 李桂林. 中国近代教育史资料汇编·普通教育 [M]. 上海:上海教育出版社,1995:738.
③ 董远骞,等. 俞子夷教育论著选 [M]. 北京:人民教育出版社,1991:485—486.
④ 董远骞,等. 俞子夷教育论著选 [M]. 北京:人民教育出版社,1991:489—490.
⑤ 董远骞,等. 俞子夷教育论著选 [M]. 北京:人民教育出版社,1991:490.
⑥ 沈百英. 设计教学演讲集 [M]. 上海:商务印书馆,1931:9.

事。"① 该实验实行几个月后，实验结果并不令人满意，"往往今天和明天，前月和后月，常在同一水平线上，没甚进步发展可说"②。

2. 设计教学法实验始末

1919 年 8 月，俞子夷在南京高等师范附属小学一年级正式推行设计教学法实验，主要是把相同或相近的几门学科组成混合科，这就是"分系设计教学法"实验。"分系设计"也可以说是"合科设计"。南京高等师范附属小学对科目进行改组，分成游戏、手工、体育、故事、观察等，且在游戏中开展算术教学。次年 8 月，该校一、二年级施行设计教学法。实验之初，俞子夷把课程分为四类：语言文字、动手制作、各种游戏（包括数字游戏）和唱歌舞蹈，布置四间相应的教室，一、二年级三个班与幼儿园轮流使用并特设一个"低级指导"负总责。于是，"科目的界限打破，上课时间改用分数制，教材仍预定"③。教师每天上课，有几分钟谈话，从中找寻些资料，同时布置当天工作。课后，教师集会，总结评价一天的经过，预定第二天工作要项。"儿童提出问题与教师整理补充并举，比较完全由儿童做主稳妥。"④ "学生所学功课，由他们自己决定，自由选择，自由支配上课时间。"⑤ 但教师仍有大纲，预定一学期、一学年应学的内容，应达到的标准。设计教学法的实行是在借鉴"联络教材"实验方法的基础上进行的，"对旧传统仅作局部的改变；前车可鉴，不敢全盘推翻。文字算数的练习，亦只用游戏方式加以'化装'；教师抓得颇紧，不敢放松一步"⑥。

1921 年 8 月，国立东南大学成立，南京高等师范附属小学改称为国立东南大学南京高师暨南学校附属小学，此时该校实施设计教学法的学级增至四级。每天早上，教师增加随意谈话内容，所有作业也都从谈话中布置和完成。该时期的实验有两种不同方式：自定时间表作业和废除时间表作业，但是作业时间仍加以限制，且科目名称逐渐消失。1922 年 8 月，该校实验设计教学法的学级增至七级，采用混合设计法，上课时间以 30 分钟或 60 分钟为准，活动时间表隔日定

① 俞子夷. 一个小学十年努力记 [M]. 上海：中华书局，1928：4.
② 俞子夷. 一个小学十年努力记 [M]. 上海：中华书局，1928：9-10.
③ 李桂林. 中国近代教育史资料汇编·普通教育 [M]. 上海：上海教育出版社，1995：739.
④ 董远骞，等. 俞子夷教育论著选 [M]. 北京：人民教育出版社，1991：490.
⑤ 沈百英. 参观南高附小杜威院、维城院记略 [J]. 教育杂志，1923（15-11）：2-3.
⑥ 董远骞，等. 俞子夷教育论著选 [M]. 北京：人民教育出版社，1991：490.

好，第二天照表实行。这次也因未能确定学生作业目标，在活动过程中，学生会产生不很努力或游离现象。1923 年 8 月，南京高等师范学校归并于国立东南大学，国立东南大学南京高师暨南学校附属小学改为国立东南大学附属小学。该校试行将设计教学法实验推广到全校，实验学级增至十三级，打破年级编制，试行分科设计，设置各科研究室，废止日课表和教科书，彻底打破学科界限，需要学生在活动中发现问题，引起学习动机，然后全体讨论，自愿确定目标，加以计划、实行，最后做出判断，可谓克伯屈的设计教学法。俞子夷认为："设计教学法的试行，大约最盛行于 1921—1923 年之际。"[①] 经过几年的设计教学法实验，国立东南大学附属小学的学生成绩有所提高。据俞子夷回忆："我们花的力气着实不小。倘若用传统方式，注意研究儿童心理及教材、教法等，收效亦可如此，或且过之。是以严格言，成绩比一般高，不是从设计法得来，反而是改得'不彻底'的结果。"[②] 实验情况详细记载于《一个小学十年努力记》。

根据实验研究的结果，俞子夷在江苏省立师范附小联合会上发表了一则简短的论文，正式用了"设计教学法"这一名称。联合会决定把这种实验进行推广，并在苏州第二女子师范学校举办暑期讲习所，由俞子夷讲授设计教学法。据俞子夷回忆："那几年里，暑期讲习所、暑期学校很盛行，我每任讲教学法。虽不限用设计法名称，但讲来讲去，总宣扬设计法最新，亦最好。"[③]1921 年，在广州召开的第七届全国教育会联合会议通过《推行小学设计教学法案》，号召全国教育界"指定各省区师范学校将设计教学法加以研究，并由师范附属小学及城市规模较大之小学先行实施，作为模范，俾资仿效；庶教学良法，可逐渐推及全国矣"[④]。1926 年夏，俞子夷离开国立东南大学附属小学，一年后国立东南大学附属小学实行的设计教学法结束。总之，1918—1926 年俞子夷主持下的南京高等师范附属小学及国立东南大学附属小学"不仅成为当时全国试行设计教学法的重镇，而且也成为中国 20 年代小学教学改革的一面旗帜。俞子夷本人也被公认为提倡设计教学法最力者"[⑤]。

① 瞿葆奎. 教育学文集（第十卷 上册）[M]. 北京：人民教育出版社，1988：345.
② 董远骞，等. 俞子夷教育论著选 [M]. 北京：人民教育出版社，1991：490.
③ 董远骞，等. 俞子夷教育论著选 [M]. 北京：人民教育出版社，1991：491.
④ 田正平. 留学生与中国教育近代化 [M]. 广州：广东教育出版社，1996：244.
⑤ 董远骞，等. 俞子夷教育思想研究 [M]. 沈阳：辽宁教育出版社，1993：44.

三、俞子夷的教学改革实验对近代中国教学论的影响

近代学者吴研因在《最近三十五年来中国之小学教育》中写道:"清末大都是注入式……民元二年时,始能由注入式进而为启发式……三四年后,自学辅导主义和分团教学法输入我国……民六七以后,设计教学法也在南方各著名小学试行……民十九,道尔顿制也由人介绍进来。"①20世纪初,随着近代西方各种教学方法相继传入国内,俞子夷从欧美和日本引进单级教授法、五段教授法和设计教学法进行实验,他堪称"我国教育实验的开创者"②。这些教学改革实验对近代中国的教学论研究产生了重要影响。

(一)教学理论和实践研究相结合彰显教学论的学科特质

1.教学理论的实验研究

近代学者盛朗西指出:"无论哪一种教学法,都是为应付某种情境之问题而产生的,绝不是一种万应灵丹。无论提倡者或是介绍者说得如何天花乱坠,一般施行者去采用时,断没有呆守之必要,断没有直抄之可能!假使不去先求原理之系统的了解,而胡乱施用,其结果未有不归于失败者!"③为此,教学方法改革实验须与教学理论研究相结合。1909年,俞子夷等人通过举办单级教授练习所,为五段教授法的宣传、推广做出很大贡献。据俞子夷回忆:"练习所学员后来多数不教单级、复式。各处讲演,听众有不少原非单级、复式教师,听得合意就把这一套教法实施了。自此以后,各小学教法逐渐变化。先生讲、学生听的注入式,代之以有问答,有练习,练习亦有多种方式,而采用预习者亦日增,这情况始终未消,战时战后仍存在,且很广泛。"④1912年,俞子夷于江苏省立第一师范学校任教,把五段教授法运用于各科教学实践。后来,俞子夷曾回忆他在江苏省立第一师范学校推广五段教授法时的情景:"为了统一步调,提高水平,花年余时间,集中力量,用演示、讨论方式作较彻底的研究,建立各科教法的基础并为将来师范生观摩实习做准备。"⑤但"有些科目,有些教材,很难用五段的框子硬套,似亦有些变通办法,如有主张四段者,更有主张三段者。我们一年余的

---

① 庄俞,贺圣鼎. 最近三十五年之中国教育 [M]. 上海:商务印书馆,1931:23.
② 董远骞,等. 俞子夷教育论著选 [M]. 北京:人民教育出版社,1991:508-524.
③ 盛朗西. 重估海尔巴脱派五段教学法之价值 [J]. 教育杂志. 1924(16-11):35.
④ 董远骞,等. 俞子夷教育论著选 [M]. 北京:人民教育出版社,1991:475.
⑤ 董远骞,等. 俞子夷教育论著选 [M]. 北京:人民教育出版社,1991:476.

演示、讨论，集中在建立一套'教顺'，后改为过程"①。俞子夷认为，五段教授法的提示阶段"初被认为只是教师讲述，学生被动地静坐听讲。后来改进，反对注入式，提倡启发式。于是研究问答法之风盛行一时"②。可以说，俞子夷在推广五段教授法的实验过程中并不满足于照本宣科的理论宣传，而是注意把五段教授法的课堂教学实践和五段教授法理论的"变通"相结合。他在单级教授传习所时认为："讲得生动不算数，要看后来做得像不像，好不好。"③单级教授传习所的授课实行理论讲授、示范表演、实习和观摩讨论等相结合的方式。

此后，俞子夷在南京高等师范附属小学推行设计教学法实验，这是在参照克伯屈设计教学法实验的基础上并根据本国教学实际情况加以变通的教学实验。俞子夷认为，设计教学法理论有多种，但对中国影响最大的是克伯屈的设计教学法。克伯屈明确解释道："设计是自愿的活动——以自愿决定目的，指导动作，并供给动机的活动。"④此外，克伯屈还指出"设计"旨在"强调自愿的活动，并不限于实际的动作。他把设计分为决定目的、计划、实行、批评四个步骤。从此，"凡是打破科目的界限，以儿童自发活动为中心的学习单元都称为设计了"⑤。俞子夷认为："设计教学法是新近产生的，不但对我国教育者是新的，就是在美国也没有经过许多年份。我们是草创时代。研究大约可以分为三个方面：一方面是从理论上研究……一方面是从实际上研究……又一方面是从视察上进行研究。"⑥"理论的研究是基础，没有正确的理论，实际的作业要变成盲目的工作，视察也要漫无标准。但永远在理论上用功夫，没有实际的经验来证验，也不过是纸片上的空谈，对于实在的教学法没有什么帮助，实际的研究要拿理论做根据，要和理论相联络。"⑦为此，在进行设计教学法实验前后，俞子夷一直致力于设计教学法的理论研究，如强调在设计教学法中注重混合教学，注重儿童自主学习，把各种教材进行联合。

2. 教学法的批判与反思

为深入开展设计教学法的理论研究，俞子夷还就旧法与新法、设计教学法

① 董远骞，等. 俞子夷教育论著选 [M]. 北京：人民教育出版社，1991：478.
② 董远骞，等. 俞子夷教育论著选 [M]. 北京：人民教育出版社，1991：479.
③ 董远骞，等. 俞子夷教育论著选 [M]. 北京：人民教育出版社，1991：478.
④ 孟宪承. 教育概论 [M]. 上海：商务印书馆，1947：116.
⑤ 孟宪承. 教育概论 [M]. 上海：商务印书馆，1933：51.
⑥ 董远骞，等. 俞子夷教育论著选 [M]. 北京：人民教育出版社，1991：18.
⑦ 董远骞，等. 俞子夷教育论著选 [M]. 北京：人民教育出版社，1991：18.

与道尔顿制进行比较。所谓"旧法"是指私塾教师进行个别的注入式的教学方法，"新法"是指从国外传入的各种教学方法，其中包括设计教学法。"旧法，无论读书、学珠算或习字，只有死练习，练习的前头完全没有说明或启发。所以要学生费了许久的练习，而自己去'一旦豁然贯通'……在创办学校的当初，觉得旧方法太呆板、专练习，所以把讲解启发的方法急急地输入；新法学校到的地方，旧式的练习大概都一扫而空。"①俞子夷认为："启发是头，练习是尾，旧法无头无尾，学生只知道练习的当然，而不知道练习的所以然。"②所以这是一种盲目的练习，不能引起学生的兴趣，学习效果慢，这种练习的习惯只是一种机械的技能罢了。"新法有头有尾，学生时有兴味，明白其所以然。但是学生一旦明白，便要换教材，有必须成为习惯要自由运动的，也没机会练习。所以学生不必努力，结果当养成的习惯技能都不纯熟。"③为使教学收到良好效果，俞子夷提出设计练习法的如下原则：每次练习时间不必太长，大概低年级在 10 ～ 15 分钟，高年级在 20 ～ 30 分钟，各种材料、各科学生各不相同；练习要在波纹高处，用全注意、全努力赶快练习；练习时期宜有合理的支配。④他进一步强调练习要能实地应用，学校里练习成功的习惯要能实地应用才有价值，在困难的地方多练习，练习的材料宜全体连贯不宜切断。俞子夷还通过比较指出旧法的讲书用注入式，塾师讲解十分详尽，学生需要努力才能明白所学内容，而不顾学生是否对所学内容有兴味；新法的讲书不同，在讲解前教师要增添实物观察、谈话内容或配以图画标本、动作等，以引起学生的注意，这是一种启发式的教学方法。俞子夷认为："新法如此注重兴味，那么学生对于读书的兴味当然很好了；但事实并非如此。"⑤"我们所谓真兴味，绝不是不肯努力的。"⑥教师应该想法利用学生心底里的本能的兴味，使学生养成刻苦用功和自力研究的习惯。因此，俞子夷提倡在运用设计教学法进行教学时，教师须能提出中心问题，以求激起学生一种本能的兴味来；教师可以帮助他把这种成功的快乐感保持下去，使学生更加愿意努力学习。

---

① 董远骞，等. 俞子夷教育论著选 [M]. 北京：人民教育出版社，1991：55.
② 董远骞，等. 俞子夷教育论著选 [M]. 北京：人民教育出版社，1991：55.
③ 董远骞，等. 俞子夷教育论著选 [M]. 北京：人民教育出版社，1991：56.
④ 董远骞，等. 俞子夷教育论著选 [M]. 北京：人民教育出版社，1991：57.
⑤ 董远骞，等. 俞子夷教育论著选 [M]. 北京：人民教育出版社，1991：61.
⑥ 董远骞，等. 俞子夷教育论著选 [M]. 北京：人民教育出版社，1991：61.

总之，在传统私塾向新式学堂转变的过程中，学校教学方法一直处于新法和旧法的不断冲突、融合过程中，而俞子夷善于把传统的教学方法与五段教授法和设计教学法进行结合，相互补充，促进了教学理论发展。

此外，俞子夷对设计教学法与道尔顿制进行了比较。设计教学法与道尔顿制差不多同时期传入中国。据俞子夷回忆："中教界之道尔顿制与小教界之设计法，同样轰动一时，而且差不多在同一时期。"① 道尔顿制的特点是"个别进行，不受旁人牵制，时限可自由决定，兴尽而上。分科严格，与设计法相反，具有一大套详备的表格，比班级教学更细致"②。国立东南大学附小也曾实施道尔顿制，但"由于受设计法的影响较深，对教材过分固定，始终认为不合理想。设计法与道尔顿制同自美输入，彼此竞争，在教育界理想中争夺市场，相当激烈。设计法在中学里全无销路，道尔顿制在小学里略居劣势。但各自贩运，未发生争吵。"③ 俞子夷在《小学实施道尔顿制的批评》中对道尔顿制的利弊进行分析，指出："道尔顿制的公约，完全拿教材做主眼。虽然他的指定作业也有引起动机等手段，不过这是一种钓鱼的饵儿，用来引诱孩子学教材，绝对不是从小孩子活动里发生教材的，在小学里采用道尔顿制，这公约问题，十有七八不能适用。"④ 他认为："要是完全不加社会化的性质进去，道尔顿制不过适合过去的时代的个人主义的教育，现在的小学里没有存在的余地了。"⑤ 对道尔顿制，学生往往看轻实验而注重书本，就是实验的设备，也往往因为各人的进行各不同，不能集合若干人组成小团体，所以器物耗费过多，致使学校当事人怕经费不够，把应有的实验设备省略。"专在书本里用功夫，好一些的，变成书呆子。坏一些的，天天抄书代笔记，死记书里句子，等考试通过了算完事。"⑥ 因此，俞子夷认为，"博采众长，不拘成法"是小学教员应取的态度⑦，而设计教学法"是在教学史上的大革命，把以前种种成见，好像课程制、年级制、程度划一制，一概铲除"⑧。

---

① 董远骞，等. 俞子夷教育论著选 [M]. 北京：人民教育出版社，1991：498.
② 董远骞，等. 俞子夷教育论著选 [M]. 北京：人民教育出版社，1991：499.
③ 董远骞，等. 俞子夷教育论著选 [M]. 北京：人民教育出版社，1991：499.
④ 董远骞，等. 俞子夷教育论著选 [M]. 北京：人民教育出版社，1991：149.
⑤ 董远骞，等. 俞子夷教育论著选 [M]. 北京：人民教育出版社，1991：151.
⑥ 董远骞，等. 俞子夷教育论著选 [M]. 北京：人民教育出版社，1991：151.
⑦ 董远骞，等. 俞子夷教育论著选 [M]. 北京：人民教育出版社，1991：152.
⑧ 董远骞，等. 俞子夷教育论著选 [M]. 北京：人民教育出版社，1991：34.

3. 教学实践经验的概括和总结

俞子夷重视总结教学实践经验，他认为："经验没有理论去指导，往往要走迂远的路，或者走入不正当的路。……理论绝不能代替经验；然而理论却可以做经验的指导。最好要把学的理论和自己的经验化成一起。"[1] 为此，他通过编写教学实验报告全面总结教学实践经验，如《一个小学十年努力记》和《一个乡村小学教员的日记》，前者是他在国立东南大学试行设计教学法实验的报告，后者堪称其多年教学实际经验的总结。

《一个小学十年努力记》一书于 1928 年由中华书局初版，至 1933 年出了第六版，该书系南京高等师范附小及国立东南大学附小十年工作和开展教育实验的研究报告。1918—1926 年，俞子夷主持南京高等师范附小及国立东南大学附小工作。1918 年秋至 1919 年秋，该校试行"联络教材"的教学法改革实验。该实验以儿童的一个生活方面为中心进行研究，其他方面均围绕该中心展开。如在实际教学中，以乡土两科为中心，其他各科的教法均以是否与乡土两科相联络为标准。该时期所用的教材，虽然有科目名称的区别，实际上已经混合在一起。但是儿童在活动过程中，教学材料均由教师提供，没有参加意见的余地，所以一切活动漫无目的。但是该时期各科教材均由教师自编，为以后的设计教学法改革实验提供了便利。1919 年秋，在"联络教材"教学法改革由一级增加到三级时，该校开始实行设计教学法实验。这回实验，"可算是设计教学法的第一场；因为以后逐渐改进，逐渐推广，莫不酝酿于此"[2]。在南京高等师范附小刚成立时，其创办人周介潘就把南京高等师范附小的方针定为"注重在实验"。该书为俞子夷在南京高等师范附小及国立东南大学附小进行设计教学法实验过程、经验的总结。从全书内容看，主要包括该校学级编制的历史、教学概况、国语科等教学实验概况、成绩考查、测验编制、校舍情况介绍等。关于每种科目的教学，如算术教学概况，其中包括算术改进历史、现在教学状况和使用材料的要旨，以及每门学科教学及其实验过程和结果等，作者均进行详细介绍。可以说，该书系近代中国首本实验报告，编者对教学实验过程的详细阐述为全国各地实行设计教学法实验的学校和教师提供了宝贵的参考经验，促进了设计教学法实验的发展和繁荣。

---

[1] 董远骞，等. 俞子夷教育论著选 [M]. 北京：人民教育出版社，1991：50.

[2] 俞子夷. 一个小学十年努力记 [M]. 上海：中华书局，1928：9.

1921 年，时任江苏教育会会长袁希涛参观俞子夷在国立东南大学附小实验之后，委托俞子夷对江南江北各小学进行教育调查，以便在全省推行义务教育。俞子夷认为："若是我们以为普及教育的确是立国的生命，那么我们的教育绝不可以徒有其名，我们当找一条新生路去谋解决。"① 受江苏义务教育期成会委托，1923 年秋季后，俞子夷对江南江北各地，如江阴、铜山、无锡、淮阴等地的 100 多所小学进行调查，并决定以日记的形式记载所调查的内容。他说明全书内容是设想的，但是大部分是有根据的；书中人物系虚构，但所记的是作者亲身经历的事实，或与其他人讨论过的内容。俞子夷希望把小学教育的各种优点均集中体现在书中的单级小学里，并把其作为小学教师的参考资料。另外，俞子夷认为师范学校学生学教育苦于原理太多而事实太少，缺少小学教学经验，很难理解教育原理的直接背景，因此该日记也可以供师范生研究教育时参考。

在《一个乡村小学教员的日记》中，作者塑造了一位乡村女教师的理想形象——杨惠妹，她以教育革新为理念，在专家和同学的支持下，对其任教学校的教学进行改革，表现出她对教育事业的热爱。书中集中体现了俞子夷的教育思想，如注重学生的"人格教育"，注意尊重学生的自尊心，培养学生的兴趣，因材施教，激发学生的创造力。该书中的单级小学仍以复式教学为基础，杨惠妹在原有课程和教科书的基础上，为提高教学质量与改善学生的作业情况，把设计教学法实验穿插在早会、各门学科设计、节目设置和学校活动中。该书以不同的形式介绍普通教学法、各科教学法、复式教学法与设计教学法的理论与实际。此外，该书还提到社会化教育，如杨惠妹在召开恳亲会时建议把该会变成一个永久性的地方教育行政机构，便于家长与学校、学校与社会联系。

五四新文化运动后，为改变中国农村的落后面貌，一些学者提倡乡村教育并进行乡村教育改革实践，虽有成功经验，但总体上以失败告终。俞子夷热爱乡村教育，并把它作为发展全国义务教育的重要途径。为实现其理想，他以日记的形式成功塑造了一位乡村女教师的形象，她带着一群可爱的乡村孩子开展单级教学（复式教学）和设计教学法改革实验。这种理想的乡村教育模式反映了俞子夷的教育改革理想，也体现了全国教师改造乡村学校教育的愿望。

---

① 俞子夷. 一个乡村小学教员的日记（上册）[M]. 上海：商务印书馆，1927：1（序言）.

该书的编写方式颇具新意。尽管主人公是作者虚构的，但其中的教育事实、经过、现象等均以现实学校为原型，因此，该书不仅是俞子夷多年教育实践经验的总结，也是其教育思想的反映，对师范学校师生和其他教育研究者具有很重要的参考价值，同时也为乡村教育改革实践提供了重要的借鉴。该书也成为教学参考书，被当时师范学校和大学教育系广泛采用。郑晓沧曾为其写序，提到该书的写作尽管采用日记的形式，"其中仍有许多理论的评述，有时间也有谈话、通信，而全书仍似有一种故事的组织"①，所以阅读该书使人不知疲倦。该书内容范围广泛，包括教育行政、教育精神培养、社会教育组织、教学管理等，并包含"读书录"，能给阅读者提供详细的参考资料。该书不仅内容丰富，而且也是俞子夷切身经验的总结，其经验来源有：（1）他最早在扈南一带亲自办过乡村小学，这应该是指其在乡村小学的实践经验。（2）1923年秋季后，受江苏义务教育期成会的委托，对苏南苏北各小学进行实际教育调查，其调查内容及其研究成果均成为该书内容和思想的来源。（3）俞子夷参考中外学者关于乡村教育的著作，这些著作均为俞子夷编写该书提供了间接经验。郑晓沧总结道：俞子夷"是个很有经验的教育者……也是一个不安故常时求进步的教育者"②，他对于教育学能达到出神入化的研究，对教育原理解释也能独辟蹊径，因此称他为"教育界的天才，他是一个教育的艺术家，他是小学教育界的一个老大哥"③。

（二）教法、课程及教材的教学改革实验初步确定了近代教学论的发展趋势

俞子夷较早从事各科教学法研究，如算术科、常识科、国语科等，尤以在算术科的教学、教法及教材研究方面较为突出。1909年，俞子夷赴日考察单级教授法，开始注意算术和理科教授法，他在日本观摩课上见到日本教师运用启发法，把枯燥的算术课内容讲得生动活泼，学生兴趣浓厚。受此影响，他认识到教法在算术教学中的重要性，回国后把日本学到的算术教学法运用于教学改革实验。1912年，俞子夷在江苏省立第一师范附小一年级移植日本的一套教法，一年后学生成绩平平。因此，他意识到日本的教法并非"万应秘方"。1913年，俞子

① 俞子夷. 一个乡村小学教员的日记（上册）[M]. 上海：商务印书馆，1927：2（序言）.
② 俞子夷. 一个乡村小学教员的日记（上册）[M]. 上海：商务印书馆，1927：4.
③ 俞子夷. 一个乡村小学教员的日记（上册）[M]. 上海：商务印书馆，1927：4.

夷赴美考察教育时，特别留意算术教材、教学实际等方面的问题及其研究。他深刻体会到，唯有将教材与教法研究结合起来，才能促进各科教学法发展。1914—1918 年，俞子夷在江苏省立第一师范学校任教时发现该校课本内容陈旧，认为教材不改革教学很难取得效果，于是开始试行"联络教材"的改革实验。在俞子夷看来，教材是"指教者用来施教的，学者用来学习的资料"。进一步说，"凡是民族的思想、情感、知识、习惯、技能等一切经验，经过挑选，经过整理，使适合教学的需要者，名叫教材"①。所谓教法，"其实就是学法。从教师的立场就是教法；从学生的立场说，便是学法。合起来，想一个通用的名称，可以叫作'教学法'"②。教材与教法密不可分，练习用的教材要与练习的方法适合，而教材不能脱离教育目标而独立。用他的话来说，即"教材的选编却是教学方法的先决问题。有了合于整个目标的各科教材，做教师的必须设法把这些教材很生动地介绍给儿童，使他们主动接受学习，这就是教学方法"③。俞子夷指出，依传统而言，教师的任务是"传道授业解惑"，全由教师主动，不必在意学生是否需要，这是一种注入式的教学法，是一种不根据学习心理的"教授法"；现在教师的任务在于"教学"，以学生为主体，根据学生的需要施教，教师不仅要传授知识，还要培养学生的学习技能，同时因学生个性差异，学习水平各异，为提高学生的学习效率，有必要研究教材和课程。本着这种认识，俞子夷开始从偏重教法研究过渡到注重教材课程研究。1918—1926 年，俞子夷在南京高等师范及国立东南大学附中试行设计教学法实验，参与试验的年级逐渐增加，并融合各种新的教学方法和教学组织形式，如分团式教学法、自学辅导法、道尔顿制等，这种以单元活动为中心的设计教学法实验，涉及课程教材改革，如在设计教学法实验过程中，以儿童活动为中心来开展教学，重视儿童的实际生活经验，开发活动课程。他在江苏省立第一师范附小和南京高等师范附小开展"联络教材"改革时曾言："我们以为儿童的生命是整个的，分析的学习使儿童生活经验前后不相关，彼此不相顾，实在违背他们身心发达的程序的。"④另外，俞子夷还探索综合课程改革，他在南京

---

① 俞子夷，朱晟旸. 新小学教材和教学法 [M]. 福州：福建教育出版社，2010：3.
② 俞子夷，朱晟旸. 新小学教材和教学法 [M]. 福州：福建教育出版社，2010：5.
③ 俞子夷，朱晟旸. 新小学教材和教学法 [M]. 福州：福建教育出版社，2010：7.
④ 俞子夷. 一个小学十年努力记 [M]. 上海：中华书局，1928：9.

高等师范附小进行"联络教材"改革实验时注重把公民、历史和地理合并为"社会科",这样可以避免重复和浪费时间,克服小学科目多而应接不暇的教学困难。诚如孟宪承所言,"美国所称为'设计教学'的,与其当作教学的方法,毋宁说是一种教材的组织。要进行设计教学,先要有设计课程——就是以自发活动为中心组织各科教材的课程"①。可以说,设计教学法的改革实验带动了课程及其教材的改革。

总体而言,从俞子夷早期的单级教授法、五段教授法的教学方法改革实验,到其在民国时期的设计教学法实验,在一定程度上集中反映并折射了近代中国教学论的发展趋势。

(三)教学论"中国化"和"本土化"的初步探索

俞子夷在推广教学改革实验的过程中,始终考虑到近代中国教学实际的需要。单级教授法的导入源于"中国兴学伊始,地方财力既极困穷,兼之各校之内学童人数无多,程度复不齐一,居今日而欲谋普及,舍单级教授,更别无审端致力之方。'二部教授法'则将全堂学生于一日之内,由同一教员分为前后半日教授"②。可以说,在广大农村,单级教学将几个年级学生凑到一个班级开展教学,既缓解了师资压力,又适应了农村教学发展的情况,因而能满足清末的兴学需求。为进一步深入研究单级教授法,1911年俞子夷在青墩小学主持常识科单级小学教学实验,把单级学生分成两组,同时、同科目、异教材,并采用就地取材的方式,只要本地所见的,如南瓜、杂草、鱼、虫等都作为教材。这是俞子夷首创的单级教授法。他根据当时的教学实际情况进行教学,注重教学的"本土化"。另外,单级教授法"作为引进和推行赫尔巴特五段教授法的有力载体,还对赫尔巴特传统派教育理论的输入发挥了显著的历史作用"③,"在五段教授法的宣传、推广过程中,俞子夷等人做出了重要贡献"④。俞子夷在江苏省立第一师范附属小学任教时,把五段教授法运用到小学理科、国文、算术等科,试图建立"各科教授法基础"。在具体教学过程中,俞子夷并不满足于对五段教授法照本宣科,而

① 孟宪承. 教育概论 [M]. 上海:商务印书馆,1933:116.
② 学部奏拟定单级教授二部教授办法折 [J]. 教育杂志,1911(8):10.
③ 周谷平. 近代西方教育理论在中国的传播 [M]. 广州:广东教育出版社,1996:75-85.
④ 熊明安,周洪宇. 中国近现代教育实验史 [M]. 济南:山东教育出版社,2000:36.

是根据当时教学实际情况对五段教授法进行"变通"，如在算术教学中把五段简化为三段，在国文教学中把五段简化为四段，但都遵循一定的"教顺"。俞子夷等人对五段教授法变通后所创立的"教顺"，因其实用性和操作性强而受到教师和实习教师的热烈欢迎。正如有的学者所指出的，五段教授法注重课堂教学有序的科学精神，它是"近代中国许多教育家对西方先进教育理论的吸收、融合、改造的一个重要体现。也正是基于这种治学态度，使得西方某些近代教育理论得以'中国化'，并能在中国生根、发芽"①。

1918—1926年，俞子夷在南京高等师范附小及东南大学附属小学开展了设计教学法实验，但并不是完全照搬克伯屈的设计教学法，而是根据中国的教学实际对设计教学法进行"变通"，可谓一种"不彻底"的设计教学法实验。克伯屈把设计看成是一种自愿活动，把设计教材分为做的、欣赏的、练习的和思考的四类。依克伯屈之见，不同性质的教材决定了设计教学过程应该不同，但他把设计统一为一种过程，即决定目的、制订计划、实行和批评四个步骤。换言之，凡是打破科目界限，以学生自发活动为中心的学习单元，按照上述四个步骤进行的有目的的教学活动就是设计教学法。可见，设计教学法的范围很广，并处于发展变化之中。但克伯屈的设计教学法研究并不是研究的终点，所以俞子夷认为："设计教学法我们也不以为绝无可议的地方，要改善之处很多。"② 俞子夷在设计教学法实验过程中，把科目教材分为四类，布置相应的教室供不同年级轮流使用，并特设一个"低级指导"负总责。于是科目界限被打破，但仍预定教材，仍有教学大纲，并预定教学目标，即预定一学年、一学期应该学习的内容，应达到的学习标准；儿童并不是完全自由学习的，儿童提出问题时需要教师补充整理，这样做比完全由儿童做主更具指导性；上课时间改用分钟制，以30分钟或60分钟为一单位，课程结束后教师集会讨论一天的实验经过，并预定第二天的工作要项。因此，俞子夷实行的设计教学法实验尽管对班级传统教学方式进行了局部改变，教学已从教师本位转向儿童本位，但是教师并不是完全不管学生，教师在教学过程中注意培养儿童的创造性，注意儿童的兴趣需要，并把儿童心理学知识与教材的系统性结合起来，把游戏寓于学科教学之中。因此，变通后的设计教学法实验更

① 熊明安，周洪宇.中国近现代教育实验史[M].济南：山东教育出版社，2000：37.
② 董远骞，等.俞子夷教育论著选[M].北京：人民教育出版社，1991：41.

适合中国的本土教学。

第二节　杨保恒的单级教学法实验

杨保恒（1873—1916），字月如，江苏川沙（今上海市浦东新区）金桥人。1893 年就学于上海龙门书院，攻读经史，兼及算学。1896 年考入上海县学。1901 年，受欧美教育潮流影响，杨保恒往欧美、日本考察新教育。1902 年 6 月，杨保恒被选派去日本东京弘文学院师范科学习。1903 年回国后在上海城内悫忠祠创设私立廿二铺小学堂，这是清末上海地区最早设立的新式小学堂之一。1904 年，上海龙门书院改立为苏松太道龙门师范学堂，杨保恒受聘为教育科教习。为便于学生实习和继续进行教育实验，杨保恒将廿二铺小学堂改设为龙门师范学堂附属小学。1906 年，杨保恒回家乡上海浦东创办学校，即把杨家渡义学改名为震修小学堂（现浦东新区第二中心小学前身）。1907 年 1 月，杨保恒又在家乡金桥社庄庙创办了社庄小学。1909 年 2 月，江苏省教育总会派遣上海龙门师范学校教员兼附属小学办事员杨保恒、川沙青墩小学教员俞子夷、通州师范毕业生周维城等三人赴日本考察单级小学编制、设备情形及教授方法，以期回国后在省内开办单级教授练习所，训练单级教员。单级教授法又称"单级教学法"，其主要特点是把年龄不同、程度不一的若干年级的学生组织在同一教室内进行教学。这种教学形式能够在一定程度上缓解教育资源的紧张，后人称之为"复式教学"。单级教授法是日本在明治维新时期推广普及教育的产物，是为了在教育经费极端匮乏时期，利用最少的经费来完成普及教育的目标。日本式单级教授法成为当时我国大多数教育界人士的选择。正如时任江苏省教育总会会长唐文治所言："现当预备立宪时代，教育为立宪之根本，而吾国经困难达于极点，欲期教育之普及自不得不从珍惜教育费入手，若单级小学组织法及一切教授管理训练之方法。"[①]杨保恒在他的《单级教授法》中也详细地论述了采用单级教授法的必要性：查单级教授之法，与普通教授不同。普通教授，按年级相当之学生以分班次，各班须各任一教员；单级教授，则合年级不同之学生若干班编为一级，一教员可兼教各

---

① 戴长征. 清末民初单级教授练习所研究 [J]. 江苏教育学院学报. 2007(3)：12.

班。两者相衡，一则需员多而用费繁，一则编制简而效用广。欧西、日本之教育，所以能日新月盛者，大抵得力于单级教授为多。中国兴学伊始，地方财力既极困穷，兼之各校之内，学童人数无多，程度复不齐一，居今日而欲谋普及，舍单级教授，更别无审端致力之方。"[1]此时日本农村中不少偏僻地区仍在采用单级教学这种形式，这就为中国教育界人士了解、学习这种教学组织形式提供了丰富的一手资料。于是江苏省教育总会迅速做出了派杨保恒、俞子夷、周维城等人赴日考察单级教授法的决定。三人到达日本后，以东京高等师范附属小学第三部之单级为主要考察对象，从学年开始的第一天起连续参观了四五个星期，另外还考察了东京女子高等师范学校附小、东京高等师范学校附中、青山师范学校、金泽师范学校等处，详细了解了单级（复式）教学的实际情况。同时，他们还购置了有关单级教学的著作，并访问了一些教育家、教师，"参观各学校之实地教授，问访彼邦教育家，析疑问难，历时三月，理论与事实互相印证，略窥其组织法之内容，觉吾国研究单级教育，实为目前切要之图"。[2]据考察者本人所言，此次考察成果甚丰，四人满载而归，仅俞子夷一人考察所得的材料，就记满了厚厚的四五本笔记。[3]

1909年6月27日，四人考察回国后，杨保恒、俞子夷、周维城三人受江苏省教育总会之托，在上海成立单级教授练习所，杨保恒任主任，俞子夷、周维城任教师，招收年龄在20～30岁、毕业于师范学堂或师范传习所，并有一定教学经验的小学教师入学。学习期限为20周，课程为单级教育学、实习教授等，以上海崇正西官塾、西南官塾为实习场所。三人分别就单级教学的某一方面作了一场演讲报告：杨保恒报告单级教育之概要，俞子夷报告一般小学之改良，周维城报告近世教育学说的变迁。此次谈话会与会者有120人，听者"久无倦容"，"皆服三君演讲确有心得"。[4]继此之后，杨、周、俞三人屡被邀请赴江苏各地演讲。据俞子夷回忆："仅我一人，就于1909年去川沙，1910年去无锡、松江，每处均

---

① 杨保恒，周维城，沈恩孚. 单级教授法 [M]. 上海：中国图书公司，1911：677.
② 朱有瓛. 中国近代学制史料（第二辑上册）[M]. 上海：华东师范大学出版社，1987：340.
③ 董远骞，等. 俞子夷教育论著选 [M]. 北京：人民教育出版社，1991：468.
④ "咨呈江督端本会附设法政讲习所第二届毕业文（苏抚宁苏提学使同）"，《江苏教育总会文牍四编》，中国图书公司，1909.

连续讲一两周，少亦三五天。各学校对我们的期望颇殷，有机会就拉去演讲。"①
同年 8 月，江苏省教育总会主办的单级教授练习所第一期正式开学，招收学员
58 人。该练习所主要设置单级教育学和实习教授两大课程。单级教育学包括单
级通论、训育、教法实际等数门课程，由杨保恒、俞子夷、周维城三人分授，即
周维城讲授单级通论，杨保恒讲授训育，俞子夷讲授教法实际。实习教授则由周
维城、俞子夷分授。这些课程基本上是日本单级教授法在中国的再现，其内容
也与日本的大致相同。杨保恒、周维城在日期间编写的《单级教授法》也成为该
练习所的主要教材，并分别寄送给各地教育会和学务公所以备参考。同年江苏省
教育总会单级教授练习所续办第二期，除招收本省学员外，还兼招了 19 名其他
省份的学员，为其他省份学员学习单级教授法提供了便利，"各省教育会仰慕贵
会文明之进步，亦竭力预备"②。徐特立、吴研因、杨卫玉、范祥善③ 等都曾在该
练习所学习过。其他地区教育机构如直隶学务公所，也积极致力于借鉴江苏的办
学经验，开办单级教授练习所，培养单级教法教员。在各方来函探询其情时，或
称："侧闻贵会（江苏省教育总会）……春间曾派专员东渡考察，秋后召集合省
已有经验之教员讲肆练习，将来成效日彰，靡所限止。敝会窃拟参酌仿办，敢先
函恳贵会，将兴办单级练习所之梗概及考察练习所需经费，略数俯赐开示，倘有
刷印规程，并祈一一检示。"④ 在变通办法的基础上，天津学务公所也筹设了单级
教员讲习所。于是，江苏省单级教授练习所的成功经验很快在国内部分地区传播
开来，学部也接连发文提倡、推广单级教授法。1910 年 12 月，学部在《奏复普
及教育最要及次要办法》中，将拟订单级教授、二部教授列为"最要之事"。1911
年 3 月，学部通行各省初级师范学堂加授单级教授法。同年 8 月，学部同时颁行
《学部奏拟订单级教授、二部教授办法》和《学部奏拟订临时小学教员养成所暨单
级教员养成所简章》。于是单级教授法终于以学部法规的形式在全国许多地方推
广，成为清末新式学堂中最有影响的教学组织形式和编制方式。1912 年江苏师
范学堂改为江苏省立第一师范学校。杨保恒任校长兼附属小学主事，继续其教育

---

① 董远骞，等. 俞子夷教育论著选 [M]. 北京：人民教育出版社,1991：471.

② "闽浙豫湘赣贵皖等省学员答词"，《申报》1910 年 7 月 7 日。

③ 范祥善在单级教授练习所学成后，回到江苏省立第一师范附小，进行了单级教授法的实验。其所著《一间之单级教授》详细记载了当时的实验情形。

④ 朱有瓛. 中国近代学制史料（第二辑上册）[M]. 上海：华东师范大学出版社，1987：344-345.

实验。聘周维城任附小主事，设 8 学级，学生 292 人。1913 年 4 月该校增至 11 学级，分单式、复式、单级、二部 4 种，学生 350 人。同年 8 月，聘俞子夷继任附小主事，添设乡土教材，订定各种规程，试行新教授法，编写全套小学教科书，均采用白话文。1915 年，教育部为统一全国小学教材，拟编纂一套完整的小学教科书，经江苏省教育司推荐，聘请杨保恒赴京主持编纂工作。杨保恒教育著作颇丰，达 20 多种，较著名的有《单级教授法》《实用主义小学教育法》《教育应用心理学》《小学管理学》《小学直观教学法》《师范中学修身礼仪法》《欧美公德谈》等。

总体而言，以杨保恒、俞子夷和周维城为代表赴日考察单级教授法，回国后举办单级教授练习所来推广单级教授法，使之成为江苏以及其他省份普遍采用的教学组织形式，对当时新式学堂教学组织形式的形成与发展具有十分重要的作用，进一步促进了学校教育的发展，同时也为后来五段教授法的导入与发展提供了前提条件。

第三节　沈百英的设计教学实验与研究

沈百英（1897—1992），又名沈菊泉，笔名石英、白丁等，江苏吴县（今属苏州市）甪直镇人。1913 年考上江苏省立第一师范学校本科，主攻初等教育，受教于俞子夷。在学习期间，因认真刻苦，学业成绩为全班之冠。在读书教育实习时，曾主动申请参加"单班复式教学"实习，掌握了"单班复式教学"方法并积累了一定经验，为其后来开展设计教学法实验提供了基础。1917 年，沈百英师范毕业后任家乡甪直镇第一小学（原甫里两等小学堂）教师。沈百英知识面广，精通各科知识，力主创新改革，教法灵活，注重形象直观教学，"教学生手脑并用，学用结合，效果极好，在当时给人有耳目一新的感觉。县督学听了他的课后，十分赞赏，曾在教育局局务会议上说：甫里小学沈百英上的课是全县教师中第一流的"[①]。1920 年，沈百英入江苏省立第一师范学校附小开展设计教学法实验，并担任设计教学法实验班主任。沈百英重视教育实验，他相信"教育应该从教育实验

---

① 李嘉球. 甪直名人 [M]. 苏州：古吴轩出版社，2000：161.

中得来"①，任何一种新的教学方法只有通过实验验证才能确立并运用，因而教育实验十分必要，"世上经济的事实莫过于如此"②。同时，在实验过程中他自编文艺教材和音乐教材，并对实验过程中出现的问题进行总结。杜威访华时，曾参观江苏省立第一师范学校沈百英主持的设计教学法实验并赞扬他"课上得好，试行有结果"③。此后，沈百英在该校试行的设计教学法实验受到国人的关注，各地小学纷纷来校参观，并邀请沈百英去各地进行演讲。1920年秋，沈百英应聘到上海商务印书馆附设尚公小学任教。当时小学教育正处于全新的探索阶段，而要改变以前的旧式教育，最关键的是教学课本。上海商务印书馆抓住"机遇"，选聘优秀教师边教边写，试编教学课本。1922年，沈百英被聘为校部主任，协助校长管理教务，并从事教材编审工作。同年，商务印书馆将养真幼稚园划归尚公小学。1922年，沈百英撰写出版《设计教学试验实况》，目的在于对设计教学法实验作一全面探讨。当时，编幼儿教材是个全新的任务，没有现成的材料可以参考。为编好教材，沈百英"深入生活"，与幼儿同吃、同住，共同游戏，做了两年的"孩子王"。他在共同生活中了解孩子们的学习、生活、思想和爱好，编写出了受孩子们喜欢而又富有教育意义的全套教材，填补了我国幼儿教学用书的空白。 1926年，尚公小学校长吴研因离校，沈百英接任校长。他带领全体教师试行教育改革，试编新教材，教育质量全面提高，声誉鹊起。南洋群岛的华侨子弟学校纷纷来函索取教材。如菲律宾侨民小学等都爱用沈百英主编、商务印书馆出版的小学课本。国内各地小学也纷纷组团到尚公小学取经。据不完全统计，在沈百英执掌教务的几年中，竟有一万多人次莅临听课。他出色的才能和业绩，深得校董庄百喻先生的好评。与此同时，沈百英还兼任了商务印书馆馆外编辑。当时，商务印书馆出版的小学教材风靡全国，编辑出版任务越来越重。1926年10月，沈百英完成《小学教学法通论》。该著作曾被收入"师范小丛书"，"主要依高级中学师范科及初级中学师范科课程择要编辑，作为师范学生及小学教师之参考用书"④。1927年3月16日，克伯屈夫妇来尚公小学参观，对尚公小学评价很

---

① 沈百英. 实验教育的初步工作 [J]. 教育杂志, 1931（21-5）: 13.
② 沈百英. 实验教育的初步工作 [J]. 教育杂志, 1931（21-5）: 13.
③ 沈百英. 实验教育的初步工作 [J]. 教育杂志, 1931（21-5）: 9.
④ 王云五. 万有文库第一集一千种目录 [M]. 上海: 商务印书馆, 1946: 87.

高。1928 年，沈百英专任商务印书馆编辑，并兼任省立上海中学师范班、安定立达学园农村教育部教学法教师。专任商务印书馆编辑 35 年，长期从事小学教科书的编写工作，沈百英对教材编辑工作十分认真，计划性强，选材慎重，考虑周密，连教材中的插图都经他精心挑选。沈百英认为，要编好教材，必须不断学习，补充新知识，同时还要把教材拿到教学第一线去检验，使教、学、编融为一体。于是他提出到大专院校兼课的设想，商务印书馆赞赏他的意见，并鼓励他教编相长，促进出版事业的发展。从 1928 年起，沈百英编写了《小学生文章》《国民教育文库》《基本国语教科书》《复兴国语教科书》《南洋华侨小学国语教科书》《海外华侨小学课本》《小学行政丛书》《设计教学法演讲集》《小学语文教学法演讲集》《乡村教育丛书》等，曾参与《教育大辞书》的编写，并撰写了大学讲义《小学数学教学法》等各种类型的教科书，为开创国内各科教材编写新体系做了有意义的尝试。从 1930 年起，沈百英兼任大夏、光华、沪江等大学教育系教授。1951 年，沈百英成为新成立的华东师范大学教员。1956 年起，沈百英脱离商务印书馆，专任华东师范大学教育系教授、教学法研究室主任，教授"小学教材教法"课程。

一、设计教学法研究与实验

五四运动前后，设计教学法传入我国。1920 年，南京高等师范附小开展设计教学法实验。同年，江苏附小联合会议决定推行，各地小学相继而起。设计教学法自传入我国后，经过一批教育家实验并推广，曾在国内风靡一时，盛况空前，在 1926—1927 年达到了高潮。1920 年，沈百英在江苏第一师范附小担任设计教学法班的班主任，对设计教学法做了初步的理论探索并发表多篇文章与著作。他认为设计教学法有很多优点：以一种主要目的做根据，去组织知识、利用知识；养成良好的学习态度。自己好像是一个工程师，又是一个劳工，一切问题都是自己解决、自己实行、自己判断，将来到社会上去能做一个有用的人；能适应现在的生活，并能预备将来生活；儿童处于富于社会性的活动中，适合现代教育的主张；收知行合一之效，与做学教之原理相符。他指出设计教学法的学习是有动机的、有目的的，学习是肯努力的，学习是肯互助的。[①]

---

① 沈百英. 设计教学法演讲集 [M]. 上海：商务印书馆，1931：16—17.

1921 年，沈百英、顾西林在江苏第一师范附属小学一年级开展设计教学法实验。该校的实验主要在低年级进行，这是一种打通各科教材的教学方法，主要是想发挥儿童游戏的本能，调动学生的积极性。实验内容是把音乐教学与儿童游戏结合进来，联络其他学科，让儿童自己动手；在校园里设"自然角"，养一些虫、鱼、蝌蚪供儿童观察；等等。

在设计教学法的实施过程中，沈百英一直在探索如何使设计教学法更加适合中国国情。比如，他说在我们中国，"照教育的理论说起来，小学六年是可分成几个阶段试验研究的；教育是把儿童放在团体里、环境里生活；一个团体有一个团体的生活习惯，学生的学习要做有目的的活动；无论他们有什么活动，都是自己需要的，各人要求的；他们在每天的末一节课里，各人预定明天要有的学习，这是能够达到设计教学的重要条件之一"[①]。

不论在实验过程中还是实验后，沈百英始终对设计教学法开展理论研究，认为"设计是自然的活动，自然的教学法。设计必须有目的、有计划、有实验，而有社会价值的活动，才能称为设计教学"[②]。或者说"一种教学能有目的、有计划（包括有方法、有系统组织等各小目）、有实行、有社会价值的活动，才得称为设计教学。简单说来，就是事前要有计划，当时要有方法，事后要有追想，能三思而后行，才得称为完善的设计教学"[③]。他还提到"初年级实行设计教学，往往有秩序紊乱的现象，对于学校训育上似乎不相宜。诚然，现在有人试行设计法教学，没有了解设计的本身，贸然从事的很多。这一层应该归于教师自身，不能责备设计法的不对"[④]。在设计实验该法的过程中，沈百英认为既要有实践层面的探索，也要有理论层面的研究，同时如何更好地照顾到儿童的需要是实施该教学法必须要考虑的。他以身示范，亲自试验了设计教学法，这是难能可贵的，对我国教育做出了积极的探索。

二、小学数学教学研究

沈百英认为，作为一名小学教师除了要具备相关的学科知识、熟悉小学教材

---

① 沈百英. 参观南高附小杜威院、维城院记略 [J]. 教育杂志，1923（15-11）: 13.
② 沈百英. 设计教学法演讲集 [M]. 上海：商务印书馆，1931: 5.
③ 沈百英. 设计教学法演讲集 [M]. 上海：商务印书馆，1931: 7.
④ 沈百英. 设计教学法演讲集 [M]. 上海：商务印书馆，1931: 110.

外，还必须研究教学法，掌握小学教学的规律和方法，提高教学的质量和效率。教学法是"一门科学，要求用科学的方法来提高教学效率。同样一个班级，用同样的教材，如果教师能用生动、具体、形象、丰富多彩的语言教学，就可以激发学生的学习兴趣，收到良好的教学效果。如果上课时只由教师个人独白，讲得又是枯燥无味，那么教学的结果非但达不到预期的目的，相反还会把活活泼泼的学生越教越呆滞"①。沈百英从事小学数学教育研究数十年，锐意创新，创设了口算教学数码网格表，提倡珠算教学不用口诀，设计珠算指法操，倡导口、珠、笔三算结合，融实践性、科学性、趣味性于一体，在国内外引起强烈反响。他在小学数学教学法的原则、小学数学课堂教学结构、三算及三算结合教学方面均有其独到见解。

（一）小学数学教学原则及课堂教学结构

沈百英认为小学数学教学应该遵循三条重要原则：（1）独立自学的原则；（2）因材施教的原则；（3）提高质量的原则。这三个原则不是各自孤立的，而是互相联系的。如果单重自学的原则，不顾个别差异，必然会使能力强的人不能崭露头角，使能力差的人永远落后。只顾因材施教而不顾其余两原则，就难免走上注入法的老路。只顾提高质量而不顾其他，便会产生学生负担过重的偏向。正确的做法是，在自学中因个性不同而分别给以不同的辅导，用不同的要求发展学生的智慧和能力；在质量要求方面，应以在自学中得到的真成绩，在自学的基础上获得的真技能为主要目标。②

沈百英根据自己教学的经验，认为数学课堂的教学结构可分为温故、知新、初练、自评、家活五个环节。沈百英认为，数学的系统性很强，旧知和新知仅仅是些微之差，温好旧知，就有利于新知的获得；数学的新知，不同于其他学科的新知。数学学科的系统性强，大部分的所谓新知，并不是全新，而是在旧知识的基础上，稍稍加一点新。因此，大部分的新知不必由老师讲解，学生看了书，稍稍动动脑筋，自会学懂学通；学到新知后，必须迅速进行练习，练习要在课堂上进行，能够得到教师的直接辅导，以巩固新知，避免发生错误。小学数学练习中的错误，有不少是小学生自己能发现的；自评是让学生两人将练习本互相交换

① 沈百英，梁镜清. 小学数学教学法 [M]. 上海：华东师范大学出版社，1989：171.
② 沈百英，梁镜清. 小学数学教学法 [M]. 上海：华东师范大学出版社，1989：173.

后，由教师逐题报出正确的算式和得数，各人画出错记号，再由评者签名后仍旧交还本人，本人再复查一下。家活就是家庭活动，数学的课外活动很多，例如做做数学游戏，练练度量、目测、步测的技能，写写数学园地资料，练练珠算，做做学具，等等。沈百英认为，这些家庭活动，可以培养学生独立研究的能力，促进身体健康，可以发展他们的智力，这比过去单纯地在家做作业要好。综上所述，从小学数学的教学原则到课堂教学的五个环节，沈百英认为，教学必须遵循一定的原则，否则就收不到好的教学效果，而且各个原则之间是互相联系的；课堂教学结构的好坏会直接影响到教学质量的高低，并与学生的身心发育成长有关系；不管怎么实施教学，必须根据儿童的心理特点和学习规律，采取适合国情的措施，强调儿童在教学中的重要地位。

（二）小学数学"三算结合"教学

"三算"就是指口算、珠算、笔算。"三算结合"就是"口算、珠算、笔算结合在一起教学"的简称。沈百英认为，三算有机结合的教法好像心中没有口、珠、笔三种算法，而以学算的效果为主导思想。教到某种知识，宜用哪种方法就采用哪一种。这种结合不是牵强的结合，而是自然的结合。三种算法分开教学，不仅得不到相互配合，反而会产生干扰，而三算结合了教，可以起到相互配合、相互促进的作用。沈百英认为，三算可以结合。一是因为三种算法都用十进制数，珠算只是增加了一个起调整作用的"五"；二是因为运算都以二十以内的加减、九九乘法表和表内除法作基础；三是因为四则运算中的一些定律和性质都适用。这就表明三种算法之间本来就存在着共同的内在联系，抓住这种联系，进行结合教学是非常自然的。除此之外，"三算结合"符合儿童的认知规律，有助于儿童较好地理解抽象的数的概念，为儿童形成数的概念和计算提供了有效的支持，有助于儿童掌握数学运算方法，培养分析问题和解决问题的能力。总体而言，沈百英致力于"三算结合教学法"研究，将民间的口算、珠算、笔算结合起来，务求达到快速、正确、高效。沈百英先生编写了《珠算常识与珠算教法》等书，为探索小学数学"三算结合教学"做出了贡献，促进了近代小学数学学科的发展。

第四节　赵廷为的教学理论与实践研究

20世纪上半叶，赵廷为不仅是我国著名的小学教育研究专家，也"堪称我国教学法研究的开拓者"[①]。自1918年入北京高等师范学校始，他先后任职于浙江春晖中学、温州第十中学、《教育杂志》编辑部、杭州师范学校、安徽大学、国立中央大学、四川教育学院、苏州社会教育学院、大夏大学等，积极开展教学论学科研究，对近代教学论学科的形成与发展做出了重要贡献。有学者评价道："先生自教育研究科毕业后，在中小学开展教学法实验研究。后在各大学任教的过程中，他将教学法作为自己的研究方向，深入研究国外的教育学、心理学，试图将国外的相关理论运用于我国的教学实践。他向学生介绍国外的教学理论，尤其是苏联的教学理论和教学改革经验。理论研究与教学试验的结合，使得先生在教学法研究中占据重要的地位。"[②] 概括起来，赵廷为对近代中国教学论的探讨和研究，主要集中在三个方面。

一、导入西方先进的教学方法

赵廷为（1900—2001），字轶尘，浙江嘉善人。1918年入北京高等师范学校英语系预科，后转入教育科。他在师范学校学习期间，正值五四新文化运动。当时美国教育学家杜威来华演讲。"杜威对旧教育批评的适切和目光的犀利，而对教育研究产生了浓厚的兴趣"[③]。20世纪20年代以后，美国进步主义教学论影响下的杜威实用主义教学论和桑代克教育心理学对世界各国教学论学科产生了很大影响，特别是美国兴起的教育科学化运动，重视运用科学方法于教学研究，如教育测验、教育调查、课程编制等，直接推动了国内教学论"科学化"的发展。国内学者纷纷运用科学方法于教学研究，进而促进了教学论"科学化"的发展，赵廷为即代表人物之一。1924年，赵廷为于国立北京师范大学教育研究科毕业后进入商务印书馆担任《教育杂志》编辑。在此期间，他通过《教育杂志》刊载并译介了有关国外教学法、教师、教材、课程原理、课程编制等内容的文章，如《道尔顿制教育》《社会化教学法》《生命化的教学法》《克伯屈论并起的学习》《愚

---

① 陈桂生. 教学法的命运 [J]. 全球教育展望，2007（4）：20.
② 赵廷为. 教材及教学法通论（特约编辑前言）[M]. 福州：福建教育出版社，2007：1.
③ 孙荣. 中国现代小学教育的探索者——赵廷为 [D]. 上海：华东师范大学，2009：48.

笨儿童教学法》《柏尔谋氏新教学法》《课程编造的根本原理》《课程编造法》《课程的问题》等，其中在《生命化的教学法》一文中，赵廷为认为，"教育之纯重文字，不能归咎于教科书，而宜归咎于教师之不能善为之用"①，主张教学法与教材之间宜有正当的关系，"教学法不过是一种手段，重要之事究属是教材的精通，且所用的教学法，因教师而异，因教材而异，因时间而异……教学法应该要时常变化的；教学法应用的限度是非常狭隘的，绝不像原则之有普遍的效用……著者盛言教师地位的重要，学校的良否以教师之合格与否为转移"②。在《柏尔谋氏新教学法》一文中，赵廷为认为："我国中小学教学方法上最急切的一种革新，就是要把真正的学习代替假的、骗人的、不彻底的学习。要做到这层，我们首先要教师放开眼光，而明了教学的目的并不仅在于懂得功课，而在于使学生获得知识、技能、习惯及欣赏，以改善其对于环境的反应。"③同时，赵廷为还把测验法运用于教学研究并发表相关教育测验论文，如《职业测验编造法》《测验之一般理论》《教育测验的意义应用及其发展》等，其中《教育测验的意义应用及其发展》一文详细介绍了标准测验的发展、测验应用的演进、测验在教授的改造上之应用、测验时所应避免的谬误等。上述内容为国人开展教学测验提供参考。赵廷为把测验看作"是一种改良的考试方法"④，建议用标准测验来代替会考制度。同时，赵廷为还把职业教育测验法、正误测验、标准测验、小学算学应用题之诊断的和补救的教学等运用于各级教育、教学结果评价以及学生的学习。在赵廷为看来，测验运动是"促成教育科学化的一种运动"⑤。他认为："现在对于学生的智愚和教育成绩的好坏都有标准测验去测量。自后，数量上正确的知识将愈积愈多，教育便可渐渐成为一种科学了。所以，测验运动实在可说是促成教育科学化的一种运动。"⑥

尤其值得注意的是，赵廷为对课程问题进行了系统的研究，遂成为近代中国课程研究的先驱之一。早在就读于北京高等师范学校教育科时赵廷为就开始关注

① 赵廷为. 生命化的教学法[J]. 教育杂志,1924（9—16）: 2.
② 赵廷为. 生命化的教学法[J]. 教育杂志,1924（9—16）: 2.
③ 赵廷为. 柏尔谋氏新教学法[J]. 教育杂志,1930（22—5）: 89.
④ 赵廷为. 测验之一般理论[J]. 教育杂志,1931（22—12）: 11.
⑤ 赵廷为. 测验之一般理论[J]. 教育杂志,1931（22—12）: 13.
⑥ 赵廷为. 测验之一般理论[J]. 教育杂志,1931（22—12）: 11.

课程。他"根据明确的教育目标，有意地把课程来加一番改造"[①]。他在《中学课程改造》一文中提出相关课程改造的建议。20 世纪 20 年代，受美国课程论研究专家博比特（Bobbitt）关于课程改造并用活动分析法编造课程的影响，赵廷为也对国内课程研究表现出极大热情。首先是译介课程名著，如《课程编造的根本原理》《课程编造法》《课程的问题》等，对美国课程论的发展概况及其思想进行较为系统具体的介绍，便于国人借鉴，也促进了国内学者研究课程论的兴趣，加快了课程论学科的形成及发展。其次，受美国课程论思想影响及在本人教学实践经验的基础上，赵廷为形成了其较为系统的课程论思想，如课程是就"学生在学校内所从事的一切活动及其排列的次序而言"[②]的。课程编制"需要教育专家、科学专家及实际教育工作人员的充分合作；需要不断的调查分析和实验研究；须兼顾社会需要及学生需要两方面；不断的课程修订及编制，乃属一种必要"[③]。可以说，赵廷为的课程研究及其思想对近代中国课程研究方向具有引领性，加快了近代课程论的发展步伐，加速了教学论学科发展的"分化"。1947—1948 年，赵廷为又入商务印书馆担任《教育杂志》编辑，并负责编写国语教科书，为小学各科教材编写积累了相关经验，此段编写教科书的经历也是其分科教学法理论和实践形成的关键。综上所述，赵廷为虽没有留学经历，但他积极译介并导入国外先进的教学方法与原则，为当时国内教学方法的研究注入一股新的活力，也促使人们运用教学方法实验于国内教学改革。在借鉴国外教学方法的同时，赵廷为立足于本国教学实际情况，对国外教学论思想进行比较、批判、吸收。诚如叶澜所言："中国教育的经验与知识是根植于中国人之社会、文化、历史及学术传统中的，而不是建构在美国人或西方人之社会、文化、历史及文化传统中的。"[④]

二、开展教学论"科学化"研究

赵廷为首先是把心理学运用于学科教学，促进了教学论科学化的发展。20世纪 20 年代，作为教学论重要组成部分的学科教学法和课程逐渐从教学论中分化出来而成为独立的研究领域。赵廷为在中小学任教的经历为其进行中小学分科

---

① 赵廷为. 教材及教学法通论 [M]. 福州：福建教育出版社，2007：5.
② 赵廷为. 教材及教学法通论 [M]. 福州：福建教育出版社，2007：4.
③ 赵廷为. 教材及教学法通论 [M]. 福州：福建教育出版社，2007：2.
④ 叶澜. 回望 [M]. 桂林：广西师范大学出版社，2007：70.

教学法研究提供经验。诚如陈桂生所言："分科教学法的核心内容，是在同中小学每门课程中一系列具体教材的联系中构成的……相比其他教育学科，同中小学课程的联系更为密切。"① 分科教学法"植根于学科课程，其命运也就同学科课程编制联系在一起"②。另外，赵廷为不仅把普通心理学原则应用到各学科学习上去，也运用实验和科学的分析来研究各学科教材的特殊性质和特殊的教学问题。他认为，当时在国外已经有几种学科，如读法、写字、算术等学科的心理学研究已经相当发达；但除算术教材有一大部分为中国和外国所相同，因此其心理学研究的结果可被我们采用外，其他学科的心理学研究成果仅供国内学者参考。综观我国的学科心理学实验研究很不发达，有许多学科心理学上的问题有待于我们去实验，去解决。为此，赵廷为对识字、读书、写字和算术科目的教学法及其教学中存在的问题进行了心理学分析，如赵廷为在《教育杂志》发表的《算术科中的训练转移问题》一文就运用心理学对算术科教学进行分析。

其次，开展教学实验研究。1924—1926 年，赵廷为入浙江春晖中学任英语教员并积极开展教学实验研究。（1）预备在三年时间里教好英语。虽然当时只实验了两年半，但学生的英文阅读能力有了极大提高，并学会了借助字典独立阅读英语周刊和英文杂志。（2）实验利用"学生会"组织，进行集体主义教育。③1927年暑假到 1928 年年底，赵廷为担任温州第十中学教育科教员兼附小主任，积极引导教师们从事教育研究活动，"从此研究的风气大大浓厚起来。教师们纷纷购买教育杂志或者教育参考书，热烈地钻研教育，这是前所未有的现象"④。据时任温州小学教师的王晓梅回忆："赵轶尘（赵廷为——笔者注）是当时的教育家，精通外文，一肚子都是装着美国货，从此美国式的教育、杜威、屈伯克（克伯屈——笔者注）的教育思想，在学校里推行起来了。过去，有些地方是推行日本式的教育，到此，转而推行美国式的教育了。"⑤ 在温州第十中学附属小学的教学经历给赵廷为日后从事小学教育和各科教材教法研究提供了基础。据赵廷为回忆，"这是我生平'最痛快'的一段时间。附小教师都很年轻，工作积极负责，所

① 陈桂生. 教学法的命运 [J]. 全球教育展望. 2007（4）：19.
② 赵廷为. 教育概论 [M]. 上海：大华书局，1935：93.
③ 孙荣. 中国现代小学教育的探索者——赵廷为 [D]. 上海华东师范大学，2009：7.
④ 温州市政协文史资料委员会. 温州文史资料第二十三辑 [G]. 杭州：浙江南方印业有限公司，2008：22.
⑤ 温州市政协文史资料委员会. 温州文史资料第二十三辑 [G]. 杭州：浙江南方印业有限公司，2008：22.

以整个小学都呈现出一种蓬勃的气象。我很想把它办成一所理想的小学"。①

三、撰写教学论研究成果

1932 年，赵廷为任职于杭州师范学校，半年后改职到安徽大学任教。嗣后，赵廷为相继在国立中央大学、四川教育学院、苏州社会教育学院等校教育系(科)任教，教授"普通教学法""课程论""分科教材及教学法"等课程。如果说，赵廷为早期的中小学教学经历是其教学论思想形成的酝酿期，那么大学任教期间是其教学论思想系统形成的关键时期。一方面，他以大学教育学科为主要平台教授"普通教学法""各科教材及教学法"等课程，对普通教学法原理、课程原理、学科教学法等进行理论探讨；另一方面，他撰写教学论著作，如《小学教学法通论》《小学教材教法》《教材及教学法通论》等，尤其是 1944 年赵廷为编写的《教材及教学法通论》一书，不仅是其多年教学实践经验的理论性成果，更是其教学论思想体系形成的集中反映。

首先，他提出了"知识技能、知识和情感"三位一体的教学目标论。教育的目的"一面固然在于使儿童完满地发展，一面还要使儿童对于社会的生活能有妥善的适应"②。赵廷为以行为主义心理学和杜威实用主义哲学观为基础，认为学习是指行为的改变，行为的改变就是刺激与反应之间的联结。教学旨在使儿童的行为得到改变进而促进学生的发展。学生行为的改变成为教学的基本目标，而教师在促进学生行为改变中具有举足轻重的地位，"教学改革要改变的不只是传统的教学理论，还要改变千百万教师的教学观念，改变他们每天都在进行着的、习以为常的教学行为"③。为达到学生行为改变的教学目标，促进学生的发展，赵廷为把在教学中将要达成的教学目标分成习惯与技能、知识和情感两个维度进行研究。这一过程，以儿童现有水平为基础，以行为改变为目标，通过教师的教学，实现对儿童习惯技能的培养、学习知识的获得以及情感态度的养成等。然而，儿童的行为并非简单的外显行为，它是人对生活环境所起的反应，既然是反应，其所包括的范围应当是全方位的，那么在教学过程中使用的课程、教材、教学方法、教学原则等均要以培养学生的习惯技能、知识和情感进而促进学生发展

① 孙荣. 中国现代小学教育的探索者——赵廷为 [D]. 上海：华东师范大学，2009：7.
② 赵廷为. 教育概论 [M]. 上海：大华书局，1935：93，4.
③ 叶澜. 让课堂焕发出生命活力 [J]. 教师之友，2004（1）：49.

的"三位一体"的教学目标为基准。如果说,教学是"一种刺激和指导儿童的学习的活动"①,那么,课程是就"学生在学校内所从事的一切活动及其排列的次序而言"②的,教材则是"帮助活动进行所需的行为方法"③,教学方法是"一种确定的有组织的手续,用来刺激并指导学生的学习,以实现所希望的教育目标"④。教学原则从学生的学习和发展出发,探讨学生在学习过程中的特征和规律。教室管理、教材的选择与组织是教师通过对环境的控制,引导学生的积极行为和控制学生的不当行为等。可以说,通过改变学生的行为来促进学生的发展是赵廷为的教学目的,在教学过程中培养学习的"知识技能、知识和情感"三位一体的教学目标论,为教学论研究指明了方向。

其次,他把课程—教材—教法融为一体,以此来实现教学目标。在赵廷为看来,"在教育过程的起点和终点之间,将架着一条桥梁,这桥梁便是课程……课程乃是由起点逐渐推进到终点所经过的路途"⑤。课程在教育过程中具有十分重要的作用,若编制不当,势必会影响教育目的的实现。课程编制的主要问题,"乃在选择学生所最感兴味的教育性的活动,而加以适宜的排列。教材只是帮助活动进行所需的行为方法"⑥。课程编制包括活动的选择、教材的选择和组织等问题。活动是连接"课程"与"教材"的基点,"凡课程内的教材,都可视为人类所已发现的最有价值的行为方法。不论是一项知识、习惯或理想,若为儿童所真正习知,当能影响其对于环境的适应"⑦。教材是有价值的行为方法,那么"学习教材"就是一种获得有价值的行为方法的过程。简言之,所谓学习,"乃是指行为的改变而已"⑧。要想使儿童学习一种反应,必须先练习这种反应,这是儿童学习的重要原则。教学为"一种刺激和指导儿童的学习的活动"⑨。为此,教师需要一定的教学方法去刺激和指导学生的学习。所谓教学方法"是一种确定的有组织的

① 赵廷为. 教材及教学法通论 [M]. 福州:福建教育出版社,2007:8.
② 赵廷为. 教材及教学法通论 [M]. 福州:福建教育出版社,2007:5.
③ 赵廷为. 教材及教学法通论 [M]. 福州:福建教育出版社,2007:5.
④ 赵廷为. 教材及教学法通论 [M]. 福州:福建教育出版社,2007:55-56.
⑤ 赵廷为. 教材及教学法通论 [M]. 福州:福建教育出版社,2007:3.
⑥ 赵廷为. 教材及教学法通论 [M]. 福州:福建教育出版社,2007:5.
⑦ 赵廷为. 教材及教学法通论 [M]. 福州:福建教育出版社,2007:5.
⑧ 赵廷为. 教材及教学法通论 [M]. 福州:福建教育出版社,2007:7.
⑨ 赵廷为. 教材及教学法通论 [M]. 福州:福建教育出版社,2007:8.

手续，用来刺激并指导儿童的学习，以实现所希望的教育目标"①。总的来说，在明了课程、教材和教学方法的意义的基础上，赵廷为进一步说明教师在实际教学过程中所需考虑的教育目标，指出儿童和环境等因素也是教学的重要因素。教育目标是选择教材的最重要的根据和评判教学方法好坏的最重要的标准。教师根据所立的教育目标和儿童的能力、兴味和需要来选定适宜的教材，以供儿童学习之用，那么其他的工作便是设立适宜的教育环境来激起儿童的适宜的反应了。为此，就需要教学方法有一定的组织性、计划性。诚如赵廷为所言："教育的基本功能——把儿童社会化——也得以尽行了（社会化原则）。"②可见，在教学中，课程、教材及教法是密切联系、互为一体的。为实现"三位一体"的教学目标，促使"学生行为的改变"，进而促进学生的发展，教师须以教学目标为导向，把课程—教材—教法作为融为一体的教学内容进行教学。总之，赵廷为以行为主义心理学为教学的理论基础，在教学过程中使用不同的教学方法促使学生行为的改变，不仅是把教学法作为教学行为的改变方式，而且是把它看作与儿童行为方式连接的纽带。此外，赵廷为还注重教学理论对课程、教材的指导作用，还注重在教学实际中运用教学理论和教学技术的实际操作，并总结出若干教学原则，对教学具有重要的指导作用，构成了近代中国教学论思想体系的重要组成部分。

综上所述，赵廷为以中小学为实践场所，以近代中国大学教育学科为主要平台和基地，围绕教学论领域开展全面深入研究。他的研究体现出以下主要特点：其一，赵廷为将国外的教学理论与国内的教学实践结合在一起，他的许多论文及著作内容都是在此基础上编撰而成的。其中，《教材及教学法通论》于 2007 年由福建教育出版社编入"二十世纪中国教育名著丛编"之一。编辑在出版说明中阐述道："辑入这套'丛编'的，皆是历经了 50 年以上时间检验的、水平较高、影响较大、领学科风骚的著作。透过这些著作，试图展现 20 世纪中国教育学者的学术智慧，盘点中国教育科学的世纪历程，鉴往追来，在过去、现在、未来之间铺设中国教育科学的桥梁。"③可见该书之价值。该书的研究内容和编撰体例使之成为我国 20 世纪 40 年代教学论的重要代表性著作，也成为此后教学论研究成果

① 赵廷为. 教材及教学法通论 [M]. 福州：福建教育出版社，2007：9.
② 赵廷为. 教材及教学法通论 [M]. 福州：福建教育出版社，2007：33.
③ 赵廷为. 教材及教学法通论 [M]. 福州：福建教育出版社，2007：1.

借鉴、参照的模板。如朱焕阶著《教材及教学法》（国华书店，1946 年）、孙邦正著《教材及教学法》（开明书店，1948 年）、吴增芥编《教材及教学法》（中华书局，1948 年）等均在不同程度上受其影响。另外，赵廷为在各大学讲授"普通教学法""各科教材及教学法"后，教学论作为一门必修课在国立（省立）综合性大学、私立大学普遍设立，如国立中央大学、浙江大学、四川大学、安徽大学、大夏大学、沪江大学等。其二，就教学论研究而言，其教学法思想以当时盛行的行为主义心理学和美国的实用主义哲学为基础，将学生的发展看成教学的首要目标，把师生的行为放在教学过程中加以考察。赵廷为在进行教学法研究的前期主要侧重于"普通教学法"，探讨教学的一般性法则，后期转向"分科教学法"，注重将教学法与具体的学科和教材相联系。除普通教学法和分科教学法外，赵廷为还广泛涉猎了教育学原理、心理学、课程论等学科及领域，从而扩大了教学论的研究范围，促进了教学论发展。其三，赵廷为较早形成了教学论研究的学科意识，在长期从事教学法研究的过程中，他始终关注教学法、学科教学法和课程研究的有关问题，并有意识地结合课程、教材、教法和教师来对教学整体进行探讨，把科学的研究方法运用于教材内容编写。如他在《教材及教学法通论》一著中建议："课程的编制需要不断的调查分析和实验研究……不断的课程修订及编制，乃属一种必要。"[1] 赵廷为提倡教育学术化研究，建议教师在教学中要正确处理好"学"与"术"之间的关系。"学"靠研究，"术"靠经验。只有两者结合才是教学论科学化的取向，正如"教导的技术也必须要受教育的科学知识的指导"[2]。可以说，上述观点对确立近代中国教育学方法论具有重要意义，也为如何把各种研究方法正确地运用于教学论学科的"科学化"发展指明了方向。

第五节　钟鲁斋的教学理论与实践研究

"庚子赔款"留美学生（以下简称"庚款留美生"）作为一个特殊的知识分子群体，"在哲学、教育理论、科学方法论及整个学术界，起支配作用"[3]。尤其在

---

① 赵廷为. 教育学术研究的重要性 [J]. 教育杂志,1948 :（33-4）: 5.
② 赵廷为. 教育学术研究的重要性 [J]. 教育杂志,1948 :（33-4）: 5.
③ 雷颐. 超越五四 [J]. 读书, 1996（6）: 68.

教育领域，对近代中国教育的转型及教育学各分支学科的形成及发展具有十分重要的影响。教学论作为教育学的一个重要分支学科，在师范学校和大学教育系中具有十分重要的地位，而庚款留美生对教学论学科的研究更是促进了民国中后期教学论学科的发展与深化。有鉴于此，下面以庚款留美生钟鲁斋为个案，考察其教学论研究的主要贡献及其影响，以期为现代教学论研究提供借鉴，同时也便于人们窥探民国时期教学论发展的概貌。

一、钟鲁斋教学论研究经历

钟鲁斋（1899—1956），广东梅县人，1919 年入沪江大学教育系。沪江大学于 1916 年实行选科制，成为"在华教会大学中最早对传统的美国自由教育模式本身进行改造，使之适应职业取向下的专业教育的大学"[①]。该校 1918 年设立教育科，系"第一个设大学程度的教育专科的教会大学"[②]。其必修课包括教育科学导论、学校卫生、教育心理学、实验教育学、教育测验、训导教学法、课程设置原则等；选修课有教育统计、中学管理与训导、教育史、比较教育、中学教学法等。[③]1925 年，沪江大学设研究院正式招收研究生，"以毕业生之经验言之，有曾任中学校长或教师者，有曾充大中学教务主任者，有在社会上既已树有声望者，再进而研究学问的"[④]。次年，钟鲁斋入研究院教育科学习。教育科在研究生教育中具有十分重要的地位，时人对其评价道："我基督教大学之有完满组织的教育科，而人才设备又比较完备者，在北方有燕京、齐鲁两校，在南部则仅沪江一处而已。"[⑤]1926 年，钟鲁斋入沪江大学附属中学任教，主讲中学各科教学法。1928—1930 年，钟鲁斋以"赴万国主日学校大会中国代表"的名义入美国斯坦福大学，专攻教育学并获取博士学位。嗣后，钟鲁斋对英、美、法、瑞士、意大利等国的教育概况进行考察，此经历成为其日后进行比较教育和教育"科学化"研究的经验来源。1931 年，钟鲁斋任厦门大学教授，于教育行政学系讲授实验教育、比较教育、学务调查、中学各科教学法等课。受美国教育"科学化"运动影

① 王立诚. 美国文化渗透与近代中国教育——沪江大学的历史 [M]. 上海：复旦大学出版社，2001：89.
② 王立诚. 美国文化渗透与近代中国教育——沪江大学的历史 [M]. 上海：复旦大学出版社，2001：98.
③ 王立诚. 美国文化渗透与近代中国教育——沪江大学的历史 [M]. 上海：复旦大学出版社，2001：98.
④ 王立诚. 美国文化渗透与近代中国教育——沪江大学的历史 [M]. 上海：复旦大学出版社，2001：103.
⑤ 王立诚. 美国文化渗透与近代中国教育——沪江大学的历史 [M]. 上海：复旦大学出版社，2001：99.

响，此时的实验教育课程扩充为"教育之科学研究"，旨在"注重研究与实验工作，以期促进教育学术科学化……在实验方面，是应用所研究的方法，去实验教育上的重要问题，以期得到相当之解决"①。1934 年厦门大学开设中等理科教师暑期讲习班，除补习算学、物理、化学外还要补习教学法，由钟鲁斋主讲"教学法"一科。该科目包括普通中学教学法原理和各科教学法内容。1936 年，钟鲁斋辞去厦门大学教职前往广东省立勷勤大学教育学院任教授兼附中主任。勷勤大学教育学院以"培养中等学校师资为主"②，由高觉敷任教育学系主任，课程分工具学科、教育基本学科、一般社会人文学科和教育专门学科（三、四年级），其中教育专门学科包括课程原理和实施、教学法、教育统计学、教育研究法、比较教育、心理及教育测验等。钟鲁斋主讲"教学法"课程，在教学中注重专业理论知识和与实践相结合。是年，钟鲁斋又被聘为国立中山大学教育研究所编辑并兼任指导教授，讲授"中学各科教学法"课程。1938 年，钟鲁斋在香港创办南华学院并担任院长，学院成立之初设理工学院、法商学院、文学院和附属中学。在学院创办一周年之际，因办学成绩斐然，受到国民党官员嘉奖，"学术救国，以学建国"③。钟鲁斋的上述教学实践经历成为其著述的重要理论来源。

据 1929—1937 年厦门大学部分教授著作统计表，其间钟鲁斋发表的著作和论文共计 51 篇（种）④，包括《小学各科新教学法之研究》《教育之科学研究法》《比较教育》《华虚朋氏与文纳特卡制》《近年来美国教育进步之几方面》《实验教育与吾国教育之改造》《中日教育之比较》等。《小学各科新教学法之研究》系钟鲁斋于 1934 年将其在上海沪江大学教育学院的讲义，厦门大学附设实验小学的教学实验结果、课外参观材料以及厦门各小学校长或教师在课堂上研究所得的学理集结而成，作为大学教育学院或师范学院各科教学法教材之用。《教育之科学研究法》是钟鲁斋于 1935 年在"教育之科学研究"课程的授课讲义基础上编成的，他提议："是应当为一种专门的科学……大家都用着科学方法"⑤。钟鲁斋在该

① 钟鲁斋. 教育之科学研究法 [M]. 上海：商务印书馆，1935：3（自序）.
② 广东省立勷勤大学校友会. 广东省立勷勤大学校史 [Z]. 广州：广州市人大常委会机关印刷厂，2006：37-38.
③ 黄水泉，梁德新. 老梅城轶事 [M]. 香港：天马出版有限公司，2011：68.
④ 张亚群. 自强不息 止于至善 厦门大学校长林文庆 [M]. 济南：山东教育出版社，2012：392.
⑤ 钟鲁斋. 教育之科学研究法 [M]. 上海：商务印书馆，1935：4（自序）.

书中着力介绍最近通行的各种教育研究方法，如历史法、问题法、调查法、课程编制法、实验法、测量法等。1938 年，钟鲁斋编成《中学各科教学法》一书。诚如钟鲁斋所言，该书的编写材料来源于"暑期班理科教师的热心研究及其在课内交换的意见和经验，以及在梅县广益中学、沪江大学附属中学、厦门大学教育学院、广东省立勤勤大学教育学院、国立中山大学教育研究所的教学研究经验所得"①。此外，为适应抗战需要，钟鲁斋还发表了《长期抗战与吾国高等教育几个当前的问题》《关于战时战后函授自修问题的讨论》《最近课程研究的进展及其趋势》《战时课程编制的问题及其方法》《广西战时教育的实施及其特点》等论文。上述著作及论文涉及教学法、实验教育、比较教育、课程等方面的内容，表明钟鲁斋开始把比较研究、实验研究、课程编制法运用到教学论研究中去，为他日后开展教学论研究奠定了理论基础。由此可见，钟鲁斋以近代中国大学教育学科为主要平台和基地，将教学与研究紧密地结合在一起，他的教育著作均在其大学授课讲义的基础上编撰而成，为后人树立了教学与科研相结合的成功范例。钟鲁斋还较早有意识地进行课程的比较及科学化研究，并注重中小学各学科科学教学方法的实际运用，在此基础上形成了其教学论思想。

二、钟鲁斋教学论研究的主要贡献

庚款留美生钟鲁斋以大学教育学科为实践平台，通过开展教学实验、自编教学论教材、设置教学论课程、进行教学研究等来开展教学论研究。

（一）重视实验教育，开展教学实验

20 世纪二三十年代，教育学日趋科学化，实验教育更为一般教育家所注意。实验教育有广义和狭义之分，"就其广义来说，凡有一种新教育理想而施诸实验而能改造教育方法与制度，使教育有进步者都可称为实验教育。就狭义来说，是用科学的方法，在严密的控制情境之下，维持几个不变的因子，然后变化其中之一因子，用标准测验测量其结果，并用精密的统计而求其实验的可靠度，方可以称为实验教育"②。钟鲁斋认为："由于新教育思潮之影响及新教学法之风行，且实验学校之兴起已成为美国教育发展的重要趋势"③，然而，"吾国人历来办理教

---

① 钟鲁斋. 中学各科教学法 [M]. 长沙：商务印书馆，1938：1–2（自序）.
② 钟鲁斋. 实验教育与吾国教育之改造 [J]. 中华教育界，1934（21–7）：3.
③ 钟鲁斋. 近年来美国教育进步之几方面 [J]. 教育杂志，1931（23–3）：86.

育都模仿外人的，无独立的思想，无创造的精神。……然缺乏实验教育专家，自当为其主因之一"①。在钟鲁斋看来，美国教育的进步是因为实验学校的兴起，而我国却缺乏实验教育精神。为此，他提倡实验教育"可为创造新教育的途径；决定教育方法之取舍；可节省教育的经费；可增加教育的效率"②。为把实验教育理论付诸实践，钟鲁斋积极开展教学实验和测验研究。1931年，华虚朋（C. W. Washburne）博士来华，钟鲁斋意识到："吾国教育正在求新方法以改进之时，得此西方远来之一大教育家指导之，鼓励之，将其理论方法实验一一陈述于吾人之前，必能为吾国教育界开一新途径。"③通过撰写《华虚朋氏与文纳特卡制》一文，钟鲁斋率先对文纳特卡制实验的教育情形、步骤及其结果等予以介绍，并提倡把该实验引入中国，"吾国教育界提倡当此新方法输入以后，为着改进吾国教学起见，应当由理论而进为实验"④。鉴于此，钟鲁斋以厦门大学附属小学为实验场所进行文纳特卡制实验，旨在提倡"一种发挥儿童个性自动自学的理论，风行一时并正适应今日教育上一种新思潮。为此要证明是否文纳特卡制比普通教学法好，在施行上究竟有何种困难或其他问题；研究理论和做实验相结合，实验与研究并重"⑤。尽管在实验过程中存在诸多不足之处，如"学生自学教室缺乏、参考资料极不充足等；课程标准和教科书等多变更等"⑥。不可否认，实施文纳特卡制在"发展个性、养成良好的读书习惯、养成学生自动能力和创造力等方面具有十分重要的作用"⑦。另外，为了"使学生有机会去学习，以符合教学做合一的教育原理；研究教育上的重要问题"⑧，钟鲁斋还在厦门大学附属小学开展"两性学习的调查与研究"实验以及"小学儿童兴趣的调查与研究——调查厦门市452个高年级小学生的结果"等教学调查。"这些调查实验之所得的结果，虽不能作为定论，然可引起注意本问题的人做个参考，或作更进一步的调查与研究。"⑨钟鲁斋在教

---

① 钟鲁斋. 实验教育与吾国教育之改造 [J]. 中华教育界，1934（21-7）：4.
② 钟鲁斋. 实验教育与吾国教育之改造 [J]. 中华教育界，1934（21-7）：4.
③ 钟鲁斋. 华虚朋氏与文纳特卡制 [J]. 教育杂志，1931（33-2）：17.
④ 钟鲁斋. 教育之科学研究法 [M]. 上海：商务印书馆，1935：323.
⑤ 钟鲁斋. 教育之科学研究法 [M]. 上海：商务印书馆，1935：323.
⑥ 钟鲁斋. 教育之科学研究法 [M]. 上海：商务印书馆，1935：350.
⑦ 钟鲁斋. 教育之科学研究法 [M]. 上海：商务印书馆，1935：350.
⑧ 钟鲁斋. 教育之科学研究法 [M]. 上海：商务印书馆，1935：277.
⑨ 钟鲁斋. 教育之科学研究法 [M]. 上海：商务印书馆，1935：275.

学实验过程中充分运用调查法、测验法、统计法、比较法等科学方法，加快了教学论科学化的进程。

（二）自编教学论教材，力求教学论"本土化"

正如侯怀银曾明确指出的，20世纪上半叶在中国"教学和训练的目的一直压倒了研究和学术的目的，教育学的教材建设成为教育学研究的重心，编写教材成为教育学研究的基本方式，教育学中国化就成为教育学教材的中国化"[1]。依此观点来反观近代中国教学论的发展历史，应该说更是如此。因教学论是近代中国师范学校及综合性大学教育学科开设的主要课程之一，也由于教学论学科具有很强的实践性这一基本特征，近代中国教学论学科的理论构架集中体现在教学论教材的建设上，因而教学论教材也成为考察近代中国教学论构建的主要"窗口"之一。钟鲁斋在其授课讲义和长期教学实践经验的基础上编成《小学各科新教学法之研究》和《中学各科教学法》两本教学论教材，对教学法和学科教学法进行系统探讨。

《小学各科新教学法之研究》系钟鲁斋于1934年编成。教学法是"引导学习的一种路径，使人有好的模范，顺其天性，可以遵循仿效，改进人的行动或行为的意义"[2]。就小学各科教学法而言，教学的目的在于"养成适当的习惯和技能，陶冶合宜的态度和欣赏，给予要紧的知识和学问"[3]。教材选择须"为日常生活所必需者、适合儿童身心发达的程度和其学习能力与趣味者、适合本国社会需要者以及为时代所要求者"[4]。在钟鲁斋看来，自教育渐趋科学化，科学方法应当运用于教材的选择和编制，编制教材的方法包括心理的和论理的，前者系指实际经验的顺序，后者系指吾人所得经验的排列，"此二者互相调剂，不能顾此失彼"[5]。确定教材后，教学就是重要环节，它是就"教师和儿童间所生之教学活动一种形式而言"[6]的。20世纪初，随着科学技术的进步和社会的发展变化，欧美新教育方法相继传入我国，钟鲁斋对设计教学法、道尔顿制等方法进行教育实验。同

---

① 侯怀银. 中国教育学发展问题研究——以20世纪上半叶为中心[M]. 太原：山西教育出版社，2008：96.
② 钟鲁斋. 小学各科新教学法之研究[M]. 上海：商务印书馆，1935：2.
③ 钟鲁斋. 小学各科新教学法之研究[M]. 上海：商务印书馆，1935：3-4.
④ 钟鲁斋. 小学各科新教学法之研究[M]. 上海：商务印书馆，1935：5.
⑤ 钟鲁斋. 小学各科新教学法之研究[M]. 上海：商务印书馆，1935：5.
⑥ 钟鲁斋. 小学各科新教学法之研究[M]. 上海：商务印书馆，1935：8.

时，也对我国的新旧教学法进行了比较：新教学法重视儿童、课本知识和团体生活，属于自学式等；旧教学法重视教材、注重教师演讲、儿童自动和课本知识，属于注入式等。[①] 在明白了教学法原理的基础上，钟鲁斋对小学各科目教学的目标、过程、方法等进行详细阐释，务期给小学教师以各科教学实践指导。

《中学各科教学法》一书于 1938 年由钟鲁斋编成。钟鲁斋认为，研究中学各科教学法有其必要性：小学既有各科教学法之研究，中学当然也必不可少；从吾国现在的教育情形来看，自 1921 年孟禄博士来华调查后认为中国教育最大的缺点就是"中学教学法之不良……中学各科教学法乃是应时代之所需求等"[②]。为此，钟鲁斋综合运用调查法、问案法、测验法以及心理学等知识对中学生的各方面差异进行了深入调查，在调查研究的基础上提出比较系统的中学教学法原理。原理一词含有两种意义，"一为时间上最初者，二为可用为规范者，本书即为第二种含义"[③]。在钟鲁斋看来，中学教学活动主要包括教材的选择与组织、讲授与实验、学习辅导与教学参考以及成绩考查等方面。中学教材选择"以能合教育目的者，合时代、地方和学生的需要者，教材本身须有最高的价值者，循着这种原则所选得的教材'虽不中不远矣'"[④]。教材组织应当随教材的性质而定，"科目性质有平行关系者则用并进，有前后关系者则用顺进，此法较善，学校多采用之"[⑤]。在选择和组织好教材后，钟鲁斋对教师的教学提出要求，如上课前做详细的教学计划、教学方式应随教学科目而异、应引起学生学习的动机和注意等[⑥]，并"指导学生自己学习，能用最经济的方法，以增进求学的效能"[⑦]，以及运用测验法、考察法等科学方法调查教师自己的教学成绩和考查学生的求学成绩。根据近年来教学革新思潮，钟鲁斋认为适用于中学校的教学方式与过程主要包括阶段式教学法、道尔顿制式、文纳特卡制式、做学教和社会化的教学方法与过程。[⑧] 在详细阐述中学教学法原理的基础上，钟鲁斋对中学各科目的实际教学进行了指导并予

① 钟鲁斋. 小学各科新教学法之研究 [M]. 上海：商务印书馆，1935：48-49.
② 钟鲁斋. 中学各科教学法 [M]. 长沙：商务印书馆，1938：1-2（自序）.
③ 钟鲁斋. 中学各科教学法 [M]. 长沙：商务印书馆，1938：6-7.
④ 钟鲁斋. 中学各科教学法 [M]. 长沙：商务印书馆，1938：50.
⑤ 钟鲁斋. 中学各科教学法 [M]. 长沙：商务印书馆，1938：56.
⑥ 钟鲁斋. 中学各科教学法 [M]. 长沙：商务印书馆，1938：56.
⑦ 钟鲁斋. 中学各科教学法 [M]. 长沙：商务印书馆，1938：58-70.
⑧ 钟鲁斋. 中学各科教学法 [M]. 长沙：商务印书馆，1938：82-104.

以介绍。

如上所述，钟鲁斋在进行中小学各科教学法研究时，注重把普通教学法原理和各科教学实践研究相结合。普通教学法原理给各科教学以理论指导，而各科教学实践研究则进一步促进了普通教学法理论的发展。普通教学法原理包括教学法的性质、分类、历史、心理学基础等内容，研究范围较为广泛，内容深刻；在上述原理研究的基础上，钟鲁斋根据我国中小学各学科教学法的具体情况，在充分吸收国外教学方法理论和实践经验的基础上，对中小学各科的教学法予以详细探讨。在钟鲁斋看来，教学法已发展成为一门较为系统的学科。他通过编写教学法教材，根据本国教学实际情况，对教学论进行"本土化"探讨。

可见，钟鲁斋在教学实践过程中较早对教学论进行科学化研究，有意识地进行课程比较，并注重中小学各学科科学教学方法的实际运用，在此基础上形成了其教学论思想。

三、钟鲁斋教学论研究的影响

自钟鲁斋率先在大学讲授"比较教育""实验教育""中学各科教学法""教育科学研究"等课程后，"教学论"和"课程论"作为一门必修课在国立中央大学、浙江大学、大夏大学、南开大学等学校开设，而"课程编制""实验教育""比较教育"等课程也作为必修科或选修科开设。此外，钟鲁斋编写的《小学各科新教学法之研究》《比较教育》《中学各科教学法》三本书也被商务印书馆列入"大学丛书"，其编撰体例、内容等也成为其他研究的重要参考。较有影响的如傅彬然著的《小学各科教学法》（大华书局，1933 年）、沈雷渔等著的《小学各科教学法》（商务印书馆，1937 年）、胡毅著的《中学教学法原理》（商务印书馆，1935 年）、龚启昌著的《中学普通教学法》（商务印书馆，1945 年）、孙邦正著的《中学教学法》（商务印书馆，1946 年）等均在不同程度上受到钟鲁斋教学论思想的影响。具体而言，钟鲁斋教学论研究的影响主要表现为如下两方面。

（一）教学论研究方法的"科学化"

20 世纪二三十年代，欧美教育"科学化"运动推动了国内教学论"科学化"运动的发展。钟鲁斋即为此次科学化运动的理论倡导者和践行者。钟鲁斋认为："教育是应当为一种专门的科学……大家都用着科学方法，则一切教育事业非有教育学知识者去办不可，教学非习过教学法和教育原理者去担任不可。"[1] 从其个人经历看，1928 年钟鲁斋留学美国斯坦福大学教育学院，此时正值美国教育"科学化"运动的发展时期，课程编制成为美国课程研究的最新趋势，钟鲁斋无疑受到了此次运动的影响。嗣后，钟鲁斋对欧美各国教育进行了比较考察，这段考察经历为其日后进行比较教育研究提供了经验。回国后，钟鲁斋致力于教育"科学化"研究，把"科学化"的研究方法运用于教学论研究，首先是开设教学论"科学化"课程，如在厦门大学开设"实验教育""比较教育""学务调查"等课程，在广东省立勤勤大学教育学院开设"教育统计学""教育研究法""比较教育""心理及教育测验"等课程，其次是通过出版教学论著作或教材等来践行教学论"科学化"运动。除《比较教育》一书运用比较法对各国教育进行比较研究外，1935年，钟鲁斋在"教育之科学研究"授课讲义的基础上编成《教育之科学研究法》。在该书中，钟鲁斋认为教育科学研究法主要包括问题法、历史法、问案法、实验法、测验法、课程编制法等，这些研究方法运用到教学论学科研究中，促进了教学论的科学化发展。此外，钟鲁斋在《小学各科新教学法之研究》《中学各科教学法》等教材中综合运用了科学化的研究方法，如在论述教学成绩考查、教材的组织、中学教学之普通原理、中学教学的方式与过程等内容时，钟鲁斋综合运用了测验法、学务调查、比较法等。另外，钟鲁斋还在教学实验中运用科学化的研究方法，如两性学习差异的调查与研究、文纳特卡制的教学法等。可见，钟鲁斋在教学中运用各种科学的教学方法，促进了近代中国教学论的科学化发展。

（二）教学论学科发展的"分化"

20 世纪二三十年代，教学论学科发展呈现分化趋势，即作为教学论重要组成部分的课程论遂成为独立学科。课程论的形成与庚款留美生在留学期间受到美国课程编制运动的影响不无关系。而钟鲁斋率先对课程进行比较研究，遂成为近代中国比较课程研究的先驱之一。早在 1931 年，钟鲁斋在《近年来美国教育进步之几方面》一文中曾对中苏、中日、英美、德法等国的教育进行了比较研究，其中涉及各国的课程内容。1935 年，钟鲁斋把其在厦门大学教授"比较教育"课程的讲义编成了《比较教育》一书。在该书中，通过对各国课程的比较研究，钟

---

[1] 钟鲁斋. 教育之科学研究法 [M]. 上海：商务印书馆，1935：4.

鲁斋认识到：各国课程均有其发展历史且受教育制度影响；各国均重视中小学课程编制等。因而，钟鲁斋把"课程编制法"作为课程研究的重要方法。他指出："前人编制课程，并不知用什么科学的方法，常以一人的嗜好或主张即定为学校的课程。学生的能力与社会的需要可以置之不问。自近代教育科学方法发达以后，编制课程成为一种专门学问。"[1] 课程编制"要合时代性、地方性、学生性，要用适当的材料去适合普通生活和特殊生活，要用科学方法而非个人成见去专断"[2]。抗日战争全面爆发后，钟鲁斋对战时的课程编制及编制的课程进行了理论和实践研究，促进了战时课程研究的科学化和实用化。为此，钟鲁斋发表了《课程编制的原理及方法》《最近课程研究的进展及其趋势》《战时课程编制的问题及其方法》等论文，对课程编制的原理、方法及实施进行了具体阐述，把课程编制理论付诸实践。总体而言，20世纪二三十年代，钟鲁斋对课程进行系统研究时特别注意进行课程的比较研究并把课程编制法作为课程研究的一种科学方法，课程编制始成为我国教育研究的一种趋势。钟鲁斋把课程编制法作为一种教育科学研究方法加以论述和运用，为课程作为一门学科研究奠定了基础。也可以说，钟鲁斋的比较课程研究及其课程编制理论与实践，引领了近代中国课程的研究方向，并促使学界最终将课程比较化和课程编制法作为课程论的研究方向，从而加快了课程论作为一门学科发展的步伐。

概言之，20世纪20年代以前，中国高等教育各系科设置较为单一，特别是教学论学科，自清末从日本传入，教学论发展一直处于"仿日"阶段，致使教学观念、教学内容、教学方法等科学化程度较低。然而，庚款留美期间恰逢美国进步主义教育思想的发展繁荣期，涌现出了一批教育学和心理学大师，如杜威、桑代克、克伯屈、孟禄等，这些也深深影响了庚款留美生的教育思想。回国后，庚款留美生以大学教育学科为实践平台，成为美国进步主义教育思想的理论宣传家和践行者，并且积极开展对近代中国教育学各分支学科的研究，其中包括教学论学科，并涌现出了一批教学论研究学者，如陈鹤琴、张耀翔、陶行知、钟鲁斋、廖世承、罗廷光等，钟鲁斋即为其中代表之一。可以说，近代教学论从"仿日"到"学美"的转型，庚款留美生具有十分重要的作用，促使近代中国教学论学科

---

[1] 钟鲁斋. 教育之科学研究法 [M]. 上海：商务印书馆，1935：191.

[2] 钟鲁斋. 教育之科学研究法 [M]. 上海：商务印书馆，1935：192.

的发展逐渐走向深入和成熟。

第六节　陈鹤琴的"活教育"实验与理论

陈鹤琴（1892—1982），浙江上虞人，著名儿童心理学家、教育家。1910年考入北京清华学堂高等科。1914年毕业后赴美留学。1917年夏获得美国约翰斯·霍普金斯大学文学士学位。入秋，又进哥伦比亚大学，师从克伯屈、孟禄、桑代克。1918年获教育硕士学位。1919年8月回国后担任南京高等师范学校教育科心理学、儿童教育学教授。1920年，以自己的孩子为实验对象，进行了808天的观察实验，研究儿童身心发展的特点与规律，并从多方面总结家庭教育的实验研究成果，写成《儿童心理之研究》和《家庭教育》。1923—1925年创办中国最早的幼儿教育实验中心——南京鼓楼幼稚园，进行幼儿教育的改革实验。1927年，支持陶行知筹创晓庄试验乡村师范学校（以下简称"晓庄师范学校"），兼任该校指导员及第二院（幼稚师范院）院长，并协助创办樱花村幼儿园。是年于上海近郊创立了中国第一个比较完善的农村托儿所。1927年受聘任南京市教育局学校教育课课长。1928年，参加并负责起草幼稚园课程标准。1934—1935年，先后赴欧洲十一国考察教育。1938年，以极大热情投入中国共产党领导的推广新文字的进步文化教育活动，并和陈望道等发起成立"上海语文学会"。1940年在江西创办了中国第一所公立实验幼稚师范学校。1943年创办了中国第一所国立幼稚师范专科学校。抗战胜利后，重返上海，任上海市教育局督导处主任督学，负责接管外国人所办的三十余所中小学。1946年7月，创办上海市幼稚师范学校（1947年改为上海市女子师范学校），并重建南京鼓楼幼稚园。1947年夏，创立大场农村托儿所。1949年8月，被任命为南京师范学院院长。1952年，陈鹤琴在南京师范学院设立儿童教研室及儿童玩具工厂，成立附属幼儿师范学校，并亲自讲授"儿童心理学""中国幼儿教育史"课程。陈鹤琴撰写的著作包括《儿童心理及教育儿童之方法》《整个教学法》《活教育的目的论》《活教育的教学原则》《活教育的训导原则》《智力测验法》《测验概要》等，这些都是我国教育宝库的珍贵遗产。

一、"活教育"教学实验

（一）幼儿教学实验

1920—1922 年，陈鹤琴以其长子为实验和研究儿童心理的对象，从出生开始对其身心发展进行长达 808 天的连续观察和文字、摄影记录，观察记录的内容包括幼儿动作、能力、情绪、言语、知识、绘画、思想等方面的发展情况。通过观察实验，他归纳出普通儿童的心理特点主要有以下七点：（1）小孩子是"生来好动，以游戏为第二生命的"。游戏的益处表现在"多运动身体就容易强健，心境就常常快乐，知识就容易增进，思想就容易启发"①。（2）小孩子是好模仿的，从语言到行动，是以大人为"一面镜子"的，"所以做父母的不得不事事谨慎，务使己身堪有作则之价值"②。（3）小孩子是好奇的。好发问种种问题，好做出好奇的动作，这是"小孩得着知识的一个最重要的门径"③。（4）小孩子是喜欢成功的。他们喜欢动作，并希望事事成功。我们应当鼓励他们去做各种有益的事情，培养其自信心与独立自主的品格。（5）小孩子是喜欢野外生活的。我们应当让他们在自然界活动，与劳动人民相往来，"以增长他们的知识，以强健他们的身体，以愉快他们的精神"。（6）小孩子是乐群的。交往是小孩子的一种社会心理需要，他们从小就寻求伴侣与友谊，否则"就会孤独寂寞"。（7）小孩子是喜欢称赞的，听了称赞的话非常高兴，大人的称赞可以满足幼儿上进的要求。陈鹤琴归纳的家庭教育内容主要有：（1）用科学知识和生活经验武装儿童，发展他们的智力。（2）要教育孩子学诚实，不作伪，关心人，爱护人，体谅人，培养良好的美德。（3）"凡小孩子自己能够做的事，做父母的不要代替他"，以养成孩子独立自强的精神。（4）"强健的身体是小孩子幸福的根源"，要强健儿童的体质。陈鹤琴建议的家庭教育的方法主要有：（1）根据儿童模仿性强的特点，让儿童运用自己的感官直接感知事物。所以父母要注重身教，"示范给他看"。（2）用语言、行动和他人的具体事例，以电影、电视、寓言中的故事等加以积极的暗示。（3）强化高尚行为的作用。（4）寓教育于游戏之中。④

---

① 陈鹤琴. 家庭教育与父母教育 [M]. 上海：上海人民出版社，2016：16.
② 陈鹤琴. 家庭教育与父母教育 [M]. 上海：上海人民出版社，2016：14.
③ 北京教育科学研究所. 怀念老教育家陈鹤琴 [M]. 成都：四川教育出版社，1986：162.
④ 北京教育科学研究所. 怀念老教育家陈鹤琴 [M]. 成都：四川教育出版社，1986：169.

（二）大单元教学实验

1923 年，陈鹤琴创办南京鼓楼幼稚园，以幼稚园课程为实验开展大单元整体教学实验。陈鹤琴的幼稚园单元教学是以"大自然""大社会"为教学内容，以幼儿的生活经验为筛选标准，以季节、时令编排顺序，以某一知识或任务为各单元活动中心，以活动需要确定单元长短的一种教学方法。陈鹤琴和学生张宗麟等人一起在南京鼓楼幼稚园进行了为期三年（1925—1928 年）的实验。课程组织试验过程实际可分为三个不同的时期，每一时期都有各自的动机和特点，而且后期的试验也总是在总结前期试验的结果上进行。第一期是散漫期。在进行试验前制定了四条原则：课程应是儿童自己的课程；一切课程都应服从儿童当时当地自发的活动；教师的责任在于回答儿童的询问，指导儿童需要什么材料和如何应用材料；注意发展儿童健康的身体和活泼的动作，而不愿让儿童接受许多呆板的知识和斯文的礼节。根据这四项基本原则，为实验拟定的课程标准和方法是：废止通常幼稚园里课程的分学科的形式，让儿童自由地活动；丰富和改进幼稚园的设备；教师如果希望儿童从事某种活动，或者形成某种观念，不能通过硬性安排和直接灌输的方式，而是通过布置某种环境，刺激儿童从事这种活动和明了某种观念的欲望；教师没有固定的工作、休息和预备功课的时间表，他们的工作是布置环境和与儿童在一起，随时指导儿童的活动，儿童在园的时间即是他们工作的时间。教师间根据各人的知识技能采取分工合作的办法。根据这些原则和方法，幼稚园开展课程实验，在实验过程中，尽管出现过一些问题，但是教师们总是努力改善工作并加以补救。这一期的研究结果由于一味追随儿童的兴趣，课程无计划性，教材无系统性，孩子个性太自由，陈鹤琴认为不合中国国情。于是，1926年春天实验进入第二期。

第二期是论理组织期。这一期的课程特点是加强课程的计划性和组织性。同时坚持第一期实验中课程安排从儿童出发、契合儿童的经验，以及符合当时当地的自然社会环境的基本原则。教师事先编订好课程计划，一周安排一个或多个活动单元，每个活动单元围绕着一个中心主题，而中心主题的选择又根据当时当地的时令、节气、自然现象和社会生活中的风俗习惯等。教师在实施课程时基本上是严格地一项一项照做。在预定课程表上，儿童活动的内容实际上是根据其性质被分解为不同的学习科目的，有游戏、音乐、图画、故事、手工、读法、艺术、旅行等，不过这些学科都要尽量靠近所选定的活动主题。事实上，这也是普通幼稚园的课程组织方式，所不同的是南京鼓楼幼稚园的每个学科用活动主题联系起来，而一般幼稚园没有这一要求。陈鹤琴认为这种注入式教育不符合儿童的特点，也不可取。

第三期是设计组织期，也可称为中心制期。这期实验的课程实施是以活动中心主题的形式执行的，并根据儿童临时发生的兴趣和社会上临时发生的事改变原定的课程计划，可以根据个人的中心特长、爱好分几个小组或单个活动。儿童还可以在中心主题的引导下，发挥自己的想象和创造能力，设计老师计划中没有列入的项目，以丰富主题的内容。第三期实验体现了计划性和灵活性、教师的主导作用和儿童的主体地位统一的原则。南京鼓楼幼稚园的课程实验整体上是以课程组织实验为主纲的，学科实验结合在课程组织实验之中进行。1928 年，在陈鹤琴的主持下，南京鼓楼幼稚园实验的参与人员和原东南大学教育科的有关专业人员陈鹤琴、郑晓沧、张宗麟、甘梦丹等人拟订了《幼稚园课程暂行标准》。1929 年 8 月该标准经教育部中小学课程标准起草委员会审查通过并在全国颁发。《幼稚园课程暂行标准》主要是根据南京鼓楼幼稚园的课程实验成果拟订的，全文分"幼稚教育总目标""课程范围""教育方法要点"三大部分。课程范围分音乐、故事和儿歌、游戏、社会和自然、工作、静息、餐点等七个科目，这样既可围绕一个中心把各项活动联系起来，又可使各项活动独立取材，自成系统。课程既有计划性，又有灵活性。由于是围绕一个中心，从多方面接触，不仅使幼儿的知识和技能获得巩固，而且身心得到更好的发展。陈鹤琴的课程的中心是中国化的幼稚园课程。这种幼稚园课程的教学方法亦即单元教学法。该方法 20 世纪 20 年代末在南京鼓楼幼稚园实验，后在全国幼儿教育界推广。

（三）教材教法研究

1927 年，陈鹤琴在南京市全面建立了儿童教育实验区，即把南京市的小学划分为五个实验区（即东、南、西、北、中），每区设一个实验学校。各区以实验学校为中心领导各所在区的所有小学的教学工作。每区以一种小学学科为研究中心（东区为语文，南区为算术，西区为美术，北区为自然，中区为社会），并聘任一位本区研究学科的专门人才为研究员，与该区实验学校校长共同主持该科的教材教法研究工作。每月轮流在各区实验学校举行该区中心科目教材教法讨论会。陈鹤琴出席指导，各区小学担任该科的教师必须出席。关于各校行政工作，陈鹤琴每周召集一次校长会，会上除传达指示外，更重视讨论，研究如何办好新式小学的问题，集思广益，择善而从。为了提高各小学校长的办学水平，陈鹤琴常率领全市小学校长到陶行知先生所办的晓庄师范学校去观摩实习，因此陶行知的生活教育思想和方法为不少学校所仿效。虽然当时学校经费不足，并时有亏欠，但各校校长、教师在陈鹤琴的领导下，都能努力奋发，团结合作。以上办法，促进了小学和幼稚园各科教材教法质量的提升和教师教学水平的提高。

二、"活教育"教育理论

"活教育"是陈鹤琴 20 世纪 40 年代初对其教育思想和实践的概括性表述，其实践主要来源于南京鼓楼幼稚园进行的儿童教学实验。"活教育"理论体系主要包括"活教育"的目的论、"活教育"的课程论、"活教育"的方法论及"活教育"的德育论。下面主要谈谈"活教育"的课程论、"活教育"的教学论及其与近代中国教学论学科发展的关系。

"大自然、大社会都是活教材"，这是陈鹤琴对"活教育"课程论的概括表述。"活教育"的课程是"把大自然、大社会做出发点，让学生直接向大自然、大社会去学习，去向活的、直接的'知识宝库'探究研究"[1]。这主要是针对传统教育以书本为主而说的。为此，他提倡"活教育"，到大自然、大社会中去寻找"活教材"。陈鹤琴所谓的"活教材"是指取自大自然、大社会的"直接的书"，即让儿童在与自然、社会的直接接触中，在亲身观察中获取经验和知识。这些获得的知识不仅真实、亲切，而且激发了学生的兴趣和研究精神。尽管他提倡从大自然中获取知识，但并未强调绝对经验，他也重视书本知识的学习。

"活教育"的课程编制有两个原则："一是根据最近编制的新课程标准；二是根据当地儿童与环境实际需要的情形。"[2] 根据上述原则，他还把课程编制分为三个阶段，"第一，采用大单元编制；第二，除国语及算术外，采用大单元及活动中心编制；第三，除国语及算术外，采用活动中心编制"[3]。陈鹤琴把活动课程的内容归结为"五指活动"，即健康活动（包括体育、卫生等学科）；社会活动（包

---

① 陈鹤琴. 陈鹤琴全集（第 4 卷）[M]. 南京：江苏教育出版社，1991：364-365.
② 陈鹤琴. 活教育的理论与实施 [M]. 上海：新华书店，1949：51.
③ 陈鹤琴. 活教育的理论与实施 [M]. 上海：新华书店，1949：51.

括史地、公民、常识等学科）；自然活动（包括动、植、矿、气象、理化）；艺术活动（包括音乐、图画、工艺等学科）；文学活动（包括读、作、写、说等活动）。

"活教育"方法论的基本原则就是"做中教、做中学、做中求进步"①。他主张把"做"作为教学方法的基本原则，寓学于做。他说，"学校里的一切活动，凡是儿童自己能够做到的，应当要他自己做，做了就与事物发生直接的接触，就得到直接的经验，就知道做事的困难，就认识事物的性质"②。他要求组织教学时，尽量要儿童在实践活动中去直接经验，从经验中获得各种知识。他把教学过程分为四个步骤：一是实验观察，二是阅读参考，三是发表创作，四是批评研讨。教师的责任是诱发、引导、供给和评价。

陈鹤琴的"活教育"课程论和方法论中对课程内容、设置及教材编写、教学方法等都进行了详细的阐述，这对我国近代课程论和教学方法的发展起着非常重要的作用。对课程进行单独研究，也说明了教学论学科在发展。课程作为教学研究的一部分，一直都是依附于教学研究的，学者也没对其进行专门的探讨。陈鹤琴却能根据当时的课程标准、农村的实际情况及儿童的实际心理发展特点设置课程和选择教材，这说明教学论学科理论的发展已经进步了。课程也作为教学理论研究的重要组成部分开始被重视，这为以后课程论学科的初步发展提供了借鉴。"活教育"的方法论中注重做中学的教学方法，也是教学方法的一种创新，是国人自己创造的教学方法。教学方法作为教学理论的一个重要组成部分，它的产生充实了当时教学理论的发展。这也说明教学理论的研究逐渐深入，国人也开始逐步建立适合本国教学需要的理论和实践。陈鹤琴的教育思想主要是针对学前教育研究的，促进了学前教育课程和教学方法的发展。这也促进了整个学级教学理论的发展。

第七节　刘百川的教学理论与实验研究

刘百川（1903—1971），原名刘于左，江苏滨海县人。1913年于白沙于楼读私塾。1918年在薛小圩教了一年私塾馆。1919年就读阜宁县立第一高等小学。

---

① 陈鹤琴. 活教育的教学原则 [M]. 上海：华华书店，1946：52.
② 陈鹤琴. 活教育的教学原则 [M]. 上海：华华书店，1946：3.

1921 年入江苏省立第八师范学习，1925 年入江苏师范学校学习，在此期间发表著作《小学教学法通论》。该书被收入"师范小丛书"，全书 24 章，论述小学教学法的意义、研究法、儿童中心主义的教学思潮、社会化主义的教学思潮、经济学习法与教学、教学式样研究等。1926 年 6 月，刘百川从江苏师范学校毕业后入东南大学暑期补习班补习，选读"小学教学法""儿童心理""小学行政"等课程，暑期三个月结束后受聘为江苏省第三女子师范学校附小教师。在该校做国文教员时，他在《小学教育月刊》第 2 卷第 10 期发表《旅行设计里的国语教学》一文。1926 年 9 月，刘百川任教于江苏省第三女子师范学校附小。1927 年 9 月，任江苏淮阴中学附属实验小学教员。1928 年 8 月，任阜宁县教育局教育课主任兼县立师范教员。1929 年 3 月，任江苏省东海中学附属实验小学校长。1930 年，担任扬州中学实验小学教导主任。扬州中学实验小学是当时的名牌小学，任职期间他在该小学开展了复式教学实验，并主讲"小学行政"课程，因其"有理论知识和办学经验，授课不久，同学交口赞誉……先生治学有方，许多同学乐于追随左右，研讨教材、教法"[①]。1932 年，出任江苏省教育厅科员，主编《教学实际问题的研究》（"苏扬中小丛刊"之十）。

1933 年，刘百川编撰了《小学各科新教学之实际》《六年单级新实施法》《一个小学校长的日记》（上、下册）等。特别是《一个小学校长的日记》一书以日记体裁记述了他在教育工作中的经验和体会，内容丰富，情感亲切，成为后人研究该时期小学教学的重要参考资料。江恒源在序中说："希望有优良小学校必先希望有优良小学校长。"[②]1934 年 1 月，刘百川组织编写的《初等教育研究集》（第 1 集）由大华书局出版；《实际的小学国语教学法》由开华书局出版。1935 年，刘百川任江苏镇江大港乡村教育实验区主任，在此期间组织了"中国教育研究社"并刊发"小学教师丛书"，共二十余种，此外还主编"实际的小学教育丛书"一套，共十多种。在大港乡村教育实验区的两年时间内，刘百川就其进行的乡村教育实验出版了《乡村教育实施记》（第 1 辑）（由黎明书局出版）。《乡村教育实施记》共出版了三辑，总计数百万字，以日记体裁翔实记载了乡村教育实施的个

① 江苏省盐城市委员会文史资料研究委员会. 盐城文史资料选辑（第九辑）[B]. 盐城：盐城市政协，1990：105.
② 刘百川. 一个小学校长的日记 [M]. 北京：华文出版社，2012：1.

人生活与修养、教育的批判与主张、工作计划与方法等共 14 个部分。1937 年，《乡村教育的经验》《乡村教育论集》《小学公民训练的重要法则》等书出版。

一、大单元设计教学法实验与研究

1926 年 9 月，刘百川任教于江苏省第三女子师范学校附小。在该校，为了上好每一节课，打破旧课堂的灌输和死记硬背之风，充分地调动学生的学习积极性，他在国语科中尝试推行设计教学法大单元教学实验。例如，在《旅行设计里的国语教学》一文中他就以"重阳节"为中心设计了一个大单元教学实验。刘百川在常识课、音乐课、美术课、国语课等课中均围绕"重阳登高"的教学大单元进行教学。比如，在常识课上，刘百川会与学生讨论登高的历史与价值，登高的时机与方法等；在音乐课中，教师会唱《菊花》《登高》等歌曲，让学生加深对重阳登高的憧憬和兴趣；在体育课上，教师会从体育健身的角度来讲解登高应注意的事项等；在美术课上，教师要求学生根据自己的想象将登高的景象画出来；在国语课上，刘百川根据自编的重阳登高故事、自编的登高歌曲，让学生围绕各种重阳登高的主题展开讨论，通过对"重阳登高"的大单元设计，让学生了解了登高的知识。最后到了重阳登高体验的那天，让学生真正体味到不同课程中大单元设计的感觉。重阳登高归来，要求学生在常识课中讨论旅行的问题并撰写一篇游记，同时也为学生提供了课外阅读材料。之后，对学生的游记进行讲解点评，以此回应"重阳登高"大单元设计的实施，让学生深刻了解此知识点。在整个大单元设计过程中，虽然让学生有充分的自主权，但也注重教师的指导作用，克服了设计教学法只求过程不重结果的弊端。

此外，刘百川于 1934 年编写了《实际的小学国语教学法》一书，提出："国语教学的目的是要儿童练习通常的语言和文字，养成他们发表的能力，并涵养他们的感情，启发他们的想象力和思考力。换句话说：在形式方面是要儿童学习普通的语言和文字，同时能使他们拿所学的语言文字来发表他们自己的思想和感情。在实质方面，可以扩充儿童的知识和经验，可以启发他们的思想和想象，也可以涵养他们的感情和德行，这便是国语教学的整个目的。"[①] 在该书中，刘百川倡导低年级国语多采用"设计教学法"，因为这更有利于提高学生的学习兴趣。

---

① 刘百川. 实际的小学国语教学法 [M]. 上海：开华书局,1934：3.

二、教学法探索与研究

1930—1932 年，刘百川任教于扬州中学实验小学并任教导主任。当时那所实验小学处于农村，教育经费少，学生少，学校一到四年级的学生都在一个教室上课，这是单级教学形式。面对此情况，刘百川与同事一起探讨在农村创办单级完小的办学路径，即小学六个年级均实施单级教学形式。在此基础上他编撰成了《六年单级新实施法》一书。

此外，刘百川在江苏师范学校学习期间就撰写了《小学教学法通论》一书，该书主要对教学原则、学习心理、教学过程、教材等方面的内容进行阐述。首先，作者对教学法的概念作了界定，即"以确定的、有系统的、有组织的方法来教导人类在自发活动中的学习，使他们的学习更有进步，更有效能，以期达到人类教育的目的，这便是教学法……教学法须从我们的经验里去研究改良"[①]。教学法是一种系统的组织方法，需从经验中改进，其形成主要是为了使"学习的人节省他们的学习时间；使学习的人经济他们的精力；使学习的人正确他们的经验；使学习的人改造他们的经验并且继续不断改造"[②]。简言之，教学法的目的是提高学习效率，增长及改造学习经验。为此，需要根据儿童心理特点进行教学法的研究。用刘百川的话来说，即"教学法的研究要用科学的方法和艺术的手腕"[③]。在上述分析的基础上，作者对教学原则进行了论述。他认为，教学原则包括教育兴味原则、教学自由原则、教学的自发活动原则、教学的个性原则、教学的生活原则和教学的作业原则。归纳起来，刘百川《小学教学法通论》具有以下特点。

其一，从其基本内容看，作者主要从教学原则、学习心理、教学过程三个方面展开论述。教学原则包括教学的自由、自发活动、个性、兴味、生活、作业、经济学习法等七大原则；学习心理主要以桑代克的三大学习定律对学习的各个方面进行论述；教学过程主要包括教材及其分配、教学式样（教学方法）、教学诊断等内容，其中教学诊断即对教学效果进行评价，进而从历史的角度对教学进行概括，有助于促进教学理论和实践的深入发展。总之，作者综合运用国内外著名教育家的观点，从"教"和"学"两个方面对"教学"进行比较系统的考察，并把

---

① 刘百川. 小学教学法通论 [M]. 上海：商务印书馆，1926：3.
② 刘百川. 小学教学法通论 [M]. 上海：商务印书馆，1926：4.
③ 刘百川. 小学教学法通论 [M]. 上海：商务印书馆，1926：7.

桑代克的学习定律运用到学习的各个方面。

其二，从其思想来源看，主要受杜威、桑代克、斯宾塞、赫尔巴特等教学论的影响。作者注重的经验的改造、儿童的个性及教学上的生活原则、作业原则等均受杜威教育思想的影响；强调教学上的兴味原则则受赫尔巴特教育思想的影响。此外，作者主要运用心理学对教学各方面进行阐述，如经济学习法与教学、学习公例与教学、经验之保留与教学、习惯与教学、学习疲劳与教学等内容，主要受桑代克心理学和赫尔巴特教学论思想影响。在论述教材与教学的关系时，作者介绍了历史上两种教材选择的标准及教材心理法，这主要受斯宾塞和杜威的教材观的影响。尽管作者在书中提到并运用不同教育家的教学论观点，但通观全书主要受杜威思想和桑代克心理学观点的影响。作者能根据中国的实际情况对上述教学论观点加以综合运用，这说明当时国内教学论研究已经达到较高的水准。

第八节　李清悚的小学教材教法理论研究

李清悚（1903—1990），江苏南京人，1926 年毕业于国立东南大学教育系，1926—1939 年先后担任江苏省立第八师范学校教务主任、南京市第一中学校长和四川临时中学校务委员等职，1939—1949 年历任国立中央大学师范学院教授、教育部教科书编辑委员会副主任、国立政治大学教育系教授兼新生院院长等职。《小学教材及教学法》一书系作者根据 1934 年教育部颁布的师范学校课程标准"小学教材及教学法"的教材大纲编写而成的。该书作为师范学校和乡村师范学校两年教学之用书。全书分上、下册，上册为通论，下册为各论。依部颁标准的教学时间分配，通论部分的教学时间占全书的四分之一，各论部分占四分之三。

该书第一编为"通论"，主要介绍教材及教学法的原理知识，包括教材的来源、选择、组织及分配，教学方法的原则、分类以及教师的教学技术等内容。作者认为，教材在纵的方面是以整个人类生活史为对象，在横的方面是以整个宇宙为对象，具有文化传承、适应人类生活及适应儿童生长需要的功能。教学是"教者与学者的双方活动，是指导儿童学习活动的一种刺激，是辅导儿童学习但不是学习的替代"①。"教学方法不仅是一种有系统的手续，而且是一种专门的技术。"②
教育目标"是一种鹄的，教材是实现这种鹄的的资料，教法是达到鹄的的一种手
段"③。教材与教法是要依照教育目标而选择及应用的。在阐明教材、教法的概念
及其与教育目标关系的基础上，作者就小学教材的来源和范围进行了阐述。作者
通过分析中西方的教育活动，指出教材来源于生活经验，而生活经验随着时代变
迁而变迁，教材也必须持续不断地改造。部颁课程标准规定，我国小学开设的科
目有公民训练、卫生、体育、国语、社会、自然、算术、劳作和美术共九个科
目；各科目有各自的教材范围，如公民训练是关于体格、德行、经济、政治四方
面的训练，卫生是关于习惯和知能方面的训练，国语是关于说话、读书、作文、
写字等。教材的范围确定后，教材如何组织？其方法包括论理的组织法、心理的
组织法、圆周的与直进的组织法及活动或兴趣中心组织法。教材的组织须以儿童
经验为出发点，须维持知识本身的统一性逐渐发展之以及不破坏教材特有的论理
的组织等。此外，作者认为，教材的分配应适合部颁课程标准、教材的性质、儿
童个性的差异和地方的需要。教材选择和分配后，教材的排列应遵循由浅入深、
由简到繁、由具体到抽象、由心理的组织到论理的组织等原则。在上述教材相关
问题研究的基础上，作者对教学方法所根据的重要原则逐一进行介绍。（1）自动
原则。自动的要义是"指有一种适宜的自发的心向去学习他人所得的直接经验，
也可以说是自动的学习"④。（2）类化原则。类化又可叫作"统觉"（apperception），
依赫尔巴特解释："由表象的一群以相对的势力类化新要素而与新要素共同构成
一个体系的作用。简单地合起来就是新的经验被旧经验同化了，产生了一个新旧
经验融合成的结合体。"⑤（3）准备原则。"凡是人类或动物的学习都根据于反应
动作，反应动作的变化不一定以外界的刺激为转移，也要看反应动作的本身情形
怎样。"⑥（4）兴味原则。兴味就是"我们在动作、希望、努力及思想中，物和我
同化的境界，情绪被吸收于客观事物之中"⑦。（5）设计原则。设计（project）"就

① 李清悚. 小学教材及教学法（上册）[M]. 南京：正中书局，1935：3.
② 李清悚. 小学教材及教学法（上册）[M]. 南京：正中书局，1935：4.
③ 李清悚. 小学教材及教学法（上册）[M]. 南京：正中书局，1935：4.
④ 李清悚. 小学教材及教学法（上册）[M]. 南京：正中书局，1935：47.
⑤ 李清悚. 小学教材及教学法（上册）[M]. 南京：正中书局，1935：49.
⑥ 李清悚. 小学教材及教学法（上册）[M]. 南京：正中书局，1935：53.
⑦ 李清悚. 小学教材及教学法（上册）[M]. 南京：正中书局，1935：55.

是一种有目的的活动或者说一种有意识的思想活动而有所计划一切"①。（6）个性适应原则。作者认为个别差异在团体教学中往往被忽略，其形成受遗传、环境和训练的影响，因此为适应个性教学须进行个性调查、改良学级班级制、慎选教材与教法等。根据上述教学原则，作者对教学方法进行阐述，指出教学方法主要包括练习教学法、思考教学法、欣赏教学法、发表教学法和个别学习的教学法。

该书第二编为"各论"，作者主要对小学的公民训练科、卫生科、体育科、国语科、社会科、自然科、算术科、劳作科和美术科共九个科目的教材教法进行了论述。下面拟以国语科为例进行介绍。作者认为，进行小学国语科教学能指导儿童练习运用国语以养成其正确的听力和发表力，指导儿童学习平易的语体文并欣赏儿童文学以培养其阅读的能力和兴趣，指导儿童作文以养成其发表情意的能力，以及指导儿童练习写字以养成其正确敏捷的书写能力等；国语科教材包括说话、读书、作文、写字四大类，作者通过列举具体的国语科教学实例对其教材的研究范围、选用原则、组织排列等内容进行了详细阐述。作者指出，教师在进行国语科教学时须能运用说话教学法（包括其过程、教学方法、教学实例、成绩考核、教学要则）、读书教学法、作文订正的研究和写字教学法。另外，为便于儿童对于说话和文字的熟练起见，教师要利用各种教具以资练习，如注音符号图、"缀字块""缀字球"等。总之，作者主要从教学目标、教材选择与组织、教学方法、教学设备和教具等方面对国语科教学进行了探讨。

该书第三编探讨了复式教学法。学级编制中"凡聚相当程度之儿童合为一班施以同等训练，授以同等教材谓之单式学级；凡聚程度不相等之儿童二组或二组以上合为一班施以分组训练，施以不同教材谓之复式学级，复式学级又称为单级。单级就是合程度年级不相等之儿童为一个班级。在单级中教学就是复式教学"②。作者认为，复式教学的效用从社会观点分析，它适合我国社会环境、经济发展及交通情形；从教育行政观点分析，它能辅助义务教育的普及和救济师资缺乏的恐慌；从教学观点分析，它能使学生的学习能力增强，培养学生的自动精神，扩展互助效能，提供适切的学习材料。③复式教学包括年级制的复式编制法、

---

① 李清悚. 小学教材及教学法（上册）[M]. 南京：正中书局，1935：61-62.
② 李清悚. 小学教材及教学法（下册）[M]. 南京：正中书局，1935：653.
③ 李清悚. 小学教材及教学法（下册）[M]. 南京：正中书局，1935：653-655.

学科制的复式编制法、学龄制的分团编制法、领班制的复式编制法和二部制的复式编制法。在进行复式教学时遇到的最困难的问题是教科配合，也就是科目支配法，它通常包括以下三种：同时间同科目同程度的配合法、同时间异科目异程度的配合法和同时间同科目异程度的配合法。作者认为，对于每种配合法须知道各科目的自学情况、各科目的配合要点和分配各科目的学习过程。在进行复式教学时，教师一定要充分利用儿童的自动作业，只有使教师活动与儿童活动相辅而行方能实施教学，所以复式教学中的自动作业很重要。对此作者就自动作业实施的原则、自动作业的种类和自动作业的指导等进行了阐述。

第九节　陶行知的教学论思想与实验

一、陶行知教学论思想形成的背景

20 世纪上半叶，实验教育学在欧美的兴起与发展，特别是杜威（John Dewey）、孟禄（Paul Monroe）、推士 (G. R. Twiss)、麦柯尔 (W. A. Mecall) 等人来华直接推动了中国教育"科学化"运动的发展进程。1921—1922 年，杜威来华倡导实验的教学方法。孟禄于 1921 年对中国教育进行调查，指出"中国教育最弱点在中学，其弊在教授方法不善，不能使学生应用课程，也未尽科学"[1]，"教授科学是中国目前最大的需要"[2]，主张"诸君从速研究科学教学法，取代演讲式教学法"[3]。1922—1924 年，推士来华调查科学教育的实施情形，提倡"将教学心理学引入科学教育领域，使科学教育的实践和理论得到深化"[4]。与此同时，庚款留美生也成为推动教育科学化运动的主力军。一战期间，国外留学生"看到当时欧美各国实力的强大，都是应用科学发明的结果，而且科学思想在西方国家的学术、思想、行为方面，都起着指导性的作用。在现今世界里，假如没有科学，几乎无以立国"[5]。他们想把科学介绍到中国来，并设法使其开花结果，这便是中国科学

---

① 顾明远. 教育大辞典 [M]. 上海：上海教育出版社，1991：406.
② 新教育共进社. 新教育 [J]. 上海：江苏省教育会，1922：685.
③ 新教育共进社. 新教育 [J]. 上海：江苏省教育会，1922：554.
④ 彭克宏. 社会科学大辞典 [M]. 北京：中国国际广播出版社，1989：805.
⑤ 任鸿隽. 任鸿隽谈教育 [M]. 沈阳：辽宁人民出版社，2015：149.

社创办之缘起。1915年，中国科学社在康奈尔大学（Cornell University）成立，"对普及科学教育、培养科技人才、推动科学事业的发展以及对科学教育的提倡、教育科学研究的开展都起了积极的作用"①。1918年，中国科学社自美国迁回国内，时任南京高等师范学校校长的郭秉文认为，"为国家根本计，学术不精，则凡百不能进步"②，而学术体现在师资上。为此，他把该社成员全部聘为南京高等师范学校教师，其中教育科聘有陶行知、陈鹤琴、郑晓沧、廖世承、陆志伟、孟宪承等。这些留美生以师范学校和大学为阵地极力推广和践行教育科学化。如蒋梦麟在《教育杂志》上撰文指出："近世西洋学术，莫不具科学之精神。科学之精神云者，好求事实，使之证明真理是也。凡凿空臆度之学说而自以为真理者，与科学精神相反对者也。"③ 任鸿隽认为，"科学于教育上之重要，不在于物质上之智识，而在其研究事物之方法；尤不在研究事物之方法，而在其所与心能之训练。……以此心能求学，而学术乃有进步之望。以此心能处世，而社会乃立稳固之基，此岂不胜于物质智识万万哉！吾甚望言教育者加之意也！"④ 陈翊林就民国以后中国教育的发展趋势谈道："要求教育的科学化。即一方面要求在教育中增高科学的地位，注重科学的研究，又一方面要求将教育的本身，构成一种科学。最近几年来的科学教育和教育的科学研究——教育调查、教育测验、教育试验和教育研究的发达，便足以证明这个趋势。"⑤ 可以说，这个时代的新教育群体无不以科学为教育必走之路。教育科学化运动已然成为民国时期教育学术发展的必然趋势，庚款留美生则成为教育科学化运动的有力推动者。陶行知作为庚款留美生中的一员，提倡新的教育必须以科学为指导，理论要有科学的依据和证明，实践要遵循科学的方法，结果要有科学的统计。于是，科学成为教育救国的工具。基于此，陶行知通过教学论科学化的课程设置及其教学、运用科学化的教学方法以及开展教学实验等方式来开展教学论科学化研究。

① 吴霓. 中国人留学史话 [M]. 北京：商务印书馆，1997：64.
② 东南大学高等教育研究所. 郭秉文与东南大学 [M]. 南京：东南大学出版社，2011：55.
③ 蒋梦麟. 过渡时代之思想与教育之关系 [M]. 教育杂志，1918（10）：2.
④ 吴洪成. 中国近代教育思潮新论 [M]. 北京：知识产权出版社，2016：264.
⑤ 陈翊林. 最近三十年中国教育史 [M]. 上海：太平洋书店，1930：374.

二、教学论课程设置及其教学

为使教学内容趋于科学化，陶行知借助师范学校和暑期学校设置并讲授教学论科学化课程。1915—1917 年，陶行知于美国伊利诺伊大学和哥伦比亚大学师范学院留学期间，修习教育评价、教育研究法、教育心理学、教育行政学、教育史、教育哲学、教育社会学等科目，其中教育史由孟禄讲授，教育哲学由克伯屈讲授。1917 年，陶行知回国后任教南京高等师范学校（以下简称"南高师"）教育科。南高师教育科开设心理学、心理实验、普通心理学、教育心理学、儿童心理学、实验心理学、比较教育、教育统计、教育测验等科学化课程。1918 年，在陶行知的倡导下，南高师成立教育专修科，即"养成教育学教员及学校行政、教育行政之专门人才，近世因生物学、心理学、社会学、哲学之进步，教育已成一种专门科学，非造就此种专门人才不足以促教育之进步，此增设教育专修科之微意也"[1]。据《南京高等师范学校现行简章》规定，教育专修科开设教育心理学、教育学、教授法、实地教授参观、实践伦理、心理学、教育统计法等课程，其中教授法和教育统计法由陶行知讲授。教育专修科还聘请哥伦比亚大学师范学院的麦柯尔教授讲授"测验的编制及应用"，传播美国先进的教育科学研究法。教育专修科教学论科学化课程设置及其教学为教学论科学化发展提供了专业平台。1923 年，国立东南大学正式成立，陶行知任教育科主任。教育系辅修科课程分为试验教育、教学法、家政艺术等 6 方面共 127 门课程[2]，其中"教学法"门设置的教学论科学化课程包括中等（初等）教学法与实习试验、课程编制、小学校之教室管理与测验、小学校（中等学校）之教学改良问题等。因受美国教育科学化运动影响，国立东南大学利用其综合性大学优势开设大量的自然科学和社会科学课程。陶行知也倡导在中学开展自然科学教育，认为："我们的教育害病最厉害的是中学，中学中尤以科学教育为最不良，所以中学教育造成的人才，都不能控制环境，号令环境，管理环境。"[3]1927 年，陶行知创办晓庄师范学校，设有自然科学组、社会科学组和农艺科学组等学习组，要求学生根据自己的兴趣爱好选择相应的学习组进行学习。1939 年，陶行知在重庆创办育才学校，设有音乐、戏

---

① 南京高等师范学校概况 [J]. 新教育，1919（1）：109.
② 国立中山研究院教育研究所. 本所研究事业十年 [M]. 广州：中山大学出版社，1937：1.
③ 陶行知. 陶行知全集（第 1 卷）[M]. 长沙：湖南教育出版社，1983：250—251.

剧、文学、社会、自然、绘画等六个专业组，每个专业组均开设相应的课程，如自然科学组开设物理、化学、代数、几何、天文学、生物学等专业课程。陶行知根据各组实际情况邀请教师来教学，如邀请著名生物学家曲仲湘先生到校讲学，培养学生对自然科学的兴趣。可以说，陶行知设置教学论科学化课程并以科学的分析态度去定课程正是教学论科学化发展的重要特征。

为实现科学与教育的良性互动，推动教育科学化发展。1920 年，陶行知秉承"为教师者思，乘此机遇，增加新识，交换见闻；为学生者思，亦借此长期补习旧课，或图上进"[1]的办学宗旨，在南高师创办暑期学校。暑期学校"甫经创办，而四方来学者即踊跃异常"[2]。据统计，1920—1923 年，南高师和国立东南大学共举办四届暑期学校，其中第一届暑期学校开设的教学论科学化课程包括小学教学法、实验心理学、植物教学法实验、英语教授法、心理问题之研究、国语教授法、教育心理学、儿童测验、学务调查等。除开设正规课程外，南高师暑期学校还聘请国内外知名学者进行讲演，如杜威（Dewey）讲授"科学与'德谟克拉西'（民主）"、舒新城讲授"道尔顿制"、美国俄亥俄州立大学推士（Twiss）讲授"科学教授法"、哥伦比亚大学教授麦柯尔（Mecall）讲授"智力与学历测验"、胡适主讲"实用主义"、梁启超讲授"先秦政治思想史"等来宣传和推广教学论科学化研究。

三、教学论的研究方法

为倡导教学方法科学化，陶行知提倡以科学的精神来研究教学问题，指导教学实践，使之成为一门真正的科学；在教学过程中运用教学调查、测验、统计等科学方法来了解学生和进行教学，促进学生和教学的发展。

（一）改"教授法"为"教学法"

1901 年，《教育世界》第 12–14 号连载汤本武比古的《教授学》，堪称"国外导入中国的第一本教学论教材"[3]。通过《教授学》的介绍，传入了赫尔巴特五段形式教授法。清末学者孙世庆在总结小学教授法时说道："自前清创设学校，规定教科；小学教员始知研究教授方法。当时海巴得（Hesbort）（赫尔巴特——笔

---

① 朱庆葆. 我的大学 [M]. 南京：南京大学出版社，2012：44.

② 导之. 我所望于暑期学校者 [J]. 教育杂志，1922（14–6）：1.

③ 田正平，周谷平. 近代西方教育理论在中国的传播 [M]. 广州：广东教育出版社，1996：8.

者注）派之阶段式的教授法传入中国，小学教员皆奉之为圭臬。虽实际上或用五段，或用三段，不免变通之点；然其教授之原理，约以海巴得（赫尔巴特——笔者注）派之学说为依归。"① 陈宝泉曾回忆："初到日本，听教师讲五段教授法时，以为用科学的方法，发展儿童的本能，实为新教育最大的特色……当时官私编辑的小学教授用书，同各小学实用的教授方法，殆无一不是实用五段教授法原理的，以至今日，恐尚未能脱出以上的范围。"② 依此，五段教授法遂成为清末民初教学法的代名词。尽管五段形式教授法"对于缺乏经验与创造力的教员可以供给一个可以遵循的路程"③，但"教者授课，任在何时，即应遵率所规定之阶段，而不能有所逾越。故其结果，每易流于呆板，死照步骤，常抑制'儿童动势之表现'，而摧残儿童自由研究之精神"④。民国时期，五段教授法的僵化性特点显露出来。为探索适合国内教学实际情况的教学方法，国人对传入的自学辅导法、分团法、设计教学法等方法依次进行教学实验，但尚未取得成功。1917 年，陶行知留美归国后，"看见国内学校里先生只管教，学生只管受教的情况，就认定有改革之必要。这种情形以大学为最坏。导师叫作教授，大家以被称教授为荣。他的方法叫作教授法，他好像拿知识来赈济人的"⑤。为此，陶行知发表了《教学合一》一文，从理论上抨击了传统教学中的教与学分离状况，提倡教与学统一，其理由为："一、先生的责任在教学生学；二、先生教的法子必须根据学的法子；三、先生须一面教一面学。"⑥ 为应对"教学合一"观，1918 年，陶行知在南高师校务会议上主张以"教学法"代替"教授法"，但讨论尚未通过，陶行知也因此"而不接受教育专修科主任名义"⑦。五四运动后，获校长郭秉文的支持，陶行知把全部课程中的"教授法"一律改写为"教学法"，教学法遂在全国推行。俞子夷曾对此评价道："继自学辅导而起者有陶行知先生之改革，陶先生首先倡议，将'教授法'改为'教学法'，取消'自学辅导'四字，以'教'字代'辅导'，以'学'字代'自学'。在此时期中，中国之教育研究，异常努力，江苏教育厅召集全省

① 孙世庆，郑朝熙，韩定生. 中国之初等教育（续）[J]. 北京高师周刊（第 5 版），1923：5.
② 康绍言，薛鸿志编译. 设计教学法辑要 [M]. 上海：商务印书馆，1923：1（序一）.
③ 盛朗西. 重估海尔巴脱派五段教学法之价值 [J]. 教育杂志，1924（16—11）：28.
④ 盛朗西. 重估海尔巴脱派五段教学法之价值 [J]. 教育杂志，1924（16—11）：34.
⑤ 陶行知. 教学做合一 [M]// 陶行知. 陶行知教育教育文选. 北京：教育科学出版社，1981：76-78.
⑥ 陶行知. 陶行知全集（第 1 卷）[M]. 长沙：湖南教育出版社，1985：89.
⑦ 萧承慎. 教学法三讲 [M]. 福州：福建教育出版社，2009：4.

各县县视学，开一讲习会，陶行知氏亲自出马，编订教学法之讲义，实在中国教学法上，开一新纪元。其书立论，根据心理及教育原理，名家学说，理论充畅。……旧教法，渐嬗化为新教学法，其变化之关键，即由一'授'字，改为一'学'字。从前称'教授法'，今则改称为'教学法'。"[①] 由教授法改为教学法实为教学方法科学化发展的重要表征，也是陶行知教学论科学化思想的重要体现。

（二）教学调查、测验与统计

陶行知重视教学调查，认为"凡改造一事必先对于这事情本身与这事情和别的事情的种种关系，都要了解，方能拟订计划进行"[②]。他在担任中华教育改进社主任干事期间，除对全国各学校的科学教育进行调查外，还对各省区、各县、京师的学务概况以及全国中等以上学校概况进行调查。调查结果均以报告的形式发表。这种调查报告的结论却形成了一种外在动力，使得"民国十一年（1922年）的中等教育好像通了电流一般，忽然运作起来了"[③]。教学调查的运用促进了教学论科学化的开展。除了开展教学调查，陶行知还重视教学测验和教学统计。1922年秋，美国心理学家麦柯尔受中华教育改进社之邀来华开展教学测验并训练相关人才。在华期间，麦柯尔撰写了《中国教育的科学测量》，向改进社年会作了《教育心理测量》的演讲，训练了两期研究生，并与各地教育心理专家合作完成了包括TBCF制在内的50多种测验，编制出了四十余种供中小学使用的教育测验法。标准测验法推出的目的在于为教育界提供一种了解教学情况和指导教学改进的工具。受麦柯尔教育测验影响，陶行知把测验运用于教学。1920年，陶行知首次用心理测验招考南高师暑期学校新生。1927年，陶行知在进行晓庄师范学校招生时，把智慧测验和常识测验作为入考内容。1938年，陶行知采取智力测验、分组特殊才能测验和普通科测验的方法，将育才学校学生分为音乐、戏剧、文学、社会等七个专业组。另外，科学的教学统计也是制定教学方针、政策，规划教学发展的依据。陶行知在南高师任教时，首次运用教育统计法设置全校各科系课程表。中华教育改进社成立后设教育统计委员会。从1922年5月到1923年4

---

① 萧承慎. 教学法三讲 [M]. 福州：福建教育出版社，2009：5.
② 陶行知. 南京谈教育 [M]// 陶行知. 陶行知全集（第一卷）. 成都：四川教育出版社，1991：493.
③ 涂怀京. 中华教育改进社对 20 年代教育科学化的贡献 [J]. 福建师范大学学报 (哲学社会科学版)，1999，(3)：23.

月，改进社向全国各省和各高等学校分发调查表格，根据教育调查提供的信息与第一手数据，制成 56 种表格，根据统计结果汇编成《中国教育统计》，"其统计范围之广，表格制作之精，在中国教育史上都是前所未有的"①。杨贤江对此评价道："这种调查是教育用科学研究的初步，最足以供给实际教育的参考，所以认为是我国教育实际改进的先声。"②

（三）教学试验（实验）

19 世纪末 20 世纪初，实验主义作为一种教育思潮在欧美"新教育"和"进步主义教育"运动中得以提倡。五四新文化运动后，杜威、孟禄来华，陶行知认为，杜威是"拿平民主义做教育目的、实验主义做教学方法"③。孟禄"以科学的目光调查教育，以谋教育之改进，实为我国教育开一新纪元……我们若想教育日新日进，就须继续不已地去开辟，继续不已地去试验"④。受此影响，陶行知极力倡行美国试验主义教育思想。1918 年，陶行知在《南京高等师范学校教育研究会会刊》上发表《试验主义与新教育方法》一文，主张"试验者，发明之利器也。……然近二百年来，教育界之进步，何莫非由试验而来……杜威之集成教育哲学，桑代克之集成教育心理学皆因以试验"⑤。1919 年，陶行知在《试验主义与新教育》一文中批判中国教育的"五旧"："依赖天工、沿袭陈法、率任己意、仪型他国、偶尔尝试。……教育之所以旧者有五，革而新之，其惟试验。"⑥在陶行知看来，传统教学的痼疾主要表现在教学方法上。"吾国办学十余年，形式上虽不无可观，而教育进化之根本方法，则无人过问。……欲教育之刷新，非实行试验方法不为功。"⑦对于如何实施试验教育学，陶行知谈到四点："应注意试验心理学；应设立试验的学校；应当注意应用统计法；应该注重试验的教学法。"⑧陶行知对试验主义的提倡，一方面与陶行知早期的教育救国思想有关。陶行知提到：

① 章开沅，唐文权. 平凡的神圣：陶行知 [M]. 武汉：华中师范大学出版社，2013：119.
② 朱泽甫. 陶行知年谱 [M]. 合肥：安徽教育出版社，1985：37.
③ 陶行知. 介绍杜威先生的教育学说 [M]// 陶行知. 陶行知全集（第 1 卷）. 成都：四川教育出版社,2005：255.
④ 陶行知. 陶行知全集（第 1 卷）[M]. 长沙：湖南教育出版社，1984：173.
⑤ 陶行知. 陶行知全集（第 1 卷）[M]. 成都：四川教育出版社，2005：207−210.
⑥ 陶行知. 中国教育改造 [M]. 北京：商务印书馆，2014：307.
⑦ 陶行知. 陶行知全集（第 1 卷）[M]. 长沙：湖南教育出版社，1985：62.
⑧ 陶行知. 试验教育的实施 [M]// 陶行知. 陶行知全集：第 1 卷. 成都：四川教育出版社,2005：263.

"今之议者，每曰：教育救国。教育岂尽能救国乎？吾敢断言曰：非试验的教育方法，不足以达救国之目的也。"只有通过试验，"则能自树立，能自树立，则能发古人所未发，明今人所未明"①。陶行知对试验主义的提倡，另一方面通过中西文化比较而催生。通过中西文化对比，陶行知认识到："欧美之所以进步敏捷者，以有试验方法故；中国之所以瞠乎人后者，以无试验方法故。"②为践行上述试验（实验）精神，陶行知以"生活教育"为理念，以"教学做合一"的方法论为指导，通过创办试验学校来开展教学实验。

一是创办晓庄试验乡村师范学校。1927年，晓庄试验乡村师范学校成立，陶行知希望借此推行"生活为教育中心"的理念，并以"教学做合一"的方法来达成。③陶行知认为："试验的教学法，有一个重要之点，就是如何养成学生独立思想的能力。"④为此，晓庄师范学校的最大特点就是提倡"教学做合一"。学生们在做中学习，矫正中国传统教育只重书本的弊病。⑤学校的课程标准也标以"自然教学做""数学教学做"等，并把这种教学做的方法运用到实际教学中。例如，当学生学习鱼的知识时，就在池塘里养鱼。学习农业和园艺时，就邀请经验丰富的老农当老师。因晓庄师范学校与其他师范学校一样，学生毕业后要做教师，该校还开设"中心学校活动教学做"，要求学生不仅掌握如何教小学的课程，还要学会如何设计学校、管理学校设备和卫生状况，掌握教务管理、会计、集资预算等实用技能。为了让学生能更好运用这些知识，他们让学生自己建立和掌管新的小学，从中学会教学与管理。⑥梁漱溟非常赞同晓庄师范学校的教育方法。"事情怎样做就怎样学，怎样学就怎样教"⑦，"在我觉得这是很合于教育道理的。譬如种田是一种生活，我们就应该在田里做，就在田里学，也就在田里教。做饭、吃饭是一种生活，我们便应该在厨房饭厅里做，就在那里学，就在那里教。教育要

① 陶行知. 陶行知全集（第1卷）[M]. 长沙：湖南教育出版社，1984：72.
② 陶行知. 陶行知全集（第1卷）[M]. 长沙：湖南教育出版社，1984：60.
③ 陶行知. 教学做合一 [M]// 陶行知. 陶行知文集. 长沙：湖南教育出版社，1985：184-186.
④ 陶行知. 试验教育的实施 [M]// 顾明远，边守正主编. 陶行知选集（第1卷）. 北京：教育科学出版社，2011：15.
⑤ 陶行知. 教学做合一 [M]// 陶行知. 陶行知文集. 长沙：湖南教育出版社，1985：184-186.
⑥ 陶行知. 中国乡村教育运动之一斑 / 陶行知文集. 长沙：湖南教育出版社，1985：294-305.
⑦ 梁漱溟. 抱歉——苦痛——一件有兴味的事 [M]// 中国文化书院学术委员会. 梁漱溟全集（第4卷）. 济南：山东人民出版社，2005：845-846.

本于生活，教育必须教学做合一"①。1927年，克伯屈访华，对晓庄师范学校称赞道："是好极妙极，这样注意万物的'怎么样'与'为什么'，就是科学的预备。"②可以说，晓庄师范学校的创办是陶行知借鉴中国传统教学理论和"仪型"杜威实用主义教学理论的"本土化"教学实验的尝试。

二是创办山海工学团。1932年，陶行知于上海创办山海工学团。何谓工学团？陶行知解释道："工是工作 (labour)、学是科学 (science)、团是团体 (union)，说得清楚些是：工以养生、学以明生、团以保生。工学团是一个小工场、一个小学校、一个小社会。在这里面包含着生产的意义，长进的意义，平等互助、自卫卫国的意义。它是将工厂、学校、社会打成一片，产生一个改造社会赋有生活力的新细胞。"③工学团时期，陶行知发明了"小先生制"以及"传递先生"的方法，提出"即知即传人"的原则，从而丰富和发展了"教学做合一"的理论体系。多年的教学实践使陶行知认识到，"窃以乡村教育为建国要图之一，非实验无以确定进行之路线，吾等历年研究所得，深信工学团为一最有效力之教育方法，亦即最有效力之乡村改造方法"④。山海工学团实验的开展进一步完善了"教学做合一"教学方法理论。

三是创办育才学校。1940年，陶行知在重庆创办育才学校，旨在根据儿童的特殊才能，给予某种特殊教育，如音乐、戏剧、文学、绘画、社会、自然等。⑤也就是说，育才学校在普通教育的基础上根据儿童的兴趣和能力分成文学、音乐、戏剧、绘画、社会、自然等组。每组均开设有相应的专业课程。如自然科学组开设物理、应用物理、无机化学、有机化学、应用化学等。育才学校在专业分组上比较灵活，如果学生在学习过程中兴趣发生转移，或不适合在某组继续学习，可以转至其他组。为践行生活教育理论，育才学校提倡以四种生活（劳动生活、文化生活、健康生活、政治生活）来实施四种教育。这四种生活（教育）彼此包容、互相促进。总体而言，育才学校是一个具有实验性质的学校……希望将

---

① 梁漱溟. 抱歉——苦痛——件有兴味的事 [M]// 中国文化书院学术委员会. 梁漱溟全集（第4卷）. 济南：山东人民出版社，2005：846.

② 克博士在公宴席上演讲详记 [N]. 申报，1927-04-10（10）.

③ 陶行知. 陶行知全集（第4卷）[M]. 成都：四川教育出版社，1991：372.

④ 陶行知. 陶行知全集（第3卷）[M]. 成都：四川教育出版社，1991：511.

⑤ 陶行知. 陶行知谈教育 [M]. 沈阳：辽宁人民出版社，2015：184.

具有特殊才能的儿童之公育，予以充分的实验……育才学校以生活教育原理与方法作为一种指导方针，我很希望将这一指导方针予以充分实验。我们深信这种实验会给予生活教育理论一些新的发展。①

20世纪30年代，尽管国内学术界对"教育是否科学"存在分歧。有学者认为，教育学术无须用科学方法进行研究等，这种观念影响了近代中国教学论的学术价值观。尽管如此，陶行知对教学论科学化的开展在一定程度上弥补了传统教学之短，使教学研究具有一定的科学理性，从而促进了教学论学科的发展。就普通教学法来说，教学法以"动"的学习代替了"静"的学习。陶行知注重教学做合一，以"做"为核心开展教学，在晓庄师范学校和山海工学团，把"做"作为开展教与学的中心，在做中教，在做中学。学生通过做开展学校的一切活动。这种教学法一反传统的"静"的背诵的方法。陶行知倡导实验的教学法，并把实验精神贯穿于其教学实践；把科学的教学法，如调查、测验、统计等运用到教学过程中，提高了教学的科学性和教学论的学术地位。就各科教学法来说，陶行知担任中华教育改进社主任干事期间，曾邀请国内外专家编写中小学标准测验表，以此指导和改进中小学各科教学，促进了学科研究的科学化。五四新文化运动后，陶行知在中小学开展各科教学实验，且把心理学和测验法运用于学科教学研究，促进了学科教学实践和理论的发展，加快了学科教学论发展进程。另外，陶行知在设置晓庄师范学校的课程时，以生活为中心设置综合课程，只要适合各科教学的与生活密切相关的都可以作为教材来源，这种综合课程设置形式在近代课程史上无疑是一个很大的进步，丰富了课程理论的发展，加快了课程论学科的发展。因此，陶行知在课程编制方面的研究，无疑成为直接推动课程研究的重要力量。

小　结

王策三教授认为，"教学实验、教学理论和教学实践之间有着不可分割的联系。起先是浑然一体，后来是分化为各有相对独立性的东西。今天，在教学实验中三者自觉地一体化，互为中介，互为依赖，互相促进"②。教学实践不断地、反

① 周洪宇. 陶行知教育名论精要（教师读本）[M]. 福州：福建教育出版社，2016：54.
② 王策三. 教学实验论 [M]. 北京：人民教育出版社，2000：321.

复地进行，人们对教学产生、积累着越来越多的感觉、印象，逐步地形成各种概念，继而通过判断推理就产生一些合乎逻辑的结论，进而系统化，就形成了所谓的教学理论。理论一旦形成科学体系，就有了相对的独立性，按自身的逻辑发展，与教学实践既分离又相互联系。教学理论在教学实践基础上产生、形成，反过来又指导和影响教学实践，并使教学理论自身得到检验、修正、丰富和发展，如此循环往复，不断地进行着。这就是说，研究教学实验如果撇开教学理论和教学实践，就方法谈方法，孤立地研究实验，乃是不可思议的。对教学实验绝不能孤立研究，要在它与教学理论、教学实践的联系中去研究。王策三教授进一步说明了教学实验和教学理论之间的关系。他认为："随着教学理论的长足发展，教学理论的能动性越来越强，越来越在主动作用于实践、改造实践的过程中为自己开拓道路。这就是说，越来越依靠教学实验这种途径和形式来发展。"[1] 教学实验对教学理论的发展有着独特的功能和优势，王策三把它总结为以下四点：其一，教学实验提供了具体的形式，使教学理论对于教学实践的超前性、主动性得以发挥；其二，教学实验提供了一条捷径，使教学理论发展的进程和速度大大缩短和加快；其三，教学实验使教学理论的应用和发展，特别是对新理论的探究和创新落到实处，并保证其科学性；其四，教学实验也为教学理论的发展提供了启发的机制和开放的组织系统。然而，教学理论对教学实验的全过程和各个方面、层次，都有影响甚至起着制约作用。王策三教授把其归结为四点："首先，教学理论为教学实践提供背景；其次，教学实验假说的形成和论证更要依靠教学理论，教学实验的假说更是一种教学的假说而不是一种抽象的实验假说。它是教育实验的灵魂。"[2] 王策三教授提出："所谓教学实验，就是设计一种实际的教学活动以检验某种教学假说。"[3] 然后，教学实验的结果有赖于一定的教学理论来阐释和评价。最后，教学实验结果所形成的新的教学结构、教学模式或教学体系，也必须依靠教学理论解释说明。此外，教学实验和教学实践之间的关系为，教学实验是从一般教学实践中分化出来的，分化出来后不可能独立存在，也不可能脱离教学实践，没有形式上的独立存在。而教学理论从教学实践中分化出来并保持独立。

---

① 王策三. 教学实验论 [M]. 北京：人民教育出版社，2000：322.

② 王策三. 教学实验论 [M]. 北京：人民教育出版社，2000：328.

③ 王策三. 教学实验论 [M]. 北京：人民教育出版社，2000：328.

康德曾说过"教学实验对提高教学实践和水平有十分重要的意义"①。

20世纪20年代是中国教育实验发展的第一个高潮时期，30年代是中国近代教学实验持续并深入发展时期，其发展原因和条件是多方面的，其中最直接的事件是：五四运动前后，一批留美学生，如胡适、陶行知、蒋梦麟、郭秉文、廖世承、陈鹤琴、晏阳初等回国，并在教育领域实行改革；1919年"新教育共进社"成立和《新教育》杂志发表的文章对近代教学实验起到组织宣传等重大作用；1919—1925年，杜威、孟禄、麦柯尔、推士、柏克赫斯特和克伯屈等在现代教学实验发展史上有过重大影响的人物来华，对当时中国教育实验的发展起到了很好的推动作用。20世纪二三十年代，我国教学改革实验主要包括三类：一是学制改革实验；二是教学法实验；三是社会教学实验的兴起。为本研究需要，笔者主要选取了教学法实验个案为探讨对象，如以俞子夷、杨保恒、沈百英、赵廷为、钟鲁斋、陶行知、陈鹤琴、刘百川、李清悚为例。

本章教学实验个案的选取主要基于以下因素考虑：其一，选择具有较大影响的教学实验，如五段教学法、设计教学法、道尔顿制、"教学做"实验及"活教育"实验等，这些实验均在我国近代教学实验发展史上对我国近代教学产生过重要影响。其二，教学实验的内容较为全面，主要包括教学组织形式、教学方法、课程、教材。其三，从教学实验的结果看，有成功的教学实验也有失败的教学实验，如五段教学法成为我国当时教学的主要方法，设计教学法的推广也取得很大成就，但是道尔顿制却以失败告终。陶行知的"教学做"实验和陈鹤琴的"活教育"实验都取得了很大成功。其四，从教学实验的层次看，包括了中学、小学和幼儿园三个等级的教学实验，其中五段教学法主要在中小学推广、设计教学法在小学推广、道尔顿制在中学推广、"教学做"实验在中小学推广、"活教育"实验在学龄前儿童中推广，这样的层次结构能够完整反映我国近代教学的发展情况。这些个案的选取从不同时期、不同方面来说明我国近代教学论学科发展的概况。

总体而言，这一时期的教学实验具有以下特征：第一，吸收了自然科学实验的规范和方法，重控制，重定量分析，强调客观准确的观察和统计。检查手段和方法在实验中的应用，促进了我国教学理论的研究从以哲学思辨为主向实验、实

---

① 王策三. 教学实验论 [M]. 北京：人民教育出版社，2000：328.

证研究的转变，同时对于推动我国教学理论的现代化和教学实验的科学化也具有重要作用。如以俞子夷的"设计教学法"、陈鹤琴的"活教育"为例。第二，开始从简单移植外国的教学法转向结合我国教育、教学中的实际问题进行实验。20世纪30年代以后，虽然设计教学法、道尔顿制、文纳特卡制等仍在继续，但同时人们也开始对教学实验的"中国化"问题进行了探索。如以"廉方教学法"中的"卡片教学"、俞子夷对我国当时小学算术进行的教学实验等为例。

如上所述，本章教学方法实验个案的开展对我国近代教学理论和教学实践的影响，对我国近代教学理论发展具有的独特功能和作用，主要表现为以下几点。

其一，这些教学实验提供了具体的形式，使教学理论对于教学实践的超前性、主动性得以发挥。也就是说，教学实验个案的重大意义之一，就在于它体现了我国近代教学理论的能动作用。我们知道，教学理论为教学实践开辟道路，决定着它们的发展方向。这些实验主要是关于教学组织形式、教材、教法、课程等，这些都是通过近代实验创造出来的。教学实验使得教学理论不再被动等待教学实践对它提出要求，或者被动提供经验研究资料，而是主动作用于教学实践、改造教学实践，强迫教学实践提供经验资料。因此，这些教学实验保证了我国近代教学理论走在教学实践的前头，而促进了我国近代教学论学科的发展。

其二，近代教学实验的开展，加快和缩短了我国近代教学理论发展的进程和速度，也就是说，这些教学实验的重要特点之一，就在于它是自动控制了的简约的教学活动。这主要是因为有西方近代教学理论的指导，反过来，它又保证了我国教学理论发展进程的加快。因为如果是一般教学实践的话，即使能从中做出最好的理论总结，或者新的理论最好地得到检验、修正和发展，也需要一定时间。这既赶不上教学实践发展的步伐，也赶不上教学理论呈飞速发展的态势。如班级授课制的理论和实践的产生、形成及发展，经过了近三百年的漫长道路；以儿童为中心的活动教学模式产生于教学实验已经发展还不完善的年代，经过几十年的时间就已经趋于成熟。在当代，教学实验发展起来，通过教学实验的途径，涌现各种新的教学模式、教学体系、教学理论的实践，既多且快，过程明显加快。这些教学模式传入我国，国人对其进行实验，大大加快了我国近代教学理论的发展。

其三，这些教学实验主要是运用国外的教学理论，在国人对其借鉴的过程中，会产生新的教学理论，它们的实行，能使我国教学理论的产生落到实处。教学实验使教学理论的应用和发展，特别是对新理论的探究和创新落到实处，并保证其科学性。如果没有教学实验，不借助一定程序、方法等具体形式使其可操作化，那么教学理论的应用将不会落到实处，而只能发挥其捉摸不定的一般影响，或者与一般实践经验结合。而经验虽然生动丰富，却是异彩纷呈的：既有正确的，也有不正确的；既有必然的东西，也有偶然的东西；既有所需要合乎目的的，也有不需要不合目的的。通过教学实验，教学理论变成可操作的过程，并且形成可操作的教学模式，排除了不合目的、不正确、偶然的东西，保持、突出、发扬了合目的的、正确的、必然的东西。

其四，为我国教学理论的发展提供了启发的机制和开放的组织系统。教学实验总是从一定的教学问题开始的。我国近代教学实验的开展也都是从探索解决我国当时存在的教学问题开始的。为了解决这些问题，去寻找理论支持，有些理论直接借鉴国外，但是有些只能根据本国国情发展需要而定。为了寻求这些理论支持，只能先提出假说，这就使得教学理论具有明确的目的性和针对性，并积极干预我国的教学实践，创造教学实践的能动性和开拓性。教学实验的结果又向教学理论的解释力提出挑战，进而不断引发新的课题、新的理论、新的实验要求，这一切都成为教学理论发展的推动力，促进它永无止境地发展。教学理论—教学实验—教学理论—教学实验，如此反复，永无止境。

其五，教学实验个案对我国近代教学实践产生了积极的影响。教学实验产生于教学实践，和教学实践既有联系又有区别。上述教学实验促进了我国教学实践的发展，使教学实践内容更加丰富和深入，使一部分教学实践转化成教学理论。如俞子夷的五段教学法实验，在实验过程中，根据国内实际情况，对教学实验进行改造，使其适合本国教学方法，在改造过程中也进行教学实践，教学实践的发展更进一步丰富和发展了五段教学法，并成为改造过的适合我国教学的"五段教学法"。再如设计教学法、道尔顿制等，这些教学实验主要是借鉴国外的，但是在实验过程中，国人根据本国教学实践进行教学实验研究，这促进了国内教学实践的发展，也丰富了国内教学理论的发展。"活教育"及"教学做"实验的开展，促进了我国教学实践的开展。这些教学方法实验，不管其成功与否，都将成为近代教学理论和教学实践的重要组成部分。

近代教学论学科建设与教学实验的开展有直接联系。学者们正是在一次次的教学实践探索中，确定了中国近代教学论学科发展的基本内容，完善了中国近代教学论学科理论。这同时也说明，教学论学科的发展离不开教学实践，教学本身是作为一门理论和实践结合的学科出现的。

第四章
近代中国教学论学者群体的构成与特征

如前所述，师范学校及大学教育学科、教育学会、教育研究机构和教育专业期刊成为近代中国教学论学者开展教学论研究的重要平台，借此平台构成的教学论研究学者群体成为推动教学论进一步发展的坚实力量。

第一节　近代中国教学论学者群体的构成

一、中小学教师

清末民初，小学教育发展迅速，这一方面与政府提倡义务教育有关，另一方面与五段教授法及设计教学法在小学推广实验有关。伴随着各地新式小学堂和师范教育兴起，赫尔巴特教育学说及其五段教授法通过《教育世界》及其他杂志的介绍传入中国，尤其是 1909 年江苏教育总会派俞子夷、杨保恒和周维城赴日本考察单级教授法后，在上海举办单级教授讲习所，培训小学教师，推广日本的单级教授法和二部制，在全国产生了广泛的影响。受此影响，国内学者始以小学为教学方法实践基地进行教学方法实验研究，如俞子夷、杨保恒等在江苏省立第一师范附小进行五段教授法实验及"联络教材"的实验，俞子夷在南京高等师范学校附小开展设计教学法实验，沈百英、顾西林在江苏省立第一师范附小开展设计教学法实验等。此后，在小学教育界出现一批教学论研究学者，他们大多以小学为教学改革实验基地进行小学教材教法改革实验，并通过期刊或著作发表教学改革和实验研究成果，如赵廷为、吴研因、葛承训、吴增芥、朱智贤、李廉方、刘百川等。

表4.1为近代部分小学教学论学者简况。

表4.1　近代部分小学教学论学者简况

学　者	求学经历	教学实验经历	研究著述
俞子夷	上海南洋公学	江苏省立第一师范附小、南京高等师范附小	《教学法》《教材教法》《新小学教材和教学法》等
杨保恒	上海龙门书院、日本东京弘文学院师范科	廿二铺小学堂、江苏省立第一师范学校	《师范中学修身礼仪法》《单级教授法》《自习主义复式教授法》等
赵廷为	北京师范大学教育研究科	温州第十中学附小主任	《小学教材及教学法》《教材及教学法通论》《小学实际问题研究》《小学教学通论》等
吴研因	上海半淞园师范讲习所、上海单级师范讲习所	江阴县立单级小学、江苏省立第一师范附属小学	《小学教材及教学法》《小学教材研究》《小学历史科教学法》《小学教科书评论》《小学教育》等
沈百英	江苏省立第一师范	甪直镇第一小学、江苏省立第一师范附属小学、尚公小学	《小学数学教学法》《小学教育漫谈》《小学中年级各科教学法》《小学社会科教学法》等
葛承训	东南大学教育科	安徽省立第一女子中学实验小学校长、上海工部局北区小学校长	《小学各科教学法发凡》《低年级算术教学新法》《教学通论》《教学方法评论》《小学教学法教材》《小学教育》等
吴增芥	国立中央大学教育学系	中央大学实验学校、苏州女子师范附属小学	《小学教材研究》《小学教材及教学法》《小学各科学习心理》《新低级教学法》《心理学知识在教学上的应用》等
朱智贤	国立中央大学教育学系	江苏省立第八师范附属小学	《小学历史科教学法》《小学课堂研究》《小学写字教学法》《小学课程研究》《儿童心理学》等

续表

学 者	求学经历	教学实验经历	研究著述
李廉方	日本东京弘文学院师范科	开封杏花园和大花园实验小学	《小学低年级综合课程论》《改造小学国语课程第二期方案》《合科实验的廉方教学法》等
刘百川	江苏省立第八师范学校	淮阴中学附属实验小学、东海中学试验小学教导主任、扬州中学实验小学	《小学教学法通论》《教学实际问题的研究》《小学各科新教学之实际》《一个小学校长的日记》《实际的小学国语教学法》《小学训育法ＡＢＣ》等

资料来源：周川.中国近现代高等教育人物辞典[M].福州：福建教育出版社,2012；刘英杰.中国教育大事典 1840—1949[M].杭州：浙江教育出版社, 2001；吕云龙.百年中国教育与百位人物[M].北京：北京艺术与科学电子出版社, 2005；陈玉堂.中国近现代人物名号大辞典[M].杭州：浙江古籍出版社, 2005.

上述部分具有小学教师经历的教学论学者开展教学论研究呈现如下特征。

其一，具有丰富的教学实践经验，有的教师不局限于一所学校任教并进行教学实验，他们的教学研究成果较为丰富，如俞子夷、杨保恒、李廉方、沈百英等。

其二，具体身份不同，以普通教师身份从事小学教学法研究的学者有俞子夷、赵廷为、朱智贤、吴增芥等；以教育行政者身份参与小学教学方法实验改革的学者有葛承训、刘百川、杨保恒等，这种身份便于教学方法改革的顺利推行，如杨保恒在任江苏省立第一师范学校校长期间率先推行单级教授法和设计教学法实验。

其三，教学论研究内容丰富，包括小学教材教法、小学各科教学法、小学课程等方面，尤以小学教材教法研究为多，这与教育部颁布的小学课程标准有关。

五四新文化运动前后，国人开始重视中等教育改革。特别是孟禄来华考察中国中等教育并提出建议，促使中等教育成为当时国人教育研究的热点，各地遂兴起中学教学改革实验活动，如舒新城在中国公学中学部试行道尔顿制、廖世承在东南大学附中试行道尔顿制实验等。伴随着中等教育研究的开展，一批具有中学教师经历的学者对中等教育的教学理论和实践进行广泛研究，如廖世承、汪懋祖、姜琦、程湘帆、郑晓沧、舒新城、邓萃英、曹刍、郑通和、李清悚、许恪士、傅任敢、胡家健等。

表4.2为近代部分中等学校教学论学者简况。

表 4.2　近代部分中等学校教学论学者简况

作　者	求学经历	教学实验经历	研究著述
廖世承	北京清华学校高等科，美国布朗大学、哥伦比亚大学师范学院	东南大学附中、光华大学附中	《教与学》《中学教材教法研究》《中等教育》《东大附中道尔顿制实验报告》等
曹　刍	东南大学	国立中央大学附中	《新师范各科教学法》《设计教学法精义》等
程湘帆	哥伦比亚大学师范学院	浦东中学	《教学指导》等
舒新城	岳麓高等师范学校	中国公学附属吴淞中学中学部	《道尔顿制概况》《道尔顿制讨论集》《道尔顿制研究集》《道尔顿制浅说》等
邓萃英	哥伦比亚大学师范学院	志成中学、弘达中学、春明女子中学	《动的新教授论》等
李清悚	东南大学	南京第一中学	《小学行政》等
汪懋祖	哥伦比亚大学师范学院	苏州中学	《美国施脱兰欧教授法概要》《国防教育与各科教学》等
高仁山	天津南开学校、日本早稻田大学、美国哥伦比亚大学师范学院	北京艺文中学	《道尔顿制教学法》等
郑通和	哥伦比亚大学师范学院	上海中学	《中等学校行政》等
傅任敢	清华大学	重庆清华中学	《新中学》等
胡家健	东南大学教育系、英国伦敦大学、美国哥伦比亚大学师范学院	浙江大学附属中学	《教学指导法概要》《教材选择问题的研究》《教育调查的理论与实际》等
张宗麟	东南大学	宁波启明女子中学	《乡村小学教材研究》《教育概论》等
罗廷光	南京高等师范教育专修科、东南大学、美国斯坦福大学	南昌鸿声中学、扬州中学、无锡中学	《普通教学法》《教学通论》《实验教育》等
钟鲁斋	上海沪江大学、嘉应大学、美国斯坦福大学	梅县广益中学	《小学各科新教学法之研究》《教育之科学研究法》等
郑晓沧	浙江高等学堂、北京清华学校、美国威斯康星大学、哥伦比亚大学师范学院	浙江省立女子中学	《科学教授改进商榷》等

资料来源：黄国庭.民国时期教育学者的中学办学经历及其对教学与研究的影响[J].河北师范大学学报（教育科学版），2010（12—3）；周川.中国近现代高等教育人物辞典[M].福州：福建教育出版社，2012；刘英杰.中国教育大事典 1840—1949[M].杭州：浙江教育出版社，2001；吕云龙.百年中国教育与百位人物[M].北京：北京艺术与科学电子出版社，2005.

上述部分具有中学教师经历的教学论学者开展教学论研究呈现如下特征。

其一，不少学者具有留学国外的经历，如廖世承留学美国期间就以研究中等教育及教育心理学为主，回国后积极开展教育科学实验，1923 年他在东南大学附中试行道尔顿制，进行中等学校教学改革实验。

其二，这些教师均有中等教育办学经历并兼行政职务，这样便于领导和推行学校教学改革实验，如汪懋祖管理江苏省立苏州中学、廖世承管理东南大学附中、李清悚主持江苏省立南京第一中学、郑通和主持上海中学等。

其三，研究领域和内容不同，有些学者不局限在中等教育研究领域，如杨亮功、黄溥、黄家健、许恪士、郑晓沧等，研究内容主要以教学法为主，包括教学实验等。

二、师范学校教师

高等师范学校和中等师范学校担负着培养中学和小学师资的重要职责和任务，教学论课程始终是师范学校的必修课之一，担任该课程的教师遂成为近代中国教学论研究的重要力量。

表 4.3 为近代部分高等师范学校教学论学者简况。表 4.4 为近代部分中等师范学校教学论学者简况。

表 4.3 近代部分高等师范学校教学论学者简况

姓　名	求学经历	任教经历	研究著述
李建勋	天津北洋大学师范科、日本广岛高等师范学校、美国哥伦比亚大学师范学院	北京高等师范学校	《师范学校教育行政教材教法研究》等
廖世承	北京清华学校高等科，美国布朗大学、哥伦比亚大学师范学院	南京高等师范学校	《测验概要》《智力测验法》等
陶行知	金陵大学、美国哥伦比亚大学、美国圣约翰大学	南京高等师范学校	《教学做合一讨论集》《中国教育改造》等
郑晓沧	浙江高等学堂、北京清华学校，美国威斯康星大学、哥伦比亚大学师范学院	南京高等师范学校	《设计组织小学课程论》《教育之科学的研究》《教育概论》等
徐则陵	金陵大学，美国芝加哥大学、哥伦比亚大学师范学院	南京高等师范学校	《历史教育上之心理问题》等

续表

姓　名	求学经历	任教经历	研究著述
范源濂	湖南时务学堂、日本东京弘文学院、日本政法大学	北京师范大学	《中华女子国文教科书》《新制单级国文教科书》《新编中华修身教科书》等
孟宪承	上海南洋公学预科、美国华盛顿大学、英国伦敦大学	南京高等师范学校、北京高等师范学校	《初中读书教学法之客观研究》《初中作文教学法之研究》等

资料来源：周川.中国近现代高等教育人物辞典[M].福州：福建教育出版社,2012；刘英杰.中国教育大事典 1840—1949[M].杭州：浙江教育出版社,2001；吕云龙.百年中国教育与百位人物[M].北京：北京艺术与科学电子出版社，2005；陈玉堂.中国近现代人物名号大辞典[M].杭州：浙江古籍出版社，2005.

表 4.4　近代部分中等师范学校教学论学者简况

姓　名	求学经历	任教经历	研究著述
杨保恒	上海龙门书院、日本东京弘文学院	江苏省立第一师范学校、上海龙门师范学堂	《单级教授法》《实用主义小学教育法》《教育学》等
经亨颐	东京高等师范学校	浙江省立第一师范学校	《最近教育思潮》等
俞子夷	上海南洋公学	浙江省立女中师范部	《教学法》《教材教法》《近代我国教学法演变史——一个回忆录》（稿本）《新小学教材和教学法》《小学算术科教学法》等
马客谈	江苏省立第四师范学校、美国哥伦比亚大学师范学院	国立重庆师范学校	《一个美国地方小学的卫生课程》等
周维城	通州师范学校	北京女子师范学校	《单级教授法实用》《各科教授法》《教授法要诀》等
舒新城	岳麓高等师范学校	湖南省立第一师范学校	《道尔顿制概况》《道尔顿制讨论集》《道尔顿制研究集》《道尔顿制浅说》等
曹刍	东南大学	镇江师范学校	《小学各科教学法》《小学教育理论与实际》《教育学》等

续表

姓　名	求学经历	任教经历	研究著述
汪懋祖	国立北洋大学，美国哥伦比亚大学师范学院、哈佛大学	大理师范学校	《教育学》《西洋教育史》《美国教育彻览》等

资料来源：周川.中国近现代高等教育人物辞典[M].福州：福建教育出版社,2012；刘英杰.中国教育大事典1840—1949[M].杭州：浙江教育出版社,2001；吕云龙.百年中国教育与百位人物[M].北京：北京艺术与科学电子出版社，2005；陈玉堂.中国近现代人物名号大辞典[M].杭州：浙江古籍出版社，2005.

上述部分具有高等师范学校或中等师范学校教师经历的教学论学者开展教学论研究呈现以下特征。

其一，高等师范学校教学论学者以具有留学经历的研究人员为多，有的留学日本、美国或先后留学日本和美国两个国家。

其二，中等师范学校教学论学者具有丰富的教学经验，更多注重教学实践研究，如舒新城在试行道尔顿制实验过程中发表若干相关论著、周维城推行单级教授法时发表《单级教授法实用》一书等。

其三，部分教学论学者既具有中等师范学校教学经历又具有高等师范学校教学经历，如廖世承、陶行知、曹刍等，这种经历对于其研究内容及范围具有十分重要的影响。

三、师范学院及大学的教师及研究者

自"高师改大"运动掀起后，培养中等学校师资的高等学校除北平师范大学外，主要有两类高等学校：第一类是独立师范学院，如国立蓝田师范学院、四川省立师范学院等；第二类是大学教育学院或师范学院。

表4.5为近代部分师范学院及大学教育学院教学论学者简况。

表4.5　近代部分师范学院及大学教育学院教学论学者简况

姓　名	求学经历	任教经历	研究著述
张士一	上海南洋公学、美国哥伦比亚大学师范学院	历任东南大学、中央大学、南京大学教授	《小学"国语话"教学法》《英语教学法》《直接英语教学法》等

续表

姓　名	求学经历	任教经历	研究著述
熊子容	湖南第一师范、美国华盛顿大学	历任复旦大学教育学系教授兼主任，光华大学、大夏大学及南京师范学院教授	《课程编制原理》《论教学原则》等
郑晓沧	浙江高等学堂、北京清华学校、美国威斯康星大学、美国哥伦比亚大学师范学院	历任东南大学教授，第四中山大学教育学院院长，浙江大学教育系主任、教务长、代理校长	《科学教授改进商榷》等
孟宪承	上海南洋公学预科、美国华盛顿大学、英国伦敦大学	历任上海圣约翰大学、光华大学、清华大学、东南大学、中央大学教授	《初中读书教学法之客观研究》《初中作文教学法之研究》等
程其保	美国芝加哥大学、哥伦比亚大学师范学院	历任大夏大学教育学系教授、齐鲁大学教育科主任、中央大学教育学院副教授	《初中国语教材之研究》《社会科学之教材与教学法》《教学法概要》等
常道直	北京高等师范学校教育科、美国哥伦比亚大学师范学院	历任中央大学教育系教授兼主任、北京师范大学教授、安徽大学教授	《赫尔巴特的教学论的再评价》《小学公民科教学法》《小学教学法概要》等
罗廷光	南京高等师范学校、美国斯坦福大学、美国哥伦比亚大学师范学院	历任东南大学、中央大学、河南大学、西南联合大学教授，国立中正大学校长、中央大学师范学院院长	《普通教学法》《教学通论》等
孙邦正	国立中央大学教育学系、美国哥伦比亚大学师范学院	历任四川省立师范学院、湖北师范学院、台湾省立师范学院教授，台湾师范大学教授兼教育学院院长	《国民中小学教学法革新问题》《教材及教学法》《教学心理学》《教学法新论》等
康绍言	国立北平师范大学	北京师范大学教授	《设计教学法辑要》等
许椿生	北京师范大学	历任西北师范学院、北京师范大学教授	《小学算术教学法》《战时与战后教育》等
汪懋祖	国立北洋大学，美国哥伦比亚大学师范学院、哈佛大学	历任北京师范大学、北京女子师范大学、东南大学教授	《教育学》《西洋教育史》《美国教育彻览》等
廖世承	北京清华学校高等科，美国布朗大学、哥伦比亚大学师范学院	历任东南大学、上海光华大学教授，国立师范学院院长	《测验概要》《智力测验法》等

姓　名	求学经历	任教经历	研究著述
曹刍	东南大学	中央大学教授	《小学各科教学法》《小学教育理论与实际》《教育学》等
郑晓沧	浙江高等学堂、北京清华学校，美国威斯康星大学、哥伦比亚大学师范学院	浙江大学教授	《设计组织小学课程论》《教育之科学的研究》《教育概论》等
徐则陵	金陵大学，美国芝加哥大学、哥伦比亚大学师范学院	历任东南大学、中央大学教授	《历史教育上之心理问题》等
范源濂	湖南时务学堂、东京弘文学院、日本政法大学	北京师范大学教授	《中华女子国文教科书》《新制单级国文教科书》《新编中华修身教科书》等

资料来源：周川．中国近现代高等教育人物辞典 [M]．福州：福建教育出版社，2012；刘英杰．中国教育大事典 1840—1949[M]．杭州：浙江教育出版社，2001；吕云龙．百年中国教育与百位人物 [M]．北京：北京艺术与科学电子出版社，2005；陈玉堂．中国近现代人物名号大辞典 [M]．杭州：浙江古籍出版社，2005.

上述师范学院及大学教育学院教学论学者开展教学论研究呈现如下特征。

其一，大多数具有留学美国经历并译编过美国进步主义教学理论著作。五四新文化运动后，一批学者留学美国，广泛涉猎美国进步主义教育思想并译介美国先进的教学理论著作，回国后运用所学及其大学教学经历撰写教育著作，其中包括教学理论著作，为近代教学理论发展做出了突出的贡献。例如：罗廷光在美国斯坦福大学和哥伦比亚大学师范学院留学期间，先后攻读比较教育、教育行政等专业，回国后编写了《教育科学研究大纲》《教学通论》等著作；郑晓沧翻译了杜威的《儿童与教材》一书，使得国人对杜威的教学论思想有较为全面的了解；熊子容翻译了博比特的《课程编制》一书，对我国近代课程论发展产生重要影响。

其二，大多在大学教育学院或师范学院开设教学论课程。大学教育学院或师范学院具有良好的师资和教学环境，为教学论课程的开设提供了便利条件，有利于教学论的教学和研究，如曹刍在西南联合大学开设"教学法"、罗廷光在西南联合大学开设"普通教学法"、胡毅在湖南大学开设"教学法"等。

其三，率先开展教学论专题研究。据有关资料，20 世纪 30 年代部分大学教师已经开展教学论专题研究，如 1933 年国立武汉大学的王凤岗教授以"课程论与教学法"为专题来研究课程编制的步骤、原则及中等学校教学法；1934—1935年，私立厦门大学的钟鲁斋教授以"文纳特卡制的实验"为专题，运用实验法中的等组法研究文纳特卡制与普通教学法的教学效率；1934—1936年，河北省立女子师范学院的张渲教授以"国难期中等以上学校特种国文教学方案"为专题研究国文教学之特点及方法；1935年，河北省立女子师范学院曹振勋以"初中第一年国文参考资料"为专题对河北省中等学校所用国文教材进行分类统计研究等。

四、文化出版界教学论学者

除上述中小学教师、师范学校教师和师范学院及大学的教学论学者，文化出版界一些学者也为近代教学论发展做出了很大贡献。诚如近代学者所言："出版业对于人类文明之演成与推进，尤有特殊贡献。"[1]1897年，夏瑞芳等人在上海创建商务印书馆，初为小型印刷厂。1903年商务印书馆由印刷转为出版，成立编译所，在张元济倡导下该所延揽了一批硕学专家及富有教育经验的人才，如庄俞、蒋维乔、陆费逵、王云五、叶圣陶等担任编译职务，翻译国外图书并编写本国中小学教科书，"凡小学中学师范、高等专门、大学各校应用之教科书、参考书，分类纂辑，无不精益求精；且以发行最早，经验最多，尤为学界所欢迎"[2]。庄俞认为，商务印书馆负有出版界之重任，对教育的贡献主要表现为："一方面适应环境与潮流，供给教育材料——教科书，并复印本国及译印各国有用书籍；一方面更尽其余力直接举办教育事业以为倡导，并辅助教育之不及。"[3]此后，国内相继出现的出版机构有广智书局、文明书局、中华书局等，这些文化出版机构的研究人员也成为近代教学论学者群体不可或缺的一部分。

表4.6为近代文化出版界部分教学论学者简况。

---

① 陈原，等. 1897—1987商务印书馆九十年——我和商务印书馆 [M]. 北京：商务印书馆，1987：721.
② 陈原，等. 1897—1987商务印书馆九十年——我和商务印书馆 [M]. 北京：商务印书馆，1987：724.
③ 陈原，等. 1897—1987商务印书馆九十年——我和商务印书馆 [M]. 北京：商务印书馆，1987：724.

表4.6　近代文化出版界部分教学论学者简况

姓　名	求学经历	任教经历	编辑经历	研究著述
庄俞	阳湖县附生	武阳公学、尚公小学	商务印书馆编译所	《采用实用主义》《最新国文教科书》《单级教科书》《新学制教科书》《新法教科书》《中学课程私议》等
蒋维乔	南箐书院、常州致用精舍	爱国学社、东南大学、光华大学、正风学院	商务印书馆编译所	《教授法讲义》《教育学》等
王云五	上海守真书馆、上海同文馆	南洋公学、中国公学、北京大学、国民大学	上海公民书局、商务印书馆编译所、东方图书馆	《师范小丛书》《万有文库》《大学丛书》《小学生丛书》等
陆费逵	南昌日文专修科	南昌正蒙学堂、上海文明小学	文明书局、昌明书店、商务印书馆、中华书局	《新编初等小学修身教授书》《算术教科书》《简明修身教科书》《学校管理法讲义》《论理学讲义》《师范讲义》等
叶圣陶	苏州公立中学	尚公小学、中国公学中学部、杭州第一师范、北京大学、复旦大学、神州女学、福州协和大学、上海大学、巴蜀学校、重庆北碚的复旦大学、武汉大学	商务印书馆编译所、开明书店	《国文教学的两个基本概念》《认识国文教学》《论中学国文课程的改订》《中学国文学习法》等

资料来源：贾馥茗.教育大辞书[M].北京：文景书局，2000；周川.中国近现代高等教育人物辞典[M].福州：福建教育出版社，2012；王云五.岫庐八十自述（节录本）[M].上海：上海人民出版社，2007；陆费逵.陆费逵自述[M].合肥：安徽文艺出版社，2013；吕达.陆费逵教育论著选[M].北京：人民教育出版社，2000；刘增人，等.叶圣陶研究资料[M].北京：北京十月文艺出版社，1988.

上述部分文化出版界教学论学者开展教学论研究呈现如下特征。

其一，教学经历与编辑身份相结合。上述学者早期均具有中小学教学经验，为其担任编辑期间编写教科书提供了实践基础。其编辑身份又分为单纯的编辑和具有行政职务的编辑，前者直接参与教科书编写，如庄俞、叶圣陶等；后者曾担任编辑又兼行政职务，如王云五、蒋维乔、陆费逵等直接参与或引领整个编辑所的教科书编写。

其二，以教科书（教材）编辑出版为教学论研究的重要途径。在王云五指导下，商务印书馆编译所出版的"师范小丛书"中"教育学院教育书目"涉及一系列教学法教材，"大学丛书"含有译编的教学理论、教学法、课程编制等教学论专著或教材，为近代中国大学教学论课程的开设创造了有利的条件。庄俞、陆费逵、叶圣陶均通过编写教科书来传播其教学论思想，可以说教科书及其配套的教学法教材的编写进一步促进了教学法研究的快速发展。此外，文化出版界学者还进行专门的教学论研究，如庄俞在《教育杂志》发表了《中学课程私议》、蒋维乔编著了《教授法讲义》等。

第二节　近代中国教学论学者群体的主要特征

通过对近代中小学教师、师范学校教师、师范学院及大学教学论学者和文化出版界教学论研究者的考察，可将其共同具有的主要特征归纳如下。

一、受国外教学论思想影响

综观上述教学论学者的求学经历及其教学论思想来源，下面拟将其分为留日派学者、留美英派学者和本土派学者来加以论述。

其一，留日派学者。主要代表人物有俞子夷、杨保恒、李廉方、周维城、范源濂、经亨颐、张毓聪等。20世纪初，新式学堂的发展需要教师和教科书，教师的培养依赖师范教育的发展，这为教育学科及教学论的传入创造了条件。清政府一方面通过国内高等师范学堂培养教师，另一方面最快、最直接的途径就是派人去日本学速成师范。1902年3月9日，张之洞在给张百熙的信中强调："师范生宜赴东学习。师范生者不惟能晓普通学，必能晓为师范之法，训课方有进益，非派人赴日本考究观看学习不可。现与日本文部商酌办法，若派人往学速成者八个月可毕，回华后令其教师范生四个月可毕。"[1] 俞子夷曾说："五段教学法在我国的传播，国内师范学堂或赴日留学师范者，是一股重要的力量。"[2] 这些师范学堂

---

[1] 陈学恂，田正平. 中国近代教育史资料汇编·留学教育 [M]. 上海：上海教育出版社，1991：326.

[2] 李桂林. 中国近代教育史资料汇编·普通教育 [M]. 上海：上海教育出版社，1995：426.

的教师很多都是留日学师范者。此外为解决师资之缺乏，国内各级各类学校从日本聘请教习来校任教。仅以师范学校为例，京师大学堂的师范馆聘请服部宇之吉、江苏两江师范学堂聘请藤田丰八等。俞子夷记述道："初办师范时期，许多新学均请日本教师讲授，教育部门各科，包括教授法，亦多由日籍教师担任。当然，也有若干留学生，但人数不多。两者同出一源，而日本通行的也只有五段法。"[①] 这些教习直接把赫尔巴特五段教学法运用到教学中，成为传播赫尔巴特教学论思想的重要媒介。当时，清政府也把是否施行"五段教学法"作为衡量教师上课好坏的标准之一，如 1908 年李揩荣检查河西初等小学堂教学后，给清政府的呈文中提到："教员张作舟，系通州初师毕业生……聆其讲授修身，于五段教授法稍欠研究。"[②] 经亨颐在浙江省立第一师范任教时，也注重五段教授法的运用及教案的编写。此外，清末民初国人编写的教学论教材主要接受和吸取了赫尔巴特学派教学论思想，尤其以"五段教授法"为其指导思想，如朱孔文的《教授法通论》、蒋维乔的《教授法讲义》、钱体纯的《教授法》等。从其中关于"教段"的介绍来看，其形式与赫尔巴特学派的"五段教授法"有区别。正如俞子夷回忆："日本通行的一套，本质虽不出五段法窠臼，但实施方式却不采用五段法术语。有些科目，有些教材，很难用五段的框子硬套，似亦有些变通办法，例如有主张四段者，更有主张三段者。"[③] 这表明"五段教授法"传入国内后国人在教学过程中进行调整，使之适合国内各科教学。但是不管怎样调整，其基调始终保持不变。[④] 总而言之，清末民初的留日派教学论学者为"五段教授法"的传入、推广以及教材的编写发挥了十分重要的作用，这对于近代中国教学论的创立及初步形成具有十分重要的意义。

其二，留美（英）派学者。此派学者又可分为单纯的留美派和先留日（英）后留美的学者，前者如廖世承、程湘帆、熊子容、罗廷光、程其保、郑晓沧、张士一、陶行知、常道直、钟鲁斋等；后者如李建勋、邓萃英、胡家健等。五四新文化运动以"民主"和"科学"为口号，对封建思想进行批判，极大地解放了国人

---

① 李桂林. 中国近代教育史资料汇编·普通教育 [M]. 上海：上海教育出版社，1995：432.

② 朱有瓛. 中国近代学制史料（第二辑上册）[M]. 上海：华东师范大学出版社，1987：317.

③ 董远骞，等. 俞子夷教育论著选 [M]. 北京：人民教育出版社，1991：478.

④ 董远骞，等. 俞子夷教育论著选 [M]. 北京：人民教育出版社，1991：479.

的思想，促进了国内教育教学的发展，为美国进步主义教学论思想的传入创造了条件。留美派学者回国后对杜威大力宣传，并于1919年5月邀请杜威来华讲学，在此后两年时间里杜威到过北京、上海、奉天（今辽宁省）、江苏、浙江、江西、湖南等13个省市讲学，宣传他的实用主义思想和学说。1920年秋至1921年夏，杜威在北京高等师范学校教育研究科讲授"教育哲学"课程，并以其著作《民主主义与教育》（常道直译为《平民主义与教育》）为教材，使他的实用主义教育学在中国的传播达到了高峰。在此前后孟禄、推士、柏克赫斯特、克伯屈等其他美国学者来华讲学，进一步推动了美国进步主义教育思想在中国的传播和运用，如推士的科学教育思想、克伯屈的设计教学法、柏克赫斯特的道尔顿制、华虚朋的文纳卡特制、桑代克的学习心理学等相继传入中国。在积极传播美国进步主义教育思想及杜威实用主义哲学理论的同时，教学论学者通过编写教学论教材来努力构建近代中国教学论，如罗廷光的《普通教学法》和《教学通论》系近代国人自编的教学论专著，特别是《教学通论》标志着近代中国教学论学科体系渐臻完善。此外，还有刘百川的《小学教学法通论》、程其保的《教学法概要》、王士略的《教学原理》、胡毅的《中学教学法原理》等，其内容体系均受美国进步主义教育思想特别是杜威实用主义哲学理论的影响。另外，设计教学法、道尔顿制、文纳特卡制、蒙台梭利教学法等不断导入和传播，直接促成国内各种教学实验的开展及其教材的编写。例如，在开展设计教学法实验的过程中国人开始编写相关设计教学法教材。据学者统计，"至1923年，国内出版有关设计教学法的专著已达13种，发表的论文达118篇"[1]。从中不难发现美国和日本设计教学法教材的影响。国人编写的设计教学法教材的内容范围大体一致，初步呈现出比较稳定的体系结构，即基本围绕设计教学法的理论介绍、设计教学法的实施和各科设计教学法实例等内容来展开，如赵宗预的《设计教学法之实际》、崔唐卿的《小学实施设计教学法》等。由上可知，20世纪初期，大批教育学者赴美留学，对美国进步主义及杜威教学论思想的导入、传播及推广具有十分重要的作用，同时对于创立近代中国教学论也产生了深远的影响。

其三，本土派学者。这部分学者虽未出国，但有机会接触国外的教学理论，

---

① 高天明. 20世纪我国教学方法变革研究 [D]. 兰州：西北师范大学，2001：54.

从而间接受其影响，如舒新城、沈百英并没有留学国外经历，却积极吸收国外教育思想进行教学改革实验。舒新城于 1919 年任教于湖南省立第一师范学校并积极参与推行选科制的改革，但尚未取得成功。1921 年，舒新城应邀到上海吴淞中国公学中学部主持校务并继续实行选科制和能力分组制的实验。在此过程中产生的一些问题使舒新城一直处于困惑中，于是他想到非改变现行的教学制度不可。此时，恰逢道尔顿制传入中国，舒新城认为道尔顿制能解决选科制和能力分组制中的许多问题，它在理论和方法上都比现行教育制度好。1922 年，舒新城决定在吴淞中学推行道尔顿制实验，并通过《教育杂志》刊载"道尔顿制专号"来宣传和推广道尔顿制，"于是全国轰动，各省教育界之来吴淞参观者络绎于途，每致我们应接不暇"①。1923 年 2 月，因吴淞中学内部对试行道尔顿制产生分歧，舒新城辞职，"但道尔顿制在十二年（指 1923 年——笔者注）以后之数年间却风靡一时。试行此制之学校几遍全国——尤以奉天为甚"②。沈百英于江苏省立第一师范附属小学实行的设计教学法实验主要受俞子夷的影响。1919 年秋，俞子夷于南京高等师范学校附属小学三个学级试行设计教学法改革，但此次实验未能取得预期效果。次年，俞子夷在原有设计教学法实验的基础上采取"合科设计法"并取得成功。从 1921 年秋起，俞子夷决定扩大设计教学法实验范围。同年 10 月全国教育会联合会议通过《推行小学设计教学法案》，南京高等师范学校附属小学遂成为全国教育界参观学习的"圣地"，而沈百英也专程到南京高等师范学校附属小学参观并向俞子夷请教，后沈百英在江苏省立第一师范学校附属小学初年级开始试行设计教学法实验，并邀请俞子夷任顾问，"因为教法有所革新，各地来苏州听课的络绎不绝"③。概言之，上述本土派学者虽没有留学经历，但他们积极宣传和介绍国外教学理论并把它们运用于中国教学实际。他们凭借自身的教学实践经验进行一系列较有影响的教学实验，促进了近代中国教学论的深入发展。

二、学者来源多元化

从教学论学者群体构成看，其主要分为以下几种类型。

其一，中小学一线的教师。他们积累了丰富的教学实践经验，也十分关注教

① 舒新城. 舒新城自述 [M]. 合肥：安徽文艺出版社，2013：192.

② 舒新城. 舒新城自述 [M]. 合肥：安徽文艺出版社，2013：192.

③ 陈原，等 .1897—1987 商务印书馆九十年——我和商务印书馆 [M]. 北京：商务印书馆,1987:286.

学改革，这方面可以葛承训为代表。葛承训（1899—?），字鲤庭，江苏无锡县（今江苏省无锡市）人。葛承训在教学论研究方面的贡献主要表现在以下几个方面：一是管理中学师范科。从东南大学教育科毕业后，葛承训被聘为江苏省立第四中学师范科主任，当时在江苏省设有师范科的中学仅此校，四年后他继任扬州中学师范科主任。二是管理幼稚园和小学。1928年春他任南京鼓楼幼稚园主任，后任江苏省无锡中学实验小学校长，开办天才班，此为国内试行天才教育之肇始，并推行中高年级的大单元教学实验。1931年，他任安徽省立第一女子中学实验小学校长，此后任上海工部局北区小学校长。三是编订课程。1928年教育部组织中小学课程标准起草委员会，他被聘为委员；1933年葛承训加入上海市教育局及江苏教育厅的幼稚园小学课程委员会，编订具体课程。四是从事著述。以儿童心理教育和小学教育为主要内容，如葛承训编著了《新儿童文学》《低年级算术教学新法》《小学各科教学法发凡》《幼稚园管理》《教学通论》等著作。他撰写的研究论文有《算术与蒙台梭利方法》《教学法书目选》《各科教学法书目新选》《无锡中学实验小学天才教育的实验计划》《情绪试验报告》《苏俄的小学课程》等。由上可知，葛承训具有中小学教学经验并在中学实行教学改革实验，对小学课程、教学法、教学测验等教学论内容开展广泛的研究，并通过编写教材及发表论文对其教学经验和改革成果进行总结，丰富了近代中国教学论思想。

其二，师范院校及大学教师。他们中不少人早年留学国外，回国后多在高校和大学从事教学论的教学和研究工作，可谓"学院派学者"，这方面可以罗廷光为例。罗廷光（1896—1993），号炳之，江西吉安人，1918年入国京高等师范学校教育专修科学习，从南高师毕业后曾在厦门集美师范学校和河南第一师范学校任教，主要讲授教育学。1925年秋，他入东南大学教育科进修，师从陶行知、廖世承、舒新城等著名教授。自南高师毕业至东南大学求学期间，他先后在《教育汇刊》《教育杂志》《中等教育》《中华教育界》《心理》等杂志上发表了多篇教学论研究论文，如《中学教授之论理学之商榷》《编制小学课程的两条要路》《小学算术心理研究》《小学算术心理测验法》《初级师范学校教授心理学之我见》等。罗廷光这一时期发表的文章，涉及教学、课程、心理学、师范教育等方面内容，并开始把心理学运用到教学研究中去。这些研究为其后来进行教学论研究奠定了基础。1926年，罗廷光从东南大学毕业后，先后任南昌鸿声中学、扬州中学和无锡中学教师，悉心研究教学法，开始着手编写《普通教学法》一书，并于 1930 年由商务印书馆出版。1928 年，罗廷光考取公费留学，入美国斯坦福大学教育研究院攻读教育史和教育行政专业，并集中大量时间探讨欧美教育科学研究的发展，肄业满一年转入哥伦比亚大学师范学院继续学习，除学习教育行政和比较教育外，罗廷光继续进行教育科学研究工作，并开始编写《教育科学研究大纲》一书。1931 年，他回国后任国立中央大学副教授，翌年 8 月任该校教育学院教育社会系主任及实验学校（包括附中、附小）校长。在此期间罗廷光开设了"教育研究"和"实验教育"课程，并在"实验教育"讲义的基础上整理编成《实验教育》一书。1936 年 8 月，他受聘于河南大学，任教授，兼任教务长和教育学系主任，开设"教育行政""比较教育"课程，并与李廉方、毛礼锐、邰爽秋一起努力搞好教育系的教学和科研工作，培养优秀人才，做出了很大贡献。1937 年，罗廷光任国立长沙临时大学文学院哲学心理教育系教授，讲授"普通教学法""比较教育"和"教育行政"等课程。1938 年 4 月，国立长沙临时大学迁至昆明，奉教育部令改校名为西南联合大学，设师范学院教育系，聘罗廷光任师范学院教育系教授兼任公民训育系主任，讲授"普通教学法""比较教育""教育行政"和"教育视导"等课程。1940 年，罗廷光在"普通教学法"讲义的基础上编撰出版专著《教学通论》，成为近代中国教学论发展的标志性理论成果。由此可知，罗廷光始终把教学与科研紧密结合起来，教学论研究已成为他教育研究中的重要组成部分。他在比较教育、师范教育、教育行政、教育史、教育学等方面的研究为其教学论的研究奠定了广博而坚实的理论基础。

其三，文化出版界人士，如庄俞、蒋维乔、叶圣陶、陆费逵等。他们中的有些人一生经历丰富，往往身兼数职，其经历、职业和身份反映出明显的"流动性"特征。此类人士我们以庄俞和蒋维乔为例。庄俞（1876—1938），字伯俞，江苏武进（今江苏省常州市）人。1900 年他受聘为武阳公学教习，后入商务印书馆编译所任职。1905 年冬，商务印书馆创办小学师范讲习所并设附属小学以供实习，次年附属小学改为"尚公小学"，成立校董事会，庄俞为董事会成员之一。尚公小学成立之初，学生人数较少，学校采用复式教授，后学生人数增加，学校设初等小学科和高等小学科。1913 年，庄俞发表《采用实用主义》一文，提倡儿童在学校所受的教育均应适于社会生活的需要。受此影响尚公小学也注重实用主义教育，授予学生生活上必需的知识技能。初等小学科重视启发式教学，高等小学科采用启发式和输入式结合的教学方法。1920 年，教育部通令国民学校采用国语教授，高等小学国语和国文参合教授，为此商务印书馆根据教育部令率先编辑修身、国文、算术、历史、地理、格致教科书，定名为《最新教科书》。庄俞与蒋维乔合编的《最新国文教科书》，系"近代中国第一部形式和内容均较完备的教科书"①。"三日而罄，其需要情形可以想见。自此扩大编纂，小学而外，凡中学、师范、女子各教科书，络绎出版，教学之风，为之改变。"②此后，庄俞始终致力于编写中小学教科书，先后编有《单级教科书》《简明教科书》《共和国新教科书》《实用教科书》《新学制教科书》《新法教科书》等课本。除编写教科书外，庄俞还发表教学论研究论文，如发表《中学课程私议》等。蒋维乔（1873—1958），字竹庄，号因是子，江苏武进县（今江苏常州）人，毕业于南箐书院，1903 年任爱国学社教员。该学社实为中学性质，学生分一、二、三、四年级，一、二年级国文教员由蒋维乔担任。同年夏，他入商务印书馆编译所编辑国文、历史等教科书并研究教育、心理等。在蒋维乔的劝说下，商务印书馆出资开办小学师范讲习所，来学者均为地方办学人员，学成后回地方主持教育。民国成立后，他参与筹建中华民国临时政府教育部并任秘书长，起草《中华民国普通教育暂行办法》，后任北京政府教育部参事，积极推行南京临时政府颁布的学制方案。1913 年秋他继续主持商务印书馆的教科书编辑工作，并于 1917 年与黄炎培等人赴日本、菲律宾考察教育，后历任江苏省教育厅厅长、东南大学校长、光华大学教授、上海正风文学院院长。除编写教科书外，蒋维乔还曾编撰教育学、教学论教材，如《教授法讲义》，系"师范讲习社师范讲义"，全书分两编，介绍国文、修身、算术、史地、唱歌、英语等科教授法，包括复式、单级、二部教授法；其中国文科教授法分目的、教材和教法三个部分，教法部分分为读法、缀法、书法和话法四项。

此外，还有一种类型的研究者，即长期从事教育行政管理工作的学者型官员，以范源濂、袁希涛等人为代表。范源濂（1875—1927），字静生，湖南湘阴人，1897 年入湖南时务学堂就读，次年先后留学日本大同学校、东亚商业学校

① 贾馥茗. 教育大辞书 [M]. 台北：文景书局，2000：577.
② 陈原，等. 1897—1987 商务印书馆九十年——我和商务印书馆 [M]. 北京：商务印书馆，1987：724–725.

及东京高等师范学校。1902年他任教东京弘文学院，1904年回国后推动湖南女子留学日本师范，次年入北京任学部主事，主持筹办京师法政学堂。1909年他任学部参事，参与拟订《考选游美学生办法》，建议将留美预备学堂更名为清华学堂。1912年范源濂出任北京教育部次长，次年任中华书局编辑部部长。1916年他出任教育部总长兼署内务总长，其间废止《教育要旨》和《教育纲要》，并力邀蔡元培任国立北京大学校长。1917年他辞去总长职务，参与筹设南开中学大学部。1920年他再任教育总长，1922年任中华教育改进社董事，1924年任国立北京师范大学校长，任内确立"造就师范与中等学校教师及教育行政人员并研究专门学术"的宗旨，提倡人格教育。尽管范源濂一直从事教育行政管理工作，但在1913年任中华书局编辑部部长时主持编写初小、高小教科书，如《中华女子国文教科书》《新制单级修身教科书》《新编中华修身教科书》《新制单级国文教科书》《中华师范教科书》等，为中小学教科书的编撰及教学论的发展做出了贡献。

三、注重教学理论与实践相结合

教学论是一门实践性特征很强的学科，许多教学论学者既掌握先进的理论知识，又具有中小学实践的深厚背景和丰富经历，因而他们善于把教学理论和实践结合起来，在此基础上来探索有中国特色的教学论思想和学说。除前述的葛承训、罗廷光外，沈百英、刘百川可谓其代表人物。

沈百英（1897—1992），江苏吴县人，1918年毕业于江苏省立第一师范本科，1920年入江苏省立第一师范学校附小担任设计教学法实验班主任。沈百英重视教育实验，他相信"教育应该从教育实验中得来的缘故"[1]，任何一种新的教学方法只有通过实验验证才能确立并运用，因而教育实验十分必要，"世上经济的事实莫过于如此"[2]。为此，他积极投入教学实验中。1920年，沈百英和顾西林在俞子夷的指导下从事设计教学法实验，次年沈百英在该校开展改进设计教学法实验，并对实验过程中出现的问题进行总结。杜威访华时，曾参观江苏省立第一师范学校沈百英主持的设计教学法实验并赞扬他"课上得好，试行有结果"[3]。此后，

[1] 沈百英. 实验教育的初步工作 [J]. 教育杂志,1931（21-5）: 13.
[2] 沈百英. 实验教育的初步工作 [J]. 教育杂志,1931（21-5）: 13.
[3] 沈百英. 实验教育的初步工作 [J]. 教育杂志,1931（21-5）: 9.

沈百英在该校试行的设计教学法实验受到国人的关注，各地小学纷纷来校参观，并邀请沈百英去各地进行演讲。1922年，沈百英撰写出版《设计教学试验实况》，目的在于对设计教学法实验作一全面探讨。1925年，沈百英担任商务印书馆创办的尚公小学校长，在该校他对教材、教法、课时等进行改革，如在低年级采用设计教学法，中年级实行中心联络法，高年级采用道尔顿制。实验结束后，他把实验过程及结果编成《设计教学法实施报告》一书。

刘百川（1903—1971），江苏滨海县人，1921年入江苏省立第八师范学习，1925年入江苏师范学校学习，在此期间发表著作《小学教学法通论》，该书被收入"师范小丛书"。1926年6月，刘百川从江苏师范学校毕业后入东南大学暑期补习班补习，选读"小学教学法""儿童心理""小学行政"等课程，暑期三个月结束后受聘为江苏省第三女子师范学校附属小学教师。1927年他入江苏淮阴中学附属实验小学任教，后任阜宁县教育局教育课主任兼县立师范教员，1929年任江苏省东海中学附属实验小学校长。1930年，刘百川任扬州中学实验小学教导主任。扬州中学实验小学是当时的名牌小学。任职期间他在该小学开展复式教学实验，并主讲"小学行政"课程，因其"有理论知识和办学经验，授课不久，同学交口赞誉……先生治学有方，许多同学乐于追随左右，研讨教材、教法"①。除授课外，刘百川编撰了《小学各科教学法之实际》及《一个小学校长的日记》，后者系作者以其自身教学经验撰写而成，内容丰富，情感亲切，成为后人研究该时期小学教学的重要参考资料。1935年，刘百川任江苏镇江大港乡村教育实验区主任，在此期间组织"中国教育研究社"并刊发"小学教师丛书"共二十余种，此外还主编"实际的小学教育丛书"一套，共十多种。在大港乡村教育实验区的两年时间内，刘百川就其进行的教育实验发表相关著述及论文，如《实际的小学校务实施记》《乡村教育论集》《乡村教育的经验》等。

---

① 江苏省盐城市委员会文史资料研究委员会. 盐城文史资料选辑（第九辑）[M]. 盐城：盐城市政协，1990：105.

第五章

近代中国教学论学者群体的历史贡献

群体认同能够形成巨大的权力。权力常常被认为与对资源的控制有关。[①] 这些群体的巨大权力来自多数人之间的协作而非资源。[②] 自 20 世纪初期，日本赫尔巴特五段教授法传入中国，国人通过在师范学校开设教学论课程、译编教学论教材，借助平台传播与交流教学论研究成果、开展教学实验等，为近代教学论学科的形成与发展做出很大贡献，同时在教学论学科发展过程中形成了一个教学论"学术共同体"，以此对教学论学科的研究内容、研究范围、研究方法等进行规约，以此促进教学论学科规范，促进教学论学者群体的认同。在此基础上形成教学论的研究范式、研究性质、体系结构等，最终形成教学论研究范式，促使教学论学科不断深入发展。

一、推进了西方教学论的导入

20 世纪上半叶，教学论学者主要通过翻译和自编教学论教材来推进西方教学论在中国的导入。五四新文化运动前，主要以日本为媒介翻译了日本教育学和教学论著作、教材和讲义。如王国维翻译了日本立花铣三朗的《教育学》、赫尔巴特的《教授学》等。据统计，1901—1914 年从国外引进的教育类书籍有 119 本，

---

① 拉塞尔·拉丁. 群体冲突的逻辑 [M]. 刘春荣，汤文艳，译. 上海：上海人民出版社，2013：20.
② 拉塞尔·拉丁. 群体冲突的逻辑 [M]. 刘春荣，汤文艳，译. 上海：上海人民出版社，2013：21.

绝大多数曾被用作学校教材，其中，教授学（法）教材有 31 种，位居第二。[①]据相关资料，1901—1915 年中国教学论教材总数约为 120 种，其中翻译教材 48 种（教授学 7 种、教授法 41 种）。[②]五四新文化运动后，特别是杜威访华，传播其实用主义教学论思想之后，孟禄来华，美国进步主义教学方法相继传入中国，国人在借鉴美国实用主义教学论的基础上翻译欧美、苏联等的教学论教材。据相关资料统计，1916—1927 年教学论教材总数约为 68 种，其中翻译教材为 30 种，占教学论总数的 44%。[③]1928—1949 年堪称近代中国教学论教材译介和编写的"高峰期"。通过查阅得知，该时期教学论教材总数为 118 种，其中翻译教材为 23 种，占该时期教材总数的 19%。[④]总体而言，20 世纪上半叶，中国教学论的初创是从西方引进之路开始的，这主要与当时中国所处的社会环境有关，即与近代中国现代化属于后发外生型以及西方文化在中国的传播属于先物质、制度后观念有关。而新式学堂的创办和师范教育的兴起直接促成了教学论学科的导入，其中教学论学者也推动了教学论在中国引进的历程。

（一）日本教学论教材的译介

在近代中国教学论学科初创之际，为了适应学校教学改革的需要，通过翻译或编译的方式出版教学论教材，使得该学科的教材建设尽快摆脱"贫困"状态，这是包括教学论在内的中国近代各门学科发展的必由之路。而且，这一时期翻译引进的教材不宜太少，否则国人便无从发现教学论学科在国外所取得的成就及其发展水平，而且不以一定数量的教材为基础，不仅无法满足当时师范教育发展的需要，教学论学科在中国的发展也会因此受到限制。需要说明的是，20 世纪最初 15 年间翻译引进的教授学（法）教材虽主要来自日本，但也有少数来自其

---

① 侯怀银. 中国教育学发展问题研究——以 20 世纪上半叶为中心 [M]. 太原：山西教育出版社，2008：36.

② 平心. 生活全国总书目 [M]. 北京：生活书店，1935；北京图书馆. 民国时期总书目 (1911—1949) 教育·体育 [M]. 北京：书目文献出版社，1995.

③ 北京图书馆. 民国时期总书目（1911—1949）教育·体育 [M]. 北京：书目文献出版社，1995；侯怀银. 中国教育学发展问题研究——以 20 世纪上半叶为中心 [M]. 太原：山西教育出版社，2008；周谷平. 近代西方教育理论在中国的传播 [M]. 广州：广东教育出版社，1996；郑金洲，瞿葆奎. 中国教育学百年 [M]. 北京：教育科学出版社，2002.

④ 侯怀银. 中国教育学发展问题研究——以 20 世纪上半叶为中心 [M]. 太原：山西教育出版社，2008；周谷平. 近代西方教育理论在中国的传播 [M]. 广州：广东教育出版社，1996；郑金洲，瞿葆奎. 中国教育学百年 [M]. 北京：教育科学出版社，2002.

他国家，例如，介绍欧美教学论的《威尔曼氏之教化学》和《巴嘉士之统合教授论》，此外还出版了美国耳哈著、罗子黑译的《儿童教授法》以及美国学者梅真耐（J. Merrill）著、亮乐月译的《婴孩学堂教授法》等。总体而言，1901—1915年，教学论教材主要有教授学、教授法两大类型。尽管当时这两类教材的区分标准很不严格，但总体而言教授学教材侧重介绍教学原理或理论，教授法教材则侧重介绍教学方法；而且这一时期教授法教材的数量远较教授学教材的数量为多，这主要是为了适应学校教学实践的需要。当时教育界出现了重视具体方法而轻视一般理论的倾向，从而导致了教授学教材相对"贫乏"而教授法教材相对"繁荣"的局面。另外，这一时期出版的教授法教材主要包括普通教授法和学科教授法两类。普通教授法教材主要介绍教授法原理、幼儿教授法、小学教授法、中学教授法等，而学科教授法教材则主要介绍修身、国文、算术、地理、历史、图画、体操、唱歌、手工、物理、化学、博物等各门科目的教授法。

（二）美国教学论教材的引进

1915—1927年，除从美国及其他欧美国家引进教学论教材之外，日本的教学论教材继续传入我国，但清末民初总的态势是由以日本为主转为以美国为主。据统计，编译教材主要来自美国，其数目为27种，占编译教材总数（30种）的90%；从日本引进2种，即棚桥源大朗著、陈润霖等译的《新理科教授法》和入泽宗寿著、罗迪先译的《新教授法原论》。[1]1928—1949年，从美国传入的教学论教材包括教学论原理、中学教学法、各种教学方法及教学组织形式，如设计教学法、道尔顿制等方面的教材。此外，还编译了少量日本教学论教材，如入泽宗寿著的《新教授法原论》。从教材类型看，主要包括普通教学法教材和各种教学法（含教学组织形式）教材。普通教学法教材主要介绍教学法原理，包括中小学教学法等；各种教学法教材主要包括国人翻译的美国进步主义教学法教材及国人自编的各种教学法教材。与清末民初相比，该时期国人编写的教学论教材内容呈现多样化态势。

---

① 北京图书馆. 民国时期总书目（1911—1949）教育·体育[M]. 北京：书目文献出版社，1995；张静庐. 中国近代出版史料·二编[M]. 上海：上海书店出版社，1954；侯怀银. 中国教育学发展问题研究——以20世纪上半叶为中心[M]. 太原：山西教育出版社，2008.

二、推动了近代教学论的建设

20世纪上半叶，教学论学者从事翻译、编辑、出版、实验等活动，为后来的教学论研究留下了宝贵的学术研究成果资料，为我们了解教学论历史发展以及开展教学论学科史研究提供了宝贵资料。

（一）出版教育学刊物和工具书

20世纪上半叶，从教学论学者群体来源看，有部分出版界人士从事与翻译、编辑、出版教学论书刊相关的职业。参与编辑和自己创办教育学刊物、工具书，对传播教学论研究成果具有十分重要的作用。1901年，罗振玉主编的《教育世界》创刊于上海，此刊物刊载了国人译介的赫尔巴特"五段教授法"内容，"五段教授法"自此成为国内新式学堂普遍采用的教学方法，同时促进了国内教学论学科的初步形成。1909年，陆费逵在上海创办《教育杂志》，该刊成为中国近代历史上时间最久、影响最大的教育刊物之一。借助此刊物，教学论学者撰写、传播教学论研究的学术成果，如1924年该刊刊载了"小学各科教学法号"，促进了小学教学法的探讨与革新。1912年，陆费逵于上海创办《中华教育界》，刊载了相关中小学教学法、教材、教学实验等论文，成为教学论研究者发表自己的观点、传播教学论研究成果的重要刊物。20世纪20年代，南京国民政府成立后，我国教学论学科处于发展稳定时期，其中包括教学论专著的出版、教学方法实验的开展、课程标准的制订、教学论学科群体的形成等。1935年，日本侵吞东北，策划"华北自治"。国难时期，广大教学论学者对当时课程、教材、教学方法存在的问题进行了批判与建议，以期适应当时国家发展的需要。改革中小学的课程、教学与教法等，培养学生的民族精神来应对民族危亡，已成为当时教学论学者关注和探讨的主题。1935年，正中书局创办的《教与学月刊》杂志恰逢其时，为教学论学科发展提供了平台。该刊邀请一批颇有深望的教学论研究学者撰写一系列有关教学、课程、教科书、教法等内容的文章，同时编辑还不定期推送"教学论专题号"来邀请教学论学者深入探讨课程与教学问题，推动了抗战全面爆发前后教学论学科研究的深入发展。

我国学者刘龙心指出："事实上'学科'这个名词，是清末实行学堂分科教育以后才逐渐由西方引进的一种知识分类概念"①，在定义上，"它具有学术领域、课程、纪律、严格的训练、规范、准则、约束以至熏陶等多重含义"②。这种以"知识性质作为分类标准的学科概念，非但正式成为近代教育体制中分门画界的主要依据，同时也构成了 20 世纪学术发展的基本构架"③。美国学者华勒斯坦等认为，从学术史视角看"称一个研究范围为一门'学科'，即是说它并非只是依赖教条而立，其权威性并非源自一人或一派，而是基于普遍接受的方法和真理"④。或者说，"称一门知识为一学科，即有严格和具认受性的蕴意"⑤。近代中国教学论作为一门学科，也不例外。1928 年中华书局出版的《中国教育词典》收录了"教学法"词条，将其内涵、研究范围与方法界定为："通常称专论各种教授方术者为教学法。惟教授方术须有适当之原则为之指导，故教学法之范围可分为两部分：一为教导与学习之原则，此项原则须合于教育之目的且须以生理学、心理学、社会学之研究结果为依据；二为教授方术，即教授各种学科之具体方法，常因其研究范围之广狭而有普通及各科教学法之别。"⑥1930 年商务印书馆出版的《教育大辞书》列有"教授学""教学法""教学原理""教学法概论""教学之方式（目的、阶段、准备、调节、时数、细目）"等词条，主要对教学论的学科性质、教学法原理、教学研究内容进行具体阐析。因此，从《教育大辞书》所介绍的内容来看，教学论已具备作为一门学科的特征。1938 年出版了庄泽宣编写的《教育学小词典》，其中列有"普通教学法""教学法""课程""课程编制"等词条。1941 年教育部编写的《教育学名词》收入了"教学法""分科教学法"等词条。所有这些均表明近代中国教学论已作为一门学科被学界认可。

（二）编写教学论著作与教材

20 世纪上半叶在中国"教学和训练的目的一直压倒了研究和学术的目的，教育学的教材建设成为教育学研究的重心，编写教材成为教育学研究的基本方式，

---

① 刘龙心. 学术与制度——学科体制与现代中国史学的建立 [M]. 北京：新星出版社，2007：2.
② Simpson J, Weiner E S C. The Oxford English Dictionary[M].Oxford: Oxford University Press,1989,Volume 4:574—575.
③ 刘龙心. 学术与制度——学科体制与现代中国史学的建立 [M]. 北京：新星出版社，2007：2.
④ 华勒斯坦，等 . 学科·知识·权力 [M]. 刘健芝，等，编译. 北京：生活·读书·新知三联书店，1999：13.
⑤ 华勒斯坦，等 . 学科·知识·权力 [M]. 刘健芝，等，编译. 北京：生活·读书·新知三联书店，1999：14.
⑥ 王倘，等. 中国教育辞典 [M]. 上海：中华书局，1928：653—654.

教育学中国化就成为教育学教材的中国化"①。依此观点来反观近代中国教学论的发展历史，应该说更是如此。由于教学论是近代中国师范学校及综合性大学教育学科开设的主要课程之一，也由于教学论学科具有很强的实践性这一基本特征，近代中国教学论学科的理论构建集中体现在教学论教材的建设上，因而教学论教材也成为考察近代中国教学论构建的主要"窗口"之一。

据相关资料，1901—1915 年中国教学论教材总数约为 120 种，其中国人自编教材约 72 种（教科书的连册数，同一种教材的再版数，在此均按一种教材统计）。②1901—1915 年，教学论教材主要有教授学、教授法两大类型，尽管当时这两类教材的区分标准很不严格，但总体而言教授学教材侧重介绍教学原理或理论，教授法教材则侧重介绍教学方法；而且这一时期教授法教材的数量远较教授学教材的数量为多，这主要是为适应学校教学实践的需要，教育界出现了重视具体方法而轻视一般理论的倾向，从而导致了教授学教材相对"贫乏"而教授法教材相对"繁荣"的局面。另外，这一时期出版的教授法教材主要包括普通教授法和学科教授法两类，普通教授法教材主要介绍教授法原理、幼儿教授法、小学教授法、中学教授法等，而学科教授法教材则主要介绍修身、国文、算术、地理、历史、图画、体操、唱歌、手工、物理、化学、博物等各门科目的教授法。值得注意的是当时学科教授法教材主要介绍小学教授法，而介绍中学教授法的教材则相对较少，随着近代学校教育的改革和发展，介绍中学教授法的教材才逐渐增多，如出版了朱元善的《理科新教授法》等。此外，清末民初为减缓师资匮乏的压力而倡导单级教授法和复式教授法，与此类教学组织形式相配合也出版了介绍单级教授法及复式教授法的教材。如朱孔文编的《教授法通论》，蒋维乔编的《教授法讲义》，周维城、林壬、孙世庆著的《实用各科教授法讲义》，钱体纯著的《教授法》（本科用师范学校新教科书），汤本武比古的《教授学》和李廉方的《新制各科教授法》等。据相关资料统计，1916—1927 年教学论教材总数约为 68 种，

① 侯怀银. 中国教育学发展问题研究——以 20 世纪上半叶为中心 [M]. 太原：山西教育出版社，2008：96.
② 平心. 生活全国总书目 [M]. 北京：生活书店，1935；北京图书馆. 民国时期总书目 (1911—1949) 教育·体育 [M]. 北京：书目文献出版社，1995.

其中国人自编教材为 38 种，占教学论总数的 56%。[1]1928—1949 年堪称近代中国教学论教材译介和编写的"高峰期"。通过查阅得知，该时期教学论教材总数为 118 种，其中国人自编教材数为 95 种，占该时期教学论教材总数的 81%。[2]此类教材主要包括普通教学法、中小学教学法教材，如施脱兰欧著、俞子夷译的《教授法概要》，麦克司卫尔著、施仁夫译的《教学观察法》，帕刻著、俞子夷译的《普通教学法》，棚桥源大朗著、陈润霖等译的《新理科教授法》，格利哥莱著、严既澄译的《教学的七个法则》，推士著、王进译的《科学教授法原理》，陈云涛的《普通教学法大纲》，萧承慎的《教学法三讲》，王镜清的《普通教学法大纲》，程其保的《教学法概要》，刘百川的《小学教学法通论》，龚启昌的《中学普通教学法》等。该时期传入国内及国人编写的教学法（含教学组织形式）教材包括设计教学法、启发式的教学法、道尔顿制、分团教学法、实验复式教学法、协动教学法等，如孙世庆编纂的《设计式的教学法》，赵宗预编的《新著设计教学法》，芮佳瑞著的《实验设计教学法》，薛天汉编的《最新实验设计教学法》，马克马利著、杨廉译的《设计教学法》，马克马利著、李振南译的《启发式的教学法》，舒新城编的《道尔顿制概观》等。此外，20 世纪三四十年代，教学论研究呈现深化的趋势，出现了一批侧重教学理论研究或理论体系较为系统的教学论译著和专著，它们大多曾用作教学论教材，如巴格莱、克玉书的《教学概论》，罗廷光的《教学通论》，葛承训的《教学通论》，王士略的《教学原理》等。

（三）探索教学论中国化

自 20 世纪初教学论导入中国，教学论中国化一直是近代教学论学者的追求。在此过程中学者们为了教学论学科的形成与发展开展了一系列活动。庄泽宣在《如何使新教育中国化》中提出中国化要"合于中国的国民经济力，合于中国的社会状况，能发扬中国民族的优点，能改良中国人的恶根性"等四个条件，认为"新教育中国化首要考虑国家经济状况和民众的接受能力以及沿海与内地、城市

---

[1] 北京图书馆. 民国时期总书目（1911—1949）教育·体育 [M]. 北京：书目文献出版社，1995；侯怀银. 中国教育学发展问题研究——以 20 世纪上半叶为中心 [M]. 太原：山西教育出版社，2008；周谷平. 近代西方教育理论在中国的传播 [M]. 广州：广东教育出版社，1996；郑金洲，瞿葆奎. 中国教育学百年 [M]. 北京：教育科学出版社，2002.

[2] 侯怀银. 中国教育学发展问题研究——以 20 世纪上半叶为中心 [M]. 太原：山西教育出版社，2008；周谷平. 近代西方教育理论在中国的传播 [M]. 广州：广东教育出版社，1996；郑金洲，瞿葆奎. 中国教育学百年 [M]. 北京：教育科学出版社，2002.

与乡村的区域差异；其次需要了解中国社会的实际状况；而关于发扬民族的优点，他强调关键在于培养民族自信心；最后要通过改造中国人过于重文字、重名而不求实和重仿效而轻创造的特性去改良中国人的恶根性"①。近代中国教学论中国化主要是通过编写教材、开展教学方法实验、创办教育研究机构来进行的。

首先是教材编写的中国化探索。自 20 世纪初期，教学论学者在译介国外教学论教材的过程中，也开始自编教材。在自编教材的过程中，教学论学者均根据国内教学实际情况改编了教材内容和结构。如朱孔文曾就《教授法通论》的写作意图介绍道："一是我国的教授法，而非外国教授法；二是国民教授法，而非个人教授法；三是活用教授法，而非死煞教授法。"② 但这也在一定程度上反映出这一时期国人将教学论仅仅看作一门解决学校教学实际问题的学科，体现了一种"急功近利"的普遍心态。关于李廉方的《新制各科教授法》的编撰宗旨，作者在序言中做了如下说明："一、本书各科次序遵教育部小学校教则之规定以便教授者参考条文；二、本书各科要旨及材料方法发挥教育部教则以便实际教授；三、本书论教式、教材、教法，征引东西洋最新之学说，旁搜吾国实际教授者之理论，参以编者经验，务求精审，多他书所未发之论，与稗贩抄袭者不同；四、引用事例名词，皆采吾国所固有者，其为吾国特殊之材料，本教授之原则与实际之经验推开立论，不为削足就履之谈。"③ 秉持此宗旨，作者在传达赫尔巴特教学思想和理论的同时十分关注当时国内教育发展的进程、动态和趋势，试图紧密联系现实，有针对性地阐述有关教学改革的主张和建议，力求为教育界和广大教育工作者提供理论指导或借鉴。

其次是教学方法实验的开展，探索"中国化"的教学实验。我国的教学方法是发轫于我国近代社会的产物，走过了漫长又曲折的变革发展之路，大致经历了留学生对西方教学方法的引进、移植和实验，进行理论反思以及中国化实验探索的三个阶段。这三个阶段也是教学方法"中国化"过程。五四新文化运动后，美国进步主义教育家杜威来华，传播其实用主义教育思想，随之美国进步主义教学方法传入中国，如文纳特卡制、设计教学法、道尔顿制等，国内教学论学者对上

① 庄泽宣. 如何使新教育中国化 [M]. 上海：民智书局，1929：23-24.
② 朱孔文. 教授法通论 [M]. 上海：时中学社，1903：4.
③ 李廉方. 新制各科教授法 [M]. 上海：中华书局，1914：3.

述教学方法开展实验研究，以此探寻教学方法的"中国化"。为了达到理想的教学效果，留学生相继将引介进来的教学方法付诸实践。从整体上来说，我国近代教学方法的中国化，"首先是发起对中国封建的传统教学方法的进攻，然后在引进了西方教学方法的基础上才发生了对西方传统方法的变革"①。尽管实验结果均以失败告终，舒新城认为，"无论何种新方法之发现，原意在补救旧的弊病，方法不过是一种手段，目的在于满足当时的需要"，所以一定要弄清"它的原理何在，产生之原因何在，这方法，是否是我们所需要"②。这说明国内教学论学者已经意识到国外教学方法不一定适合中国国情，认识到教学理论与实践研究的"中国化"问题。

最后是教育研究机构的创办，开展适合国情的教学实际问题调查与研究。20世纪20年代前后，我国教育家开始反思从西方移植或模仿而来的新教育是否合乎国情。他们主张对新式教育进行必要的研究与实验，以便在此基础上创建适合我国的教育。虽然在此前后成立了诸多教育社团，但这些教育社团大多结构松散、人员经费不足，难以深入开展教育研究与实验。③五四运动后，北京高等师范学校和南京高等师范学校相继设置教育科或教育系，但"多半是训练师资而非教育研究与实验的机关，偶尔附带有研究性质的，人才与经费又不集中，效果很小"④。针对教育研究与实验之不足，教育家呼吁，"应当选一个全国适中的地方设一个教育研究所专做这件事"⑤。1928年，陶行知在全国教育会议上提议："由大学设立教育研究所，聘请专门人才，分工研究。所中一大部分工作是要试验中小学的。"⑥是年2月，国立中山大学创办教育学研究所，标志着我国"有此种教育专门研究机关，实以此为嚆矢"⑦。1931年6月，国立北平师范大学研究院成立，内分"教育科学门"与"历史科学门"。据《教育科学门章程》规定，教育科学门以"研究高深教育学术、借资改进中国教育"⑧为宗旨。1932年9月，经北平

---

① 丁证霖. 中国近现代改革教学方法的历史与经验 [J]. 教育评论，1986(1)：24.
② 侯怀银. 中国教育学发展问题研究——以20世纪上半叶为中心 [M]. 太原：山西教育出版社，2008：78.
③ 侯怀银. 民国教育学术研究 [M]. 长沙：湖南教育出版社，2018：176.
④ 庄泽宣. 如何使新教育中国化 [M]. 上海：民智书局，1929：35.
⑤ 庄泽宣. 如何使新教育中国化 [M]. 上海：民智书局，1929：35-36.
⑥ 顾明远，边守正. 陶行知选集（第一卷）[M]. 北京：教育科学出版社，2011：177.
⑦ 国立中山研究院教育研究所. 本所研究事业十年 [M]. 广州：中山大学出版社，1937：1.
⑧ 黎锦熙. 研究所略史 [J]. 师大月刊，1932（1）：60.

师范大学校务会议决定再次将教育研究院改为教育研究所，旨在"训练教育研究之专门人才；研究教育问题；纂辑各科教材等"①。此后，国立综合性大学和国立师范大学拥有良好的教育环境、教学设备、师资等，率先建立教育研究机构，促进了大学教育学术的发展。

（四）探寻教学论科学化

近代中国教学论科学化发展主要受欧美教育科学化运动影响，特别是五四新文化运动后，杜威、孟禄、推士、麦柯尔等美国学者相继来华以及庚款留美生回国，促进了中国教育科学化运动的兴起与发展。随之，国内学者以师范学校和大学、教育学会、教育研究机构、教育期刊等为实践平台，通过教学论科学化课程设置及其教学、创办教育科学学术研究机构、出版教学论著作以及运用教学调查、测验、统计、实验等科学的研究方法来践行教学论"科学化"思想，加快了近代中国教学论科学化发展进程。不可否认，教学论科学化的开展呈现出教学论的心理学取向、教学论的实验化趋势、传统教学论思想与西方研究范式的科学结合等特点，使得教学论的学术性和专业性得以增强，学科建制日趋完善。然而，在教学论科学化发展过程中也存在教学价值判断之缺失、教学教育性价值之忽视、唯科学方法论等局限性。具体而言，探寻近代教学论学者开展的"教学论科学化"研究，主要从以下几方面着手：一是主要以近代中国师范学校和大学教育学科为实践平台，探讨教学论科学化课程设置及其教学状况，力求较为集中地反映近代中国教学论科学化人才培养的情况。二是对教育学会、教育研究机构以及教学论专业期刊所开展的教学论科学化研究及其学者群体进行较为系统的考察。在此基础上分析近代中国教学论科学化开展群体的构成并揭示其主要特征。三是以陶行知、赵廷为和钟鲁斋为人物个案，考察他们所从事的教学论科学化思想与实践，即在师范学校或大学教育学院教授教学论科学化课程、开展科学化教学实验、撰写教学论科学化的研究成果与著述等，并在此实践过程中，不断积累经验，丰富和完善教学论科学化思想，从而促进教学论科学化的进一步发展。四是主要对近代中国教学论科学化开展的特点、成就及其局限性进行分析。其特点主要从教学论的心理学取向、教学论的实验化趋势、传统教学论思想与西方研究范

---

① 国立北平师范大学一览编辑组. 国立北平师范大学一览[M]. 北平：国立北平师范大学，1934：224.

式的科学结合等三方面来阐述。

（五）构建了教学论学科体系

首先是对教学论定义的探讨。从近代中国教学论产生、发展的历史进程及其实际情况来看，清末以普通教学论研究为主，学科教学论依附于普通教学论，而且由于当时两者之间的界限尚不清晰，所以论述普通教学论的教材及著作中大多包含学科教学论的内容。民国时期，学科教学论与普通教学论相分离并受到广泛关注，甚至一度出现了小学各科教材教法研究的热潮。20世纪二三十年代以后，作为教学论组成部分的课程论也逐渐从教学论中分化出来，最终形成独立的研究领域。有鉴于此，本书所说的教学论主要指普通教学论、学科教学论、课程论及其相关问题的理论。

其次是对教学论的学科性质的探讨。19世纪，赫尔巴特把教育学分为"教育学的基础""一般教育学"和"特殊教育学"，前者属于理论教育学中"目的门"，后两者属于实践教育学中"方法类"内容。莱因把系统教育学（狭义教育学）分为"理论门"和"实际门"两类，而于"理论门"中复分为"目的论"和"方法论"两部分，方法论复分为"教授论"和"管理论"，其中"教授论"又分为"通论"和"各论"，"管理论"又分为"训育论""养护论"和"教导论"。较之赫尔巴特的教育学分类，莱因的教育学分类较为完备，体系结构颇为严密。近代中国教育学者大都秉承了赫尔巴特、莱因对教育学体系组成部分的分类法，对教学论在教育学体系中的归属问题形成了以下三种不同的观点：其一，把教学论（教授论、教授法、教学法）归于"理论类"。其二，把教学论（教授论、教授法、教学法）归于"实际（实践）或应用类"。其三，把教学论（教授论、教授法、教学法）归于"理论"类，而把学科教学论（各科教学法、各种教学法）归于"实际（实践）或应用"类。

然后是对教学论的研究对象的探讨。关于对教学论研究对象的认识，近代学者虽没有进行专门探讨，但从当时出版的教学论著作或教材中可管窥中国学者对教学论研究对象的认识。教学论是研究教学规律及其应用的科学，教学规律的探索达到什么水平，是判断教学论是不是科学或这门学科的科学性强弱的标志。[1]

---

① 董远骞. 中国教学论史 [M]. 北京：人民教育出版社，1998：103.

再次是对教学论的学科体系的探讨。20世纪上半叶，通过教学论教材可以考察教学论学科体系。清末民初，受赫尔巴特教学论影响，教材框架主要包括以下三种：（1）"总论—分论"框架。"总论"以介绍教授学原理内容为主，如教授的宗旨、类型、内容等；"分论"部分主要介绍了各学科和科目的教学方法，当时中小学开设的科目主要有算术科、历史科、地理科等，如多田房之助的《教授指南》、蒋维乔的《教授法讲义》和东基吉的《小学教授法》即为其代表作。（2）"目的—材料—方法"的框架。多以"章节"的形式呈现，其内容包括教授的定义、目的、材料和方法等，长谷川乙彦的《教授学原理》和朱孔文的《教授法通论》即为其代表作。（3）"分论"框架。介绍各科目及其教学的方法内容，如周维城《实用各科教授法讲义》等。

最后是教学论的研究方法的形成。就整个教育学而言，有历史、比较、科学和哲学研究法；就"科学的研究"而言，其中主要包括"调查法""观察法""测量法""实验法""统计法"等；就更为具体的方法而言，还有"问卷法"、"访问法"（即访谈法）、"案由法"（即个案法）等。近代学者在开展教学论研究时，综合运用了上述研究方法。

三、培养教学论专业人才

近代中国教学论专业人才培养主要通过两条途径：一条途径是教学论学者依托师范学校和大学教育学院，给本科生开设教学论课程，开展教学实习，撰写本科毕业论文，以此达到本科毕业要求。毕业后进入中小学或教育行政机构任职。另外一条途径是通过教育研究机构培养教学论专业研究生，自1928年国立中山大学教育研究所成立以后，依托国立师范大学和国立综合性大学成立的教育研究机构成为培养教学论硕士人才的重要途径。借助教育研究机构，通过设置教学论课程、开展教学实验、撰写教学论研究论文等来培养教学论专业人才。这些学生毕业后分配到中小学或高校，成为促进教学论学科专业发展的重要力量。

余 论

仔细梳理教学论学者群体在近代中国开展的学术史研究脉络，可勾勒出近代教学论学科发展的知识图景：从横向看，学科知识不断规训、学科建制逐步完善；从纵向看，在不同的社会发展阶段，产生了学科知识与制度的交互作用，呈现出教学论学科发展的不同阶段性特征。掩卷沉思，考察近代教学论学者群体，更多的是给我们当今教学论学科发展以历史审思的空间，等待我们进一步探索。

1. 学科自主性的探索

20 世纪上半叶中国教学论学者探索教学论中国化和教学论科学化的过程，实质上是对教学论学科独立性的探究。中国教学论学科从学科的形成、初兴到发展，每一次学科知识都是通过制定科系的发展目标和课程方案，创办教育研究机构，组织教学论学术团体，创办教学论专业期刊等学科制度来改进的。因 20 世纪上半叶中国教学论学科的知识进展并非源于本土化内部的知识生长，特别需要创造一个知识植入的良好环境，要求以学科制度的进步来推动学科知识的发展。只有寻求在知识与制度之间的良性互动，才能促进中国教学论学科的真正发展。

2. 学科本土化的探求

20 世纪上半叶，教学论学科作为舶来品，在移植与模仿国外的教学论学科的基础上，初步建立起中国的教学论理论框架。在教学论学科发展过程中，学者们通过设置教学论课程、编写教学论教材、开展教学方法实验、创办教育杂志、创办教育研究机构等来促进教学论学科发展的成熟，即教学论学者群体的形成、学术平台的构建、学科体系的形成与发展、教学论著作的出版等。不可否认，教学论学科的发展虽取得了一定的成就，但学科本土化的探求一直伴随着教学论学者研究的始终，如教材编写的指导思想、教材体系的结构、教学方法实验的开展等均在一定程度上模仿国外教学论学科，缺乏对中国优秀传统思想文化的继承以及对中国教学实际情况的考虑等，阻碍了中国教学论学科的发展。可以说，教学论学科作为舶来品，通过移植与模仿，借鉴国外学科相对完备的知识体系、比较成熟的学科制度，让国内教学论学科发展少走弯路，这是近代后发现代化国家学科发展的普遍规律。但教学论学科作为一种完全外来的西方知识体系，适应中国本土化的过程是漫长且曲折的。近代教学论学者群体在探索教学论学科发展过程中给予我们启示：一是秉持实验主义精神。20世纪上半叶教学论学者开展的"五段教授法"、设计教学法、道尔顿制等实验就是范例。二是借鉴总结前人的研究方法体系，学会用科学的、批判的、历史的眼光去研究问题。

3. 学科情怀的培植

学科的形成与发展最终是要为社会培养实用人才，为社会服务。为此，学者须具有学科情怀，这是学者所应具备的重要素质。20世纪上半叶中国教学论学者肩负教育救国之使命，特别是抗日战争全面爆发后，学者群体秉持一切为了抗战，通过改编教材、采取灵活的教学方法和教学组织形式等来开展教学论学科研究。同时，教学论学者也依托教育研究，通过开展教学实际问题研究、培养教学论专业人才等促进教学论学科的形成与发展。透过20世纪上半叶教学论学者群体的形成原因，我们可以看到，他们无不以教学论学科发展为出发点，以社会服务和爱国情感为动力，以促进教学论专业发展为使命，把专业发展与爱国情怀相联系，培植学科情怀，赋予学科以生命价值。当代教学论学者应该继承这一优良传统，把教学论研究作为自己生命的内在构成，通过教学论研究去实现自己的生命价值。

4. 学科教材的建设

20世纪上半叶，教学论一直作为师范学校训练师资的一门应用学科开设，使得教学论是作为"术"，而不是作为"学"来发挥其作用的。这导致了教学论学科建设具体化为教学论教材建设。自清末教授学导入，至民国中后期教学论学科的发展，我国教学论学者编写了大量的教学论教材。可以说，20世纪上半叶中国教学论的发展实际上已形成重在教学论教材建设的传统。受此传统影响，20

世纪上半叶，我国教学和训练的目的一直压倒了研究和学术的目的。教学论的教材建设成为教学论研究的重心。编写教材成为教学论研究的基本方式。教学论中国化成为教学论教材的中国化，使得教学论的建设基本局限在教学论教材的框架内，削弱了教学论的学术性发展。至今，这种重视教学论教材建设的现象仍然存在。当今，为推进教学论学科的建设，我们在重视教学论教材建设的同时，要把教学论作为"学"去建设，重视教学论教材的学术价值。

5. 学科人才的培养

20 世纪初期，教授学自传入国内，一直作为师范学校必修课程开设，以提高师资训练水平，为新式学堂培养合格的师资。教学论学科自形成以来，一直作为高校的一门必修专业课去建设。20 世纪上半叶，教学论学者在师范学校、大学教育学院和教育研究机构讲授教学论课程，编写教学论教材，开展教学方法实验和教学问题研究，以此培养教学论专业人才，促进教学论学科专业的建设与发展。可以说，近代教学论学者群体在人才培养方面积累了宝贵经验，但也存在不足。为此，我们应从教学论专业的培养目标、课程、教材、教学等方面加强教学论专业建设，构建合理的教学论专业人才培养模式，提升教学论教师的专业能力，推进中国现代化教学论的建设。

参考文献

（一）基本史料

陈学恂，田正平 . 近代中国教育史资料汇编·留学教育 [M]. 上海：上海教育出版
　　社，1991.

陈学恂 . 近代中国教育史教学参考资料（上、中、下)[M]. 北京：人民教育出版社，
　　1986—1987.

陈元晖 . 近代中国教育史资料汇编·实业教育　师范教育 [M]. 上海：上海教育出版
　　社，2007.

东南大学 . 国立东南大学一览 [M]. 南京：东南大学出版社，1923.

多贺秋五郎 . 近代中国教育史资料（民国篇）[M]. 台北：文海出版社，1976.

国立北平师范大学一览编辑组 . 国立北平师范大学一览 [M]. 北平：国立北平师范
　　大学，1933.

国立中山研究院教育研究所 . 本所研究事业十年 [M]. 广州：中山大学出版社，1937.

国立中央大学 . 国立中央大学教育学院选课指导书 [M]. 北平：国立中央大学出版
　　组，1934.

江苏省盐城市委员会文史资料研究委员会 . 盐城文史资料选辑（第九辑）[B]. 盐
　　城：盐城市政协，1990.

教育部 . 中华民国教育法规汇编 [M]. 台北：文海出版社，1986.

教育部参事处 . 教育法令汇编 [M]. 重庆：正中书局，1939.

教育部教育年鉴编纂委员会 . 第二次中国教育年鉴 [M]. 上海：商务印书馆，1948.

教育部教育年鉴编纂委员会．第一次中国教育年鉴 [M]．上海：开明书店，1934．

李桂林，戚名绣，钱曼倩．中国近代教育史资料汇编·普通教育 [M]．上海：上海教育出版社，1995．

南大百年实录编辑组．南大百年实录·中央大学史料选 [M]．南京：南京大学出版社，2002．

潘懋元，刘海峰．中国近代教育史资料汇编·高等教育 [M]．上海：上海教育出版社，1993．

潘懋元，刘海峰．中国近代教育史资料汇编·高等教育 [M]．上海：上海教育出版社，2007．

璩鑫圭，唐良炎．中国近代教育史资料汇编·学制演变 [M]．上海：上海教育出版社，1991．

璩鑫圭，童富勇．中国近代教育史资料汇编·教育思想 [M]．上海：上海教育出版社，1997．

璩鑫圭，童富勇．中国近代教育史资料汇编·实业教育　师范教育 [M]．上海：上海教育出版社，1994．

全国政协文史资料委员会．文史资料存稿选编·文化（第二十三辑）[M]．北京：中国文史出版社，2002．

舒新城．近代中国教育史料 [M]．上海：上海三联书店，1927．

舒新城．近代中国教育史料（上、中、下）[M]．北京：人民教育出版社，1961．

宋恩荣，章咸．中华民国教育法规选编 [M]．南京：江苏教育出版社，1990．

王学珍，郭建荣．北京大学史料（1898—1911）（第一卷）[M]．北京：北京大学出版社，2000．

王学珍，江长仁，刘文渊．国立西南联合大学史料 [M]．昆明：云南教育出版社，1998．

中国第二历史档案馆．中华民国史档案资料汇编（第三辑·教育）（第五辑·教育）[M]．南京：江苏古籍出版社，1994．

朱有瓛，等．中国近代教育史资料汇编·教育行政机关及教育团体 [M]．上海：上海教育出版社，2007．

朱有瓛．近代中国学制史料（第一辑上下、第二辑上下、第三辑上下）[M]．上海：

华东师范大学出版社，1983—1992。

（二）中外教育家、学者原著（含译著、专著、论文、文集、自传、书信等）

艾伟 . 教育心理学（上、下）[M]. 上海：商务印书馆，1935.

巴格莱，克玉书 . 教学概论 [M]. 林笃信，译 . 上海：商务印书馆，1933.

巴格莱，克玉书 . 教学概论 [M]. 林笃信，译 . 上海：商务印书馆，1935.

白吉庵，刘燕云 . 胡适教育论著选 [M]. 北京：人民教育出版社，1994.

柏克赫斯特 . 道尔顿制教育 [M]. 上海：商务印书馆，1924.

波比忒 . 课程 [M]. 张师竹，译 . 上海：商务印书馆，1928.

博比特 . 课程 [M]. 张师竹，译 . 上海：商务印书馆，1935.

博比特 . 课程编制 [M]. 熊子容，译 . 重庆：商务印书馆，1943.

蔡芹香 . 中国学制史 [M]. 上海：世界书局，1933.

蔡元培，蒋维乔，庄俞 .1897—1987 商务印书馆九十年——我和商务印书馆 [M].
　　北京：商务印书馆，1987.

蔡振生，刘立德 . 陈宝泉教育论著选 [M]. 北京：人民教育出版社，1996.

曹刍 . 新师范各科教学法 [M]. 上海：中华书局，1927.

常道直 . 小学课程之研究 [J]. 教育杂志，1922（14）.

陈宝泉 . 近代学制变迁史 [M]. 北京：北京文化社，1927.

陈东原 . 中国教育史 [M]. 上海：商务印书馆，1936.

陈鹤琴 . 陈鹤琴教育文集 [M]. 北京：北京出版社，1983.

陈鹤琴 . 陈鹤琴全集 [M]. 南京：江苏教育出版社，1991.

陈鹤琴 . 儿童心理之研究 [M]. 上海：商务印书馆，1930.

陈鹤琴 . 活教育：理论与实施 [M]. 上海：华华书店，1946.

陈科美 . 新教育学纲要 [M]. 上海：开明书店，1932.

陈启天 . 寄园回忆录 [M]. 台北：台湾商务印书馆，1965.

陈启天 . 近代中国教育史 [M]. 台北：中华书局，1979.

陈青之 . 中国教育史 [M]. 北京：东方出版社，2008.

陈侠 . 近代中国小学课程演变史 [M]. 福州：福建教育出版社，2007.

陈学恂 . 近代中国教育文选 [M]. 北京：人民教育出版社，1993.

陈翊林.最近三十年中国教育史 [M].上海：太平洋书店，1930.

程其保.教学法概要 [M].上海：商务印书馆，1931.

程湘帆.小学课程概论 [M].上海：商务印书馆，1923.

崔载阳.从教育学研究所到师范研究所 [J].教育研究，1947（100）.

大赖甚太郎，中川延治.教授法沿革史 [J].教育世界，1902 年第 25—28 号.

董宝良.陶行知教育论著选 [M].北京：人民教育出版社，1991.

董远骞，施毓英.俞子夷教育论著选 [M].北京：人民教育出版社，1991.

杜威.杜威教育哲学 [M].上海：商务印书馆，1921.

杜威.儿童与教材 [M].郑晓沧，译.上海：中华书局，1922.

杜威.教育科学之源泉 [M].张岱年，傅机良，译.北平：北平人文书店，1932.

杜威.教育上兴味与努力 [M].张裕卿，杨伟文，译.上海：商务印书馆，1923.

杜威.教育哲学史 [M].刘伯明，译.上海：泰东图书局，1921.

杜威.民主主义与教育 [M].邹恩润，译.上海：商务印书馆，1928.

杜威.思维术 [M].刘伯明，译.上海：中华书局，1921.

杜威.思维与教学 [M].孟宪承，俞庆棠，译.上海：商务印书馆，1910.

杜威.思想方法论 [M].邱瑾璋，译.上海：世界书局，1935.

渡边龙圣.教授学总论 [J].图书课员，分译.直隶教育杂志，1906（7）.

多田房之助.教授指南 [M].东京：并木活版所，1902.

高平叔.蔡元培教育论著选 [M].北京：人民教育出版社，1991.

高仁山.哀"评道尔顿制的尾声" [J].新教育评论，1926（18）.

高仁山.道尔顿制教学法 [M].上海：商务印书馆，1930.

葛承训.教学通论 [M].上海：中华书局，1948.

葛承训.教学通论 [M].上海：中华书局，1958.

龚启昌.中学普通教学法 [M].福州：福建教育出版社，2011.

龚启昌.中学普通教学法 [M].重庆：商务印书馆，1945.

顾明远，边守正.陶行知选集 [M].北京：教育科学出版社，2011.

郭戈.李廉方教育文存 [M].北京：人民教育出版社，2006.

赫尔巴特.赫尔巴特文集（1—6）[M].李其龙，郭官义，等，译.杭州：浙江教育
　　出版社，2002.

赫尔巴特.普通教育学 [M]. 尚仲衣,译.上海:商务印书馆,1939.

胡适,马叙伦,陈鹤琴.四十自述·我在六十岁以前·我的半生 [M]. 长沙:岳麓书社,1998.

江苏省第一师范附属小学校.小学教育之理论与实际 [M]. 北京:北京师范大学,1926.

姜琦.教育学新论 [M]. 台北:正中书局,1946.

蒋维乔.教授法讲义 [M]. 上海:商务印书馆,1916.

蒋文茂.教育心理学 [M]. 上海:交通书局,1948.

经亨颐.经亨颐日记 [M]. 杭州:浙江古籍出版社,1984.

凯瑟琳·坎普·梅休.杜威学校 [M]. 王承绪,赵祥麟,等,译.上海:华东师范大学出版社,1991.

康绍言.设计教学法辑要 [M]. 上海:商务印书馆,1922.

克伯屈.教育方法原论 [M]. 孟宪承,俞庆棠,译.上海:商务印书馆,1927.

克伯屈.教育方法原论 [M]. 孟宪承,俞庆棠,译.上海:商务印书馆,1933.

夸美纽斯.大教授学 [M]. 傅仁敢,译.北京:商务印书馆,1903.

雷通群.教学发达史大纲 [M]. 上海:新亚书店,1934.

黎锦熙.研究所略史 [J]. 师大月刊,1932,1（1）.

李廉方.新制各科教授法 [M]. 上海:中华书局,1914.

李廉方.合科实验的廉方教学法 [M]. 上海:中华书局,1939.

李廉方.李廉方先生在镇平讲演录 [M]. 开封:新时代印刷局,1937.

李清悚.小学教材及教学法 [M]. 南京:正中书局,1935.

梁就明.教育学 ABC[M]. 上海:世界书局,1928.

廖世承.东大附中道尔顿制实验报告 [M]. 上海:商务印书馆,1925.

林本.道尔顿式教育的研究 [M]. 上海:商务印书馆,1923.

林励儒,程时烩.中国之中等教育 [J]. 北京师大教育丛刊,1923,4（2）.

林青.个别作业与道尔顿制 [M]. 舒新城,译.上海:中华书局,1931.

林壬,周维城.实用各科教授法讲义 [M]. 上海:中华书局,1915.

刘百川.新小学教学法通论 [M]. 上海:商务印书馆,1926.

卢绍稷.从教师到教授——一个中学教师升为大学教授的自述 [M]. 台北:三民书

局，1977。

罗廷光，王秀南 . 实验教育 [M]. 南京：钟山书局，1933.

罗廷光 . 教学通论 [M]. 上海：中华书局，1940.

罗廷光 . 教育概论 [M]. 上海：世界书局，1933.

罗廷光 . 教育行政（下）[M]. 上海：商务印书馆，1945.

罗廷光 . 教育科学纲要 [M]. 上海：中华书局，1935.

罗廷光 . 教育科学研究大纲 [M]. 上海：中华书局，1933.

罗廷光 . 教育研究指南 [M]. 南京：国立中央大学教育学院教育研究所，1932.

罗廷光 . 普通教学法 [M]. 上海：商务印书馆，1930.

罗廷光 . 师范教育新论 [M]. 上海：南京书店，1933.

罗志英 . 读"评道尔顿制的尾声" [J]. 新教育评论，1926（18）.

吕达，刘立德 . 舒新城教育论著选（上、中、下）[M]. 北京：人民教育出版社，
    2004.

吕静，周谷平 . 陈鹤琴教育论著选 [M]. 北京：人民教育出版社，1994.

马克马利 . 设计教学法 [M]. 上海：商务印书馆，1930.

马勇 . 梁漱溟教育论著选 [M]. 吉林：辽宁教育出版社，1994.

孟宪承，陈学恂 . 教育通论 [M]. 福州：福建教育出版社，2006.

孟宪承 . 教育概论 [M]. 福州：福建教育出版社，2006.

孟宪承 . 教育概论 [M]. 上海：商务印书馆，1947.

帕刻 . 普通教学法 [M]. 陈礼江，译 . 上海：民智书局，1932.

潘菽，吴绍熙 . 教育心理学 [M]. 上海：北新书局，1935.

庞锡尔 . 设计教学法小学课程论 [M]. 郑晓沧，沈子善，译 . 上海：商务印书馆，
    1925.

浦漪人 . 教育概论 [M]. 上海：黎明书局，1937.

芮佳瑞 . 实验设计教学法 [M]. 上海：商务印书馆，1923.

桑代克 . 个性论 [M]. 上海：中华书局，1922.

桑代克 . 人类的学习 [M]. 赵演，译 . 南京：国立编译馆，1934.

桑代克 . 心理与教育的测量和评价 [M]. 北京：人民教育出版社，1985.

森冈常藏 . 各科教授法精义 [M]. 白作霖，译 . 上海：商务印书馆，1909.

沈百英.参观南高附小杜威院、维城院记略 [J].教育杂志，1923,15(11).

沈百英.设计教学演讲集 [M].上海：商务印书馆，1931.

沈百英.实验教育的初步工作 [J].教育杂志，1931,21（5）.

盛朗西.小学课程沿革 [M].福州：福建教育出版社，2008.

盛朗西.重估海尔巴脱派五段教学法之价值 [J].教育杂志，1924,16（11）.

舒新城.道尔顿制概观 [M].上海：中华书局，1923.

舒新城.道尔顿制功课指定概说（上）[J].教育杂志，1923,15（10）.

舒新城.道尔顿制浅说 [M].上海：中华书局，1932.

舒新城.道尔顿制讨论集 [M].上海：中华书局，1924.

舒新城.道尔顿制研究集 [M].上海：中华书局，1925.

舒新城.教育通论 [M].福州：福建教育出版社，2006.

舒新城.教育通论 [M].上海：中华书局，1927.

舒新城.教育心理学纲要 [M].上海：商务印书馆，1922.

舒新城.近代中国留学史 [M].上海：中华书局，1927.

舒新城.什么是道尔顿制 [J].教育杂志，1922，14（11）.

舒新城.师范教育 [M].上海：正中书局，1940.

舒新城.舒新城教育丛稿 [M].上海：中华书局，1925.

舒新城.舒新城自述 [M].合肥：安徽文艺出版社，2013.

舒新城.我和教育——三十五年教育生活史（1893—1928）[M].上海：中华书局，
1945.

舒新城.现代教育方法 [M].上海：商务印书馆，1928.

舒新城.中国教育建设教育方针 [M].上海：中华书局，1927.

舒新城.中学校的课程 [J].教育杂志，1922（14）.

舒新城.我和教育（上、下）[M].台北：龙文出版社股份有限公司，1990.

舒新城.漫游日记 [M].上海：中华书局，1925.

松涛泰严.设计教育大全 [M].上海：商务印书馆，1923.

孙邦正.国民中小学教学法革新问题 [M].台北：台湾商务印书馆，1974.

孙邦正.教材及教学法 [M].上海：开明书店，1948.

孙邦正.普通教学法 [M].台北：台北编译馆，1958.

孙世庆.中国之初等教育[J].北京师大教育丛刊,1923,4(2).

孙钰.小学教材研究[M].北平:文化学社,1932.

孙振.教育学讲义[M].上海:商务印书馆,1926.

邰爽秋.中小学课程问题[M].上海:开明书店,1935.

汤本武比古.教授学[J].教育世界,1901年第12—14号.

汤才伯.廖世承教育论著选[M].北京:人民教育出版社,1992.

陶行知,陈宝泉,胡适.孟禄的中国教育讨论[M].上海:中华书局,1922.

陶行知.人生处处有真情:陶行知家书[M].吉林:辽宁古籍出版社,1996.

陶行知.生活的教育·陶行知卷[M].济南:山东文艺出版社,2006.

陶行知.陶行知教育名篇[M].北京:教育科学出版社,2005.

陶行知.陶行知教育文集[M].成都:四川教育出版社,2005.

陶行知.陶行知日志[M].南京:江苏教育出版社,1996.

田正平,李笑贤.黄炎培教育论著选[M].北京:人民教育出版社,1993.

推士.科学教授法原理[M].王进,译.上海:商务印书馆,1926.

王凤歧.教育学[M].上海:商务印书馆,1915.

王士略.教学原理[M].香港:大千印刷出版社,1947.

王西征.从新教育到新教育评论[J].新教育评论,1926,3(1).

王秀南.教育学科教学法综论[M].台北:中华学术院,1973.

王卓然.中国教育一瞥录[M].上海:商务印书馆,1923.

吴俊升,王西征.教育概论[M].福州:福建教育出版社,2006.

吴俊升,王西征.教育概论[M].上海:正中书局,1935.

吴俊升.教育生涯一周甲[M].台北:传记文学出版社,1976.

吴研因,吴增芥.小学教材研究[M].上海:商务印书馆,1933.

吴研因,吴增芥.小学教材及教学法(卷上)[M].上海:中华书局,1935.

萧承慎.教学法三讲[M].福州:福建教育出版社,2009.

新教育共进社.中华教育改进社简章[J].新教育,1919,1(1).

熊子容.课程编制原理[M].福州:福建教育出版社,2009.

熊子容.课程编制原理[M].上海:商务印书馆,1934.

徐稚 . 中国学校课程沿革史 [M]. 上海：太平洋书店，1929.

许椿生，陈侠，蔡春 . 李建勋教育论著选 [M]. 北京：人民教育出版社，1993.

杨亮功 . 早期三十年的教学生活·五四 [M]. 合肥：黄山书社，2007.

余家菊 . 教育原理 [M]. 上海：中华书局，1935.

余家菊 . 课程论 [J]. 中华教育界，1925,14(9).

俞子夷，朱晸昜 . 新小学教材和教学法 [M]. 上海：儿童书局，1935.

俞子夷，朱晸昜 . 新小学教材和教学法 [M]. 福州：福建教育出版社，2006.

俞子夷，朱晸昜 . 新小学教材和教学法 [M]. 上海：儿童书局，1935.

俞子夷 . 复式教学法 [M]. 北京：华北联合出版社，1950.

俞子夷 . 施脱兰欧教授法概要 [M]. 上海：商务印书馆，1917.

俞子夷 . 小学教材和教学法（上、下）[M]. 南京：正中书局，1936.

俞子夷 . 小学教学漫谈 [M]. 上海：中华书局，1931.

俞子夷 . 一个小学十年努力记 [M]. 上海：中华书局，1928.

张彬 . 经亨颐教育论著选 [M]. 北京：人民教育出版社，1993.

张子和 . 大教育学 [M]. 福州：福建教育出版社，2009.

长谷川乙彦 . 教授学原理 [J]. 教育世界，1905 年第 93、94、95 号 .

赵廷为 . 教材及教学法（第一册）[M]. 上海：商务印书馆，1948.

赵廷为 . 教材及教学法通论 [M]. 福州：福建教育出版社，2007.

赵廷为 . 教育概论 [M]. 上海：大华书局，1935.

赵廷为 . 教育心理学 [M]. 上海：开明书店，1933.

赵廷为 . 小学教学法通论 [M]. 上海：商务印书馆，1931.

赵廷为 . 怎样改进中学教学法 [J]. 教育杂志，1937,27（3）.

赵祥麟，王承绪 . 杜威教育论著选 [M]. 上海：华东师范大学出版社，1981.

赵宗预 . 设计教学法之实际 [M]. 上海：商务印书馆，1924.

钟鲁斋 . 小学各科新教学法之研究 [M]. 上海：商务印书馆，1934.

周予同 . 中国现代教育史 [M]. 北京：良友图书公司，1934.

朱孔文 . 教授法通论 [M]. 上海：时中学社，1903.

朱翊新 . 小学教材研究 [M]. 上海：世界书局，1932.

庄俞，贺圣鼎 . 最近三十五年之中国教育 [M]. 上海：商务印书馆，1931.

庄俞.中学课程私议 [J].教育杂志，1912，5（1）.

庄泽宣.教育概论 [M].福州：福建教育出版社，2006.

庄泽宣.教育概论 [M].上海：中华书局，1928.

庄泽宣.介绍门罗博士 [J].新教育，1922，4（1）.

（三）研究专著及译著

北京师范大学校史编写组.北京师范大学校史（1902—1982）[M].北京：北京师范大学出版社，1982.

陈科美.上海近代教育史 [M].上海：上海教育出版社，2003.

陈平原.中国现代学术之建立 [M].北京：北京大学出版社，1998.

陈侠.课程论 [M].北京：人民教育出版社，1989.

陈以爱.中国现代学术研究机构的兴起——以北大研究所国学门为中心的探讨 [M].南昌：江西教育出版社，2002.

陈志科.留美生与中国教育学 [M].天津：南开大学出版社，2009.

崔运武.中国师范教育史 [M].太原：山西教育出版社，2006.

董宝良.中国教育史纲（近代之部）[M].北京：人民教育出版社，1990.

董远骞，董毅青.俞子夷教育实践研究 [M].杭州：浙江教育出版社，2008.

董远骞，张定璋，等.教学论 [M].杭州：浙江教育出版社，1984.

董远骞.俞子夷教育思想研究 [M].沈阳：辽宁教育出版社，1993.

董远骞.中国教学论史 [M].北京：人民教育出版社，1998.

杜成宪，邓明言.教育史学 [M].北京：人民教育出版社，2004.

郭戈.李廉方教育思想研究 [M].北京：教育科学出版社，1995.

郝平.北京大学创办史实考源 [M].北京：北京大学出版社，1998.

侯怀银.中国教育学发展问题研究——以 20 世纪上半叶为中心 [M].太原：山西教育出版社，2008.

华勒斯坦，等.学科·知识·权力 [M].刘健芝，等，编译.北京：生活·读书·新知三联书店，1999.

贾馥茗，黄昆辉.教育论丛 [M].北京：文景出版社，1976.

姜丽静.历史的背影：一代女知识分子的教育记忆 [M].北京：教育科学出版社，2012.

金林祥.20 世纪中国教育学科的发展与反思 [M]. 上海：上海教育出版社，2002.

金林祥.20 世纪中国教育学科的发展与反思 [M]. 上海：上海教育出版社，2002.

李秉德，李定仁.教学论 [M]. 北京：人民教育出版社，1991.

李定仁，徐勋，裴文敏.教学思想发展史略——历史、现状与发展趋势 [M]. 西宁：青海人民出版社，1993.

李溪桥.李蒸纪念文集 [M]. 北京：中国科学出版社，1996.

刘龙心.学术与制度——学术体制与现代中国史学的建立 [M]. 北京：新星出版社，2007.

刘问岫.中国师范教育简史 [M]. 北京：人民教育出版社，1984.

刘正伟.督抚与士绅：江苏教育近代化研究 [M]. 石家庄：河北教育出版社，2001.

罗德真，罗一真.秉烛沧桑——教育学家罗炳之 [M]. 南京：南京大学出版社，2002.

吕达.近代中国课程史论 [M]. 北京：人民教育出版社，1994.

吕达.课程史论 [M]. 北京：人民教育出版社，1999.

吕达.课程史论 [M]. 北京：人民教育出版社，2003.

马啸风.中国师范教育史（1897—2000）[M]. 北京：首都师范大学出版社，2003.

冒荣.至平至善 鸿声东南——东南大学校长郭秉文 [M]. 济南：山东教育出版社，2004.

孟令战.民国时期教学自由权制度与文化结构研究 [M]. 武汉：武汉大学出版社，2013.

裴娣娜.教学论 [M]. 北京：教育科学出版社，2007.

彭时代.中国师范教育 100 年 [M]. 北京：中国工人出版社，1999.

瞿葆奎.教育学文集 教学（上册）[M]. 北京：人民教育出版社，1988.

苏云峰.中国新教育的萌芽与成长 [M]. 北京：北京大学出版社，2007.

孙广勇.社会转型中的近代中国教育会研究 [M]. 武汉：华中师范大学出版社，2007.

孙培青，李国钧.中国教育思想史（第三卷）[M]. 上海：华东师范大学出版社，1995.

田正平.留学生与中国教育近代化[M].广州:广东教育出版社,1996.

田正平.中国教育思想通史(第六卷)[M].长沙:湖南教育出版社,1994.

田正平.中外教育交流史[M].广州:广东教育出版社,2004.

王策三.教学实验论[M].北京:人民教育出版社,1998.

王策三.教学实验论[M].北京:人民教育出版社,2000.

王建军.近代中国教科书发展研究[M].广州:广东教育出版社,1996.

王坤庆.20世纪西方教育学科的发展与反思[M].上海:上海教育出版社,2000.

吴杰.教学论——教学理论的历史发展[M].长春:吉林教育出版社,1986.

吴文侃.比较教学论[M].北京:人民教育出版社,1999.

吴也显.教学论新编[M].北京:教育科学出版社,1991.

西北师大校史编写组.西北师大校史:1902—2002[M].兰州:甘肃人民出版社,
    2002.

夏红卫.北大洋先生[M].北京:北京大学出版社,2012.

项建英.近代中国大学教育学科研究[M].上海:华东师范大学出版社,2012.

熊明安.中国教学思想史[M].重庆:西南师范大学出版社,1989.

熊明安.中国近现代教学改革史[M].重庆:重庆出版社,1999.

熊明安.中国近现代教育实验史[M].济南:山东教育出版社,2000.

熊贤君.俞庆棠教育思想研究[M].沈阳:辽宁教育出版社,1997.

徐珍.中外教学法演进[M].北京:群言出版社,1996.

叶澜.二十世纪中国社会科学·教育学卷[M].上海:上海人民出版社,2005.

叶澜.教育研究方法论初探[M].上海:上海教育出版社,1999.

于述胜.中国教育制度通史(第七卷)[M].济南:山东教育出版社,2000.

张宝贵.杜威与中国[M].石家庄:河北人民出版社,2001.

张楚廷.教学论纲[M].2版.北京:高等教育出版社,2008.

张楚廷.教学论纲[M].北京:高等教育出版社,1999.

张传燧.中国教学论史纲[M].长沙:湖南教育出版社,1999.

章开沅,朱英.中国近现代史[M].开封:河南大学出版社,2009.

郑金洲,瞿葆奎.中国教育学百年[M].北京:教育科学出版社,2002.

中国教育史研究会. 杜威、赫尔巴特教育思想研究 [M]. 济南：山东教育出版社，1985.

钟启泉. 课程论 [M]. 北京：教育科学出版社，2007.

周邦道. 近代教育先进传略 [M]. 台北：中国文化大学出版部，1981.

周发增. 普通教学法 [M]. 北京：北京师范大学出版社，1994.

周谷平. 近代西方教育理论在中国的传播 [M]. 广州：广东教育出版社，1996.

左玉河. 近代中国学术体制之创建 [M]. 成都：四川人民出版社，2008.

左玉河. 移植与转化：中国现代学术机构的建立 [M]. 郑州：大象出版社，2008.

（四）期刊论文

阿部洋. 舒新城的中国教育近代化论——他的教育思想与实践 [J]. 华东师范大学学报（教育科学版），1992（4）.

蔡振生. 近代译介西方教育的历史考察 [J]. 北京师范大学学报（社会科学版），1989（2）.

陈元晖. 中国教育学七十年 [J]. 北京师范大学学报（哲学社会科学版），1991（5）.

丁证霖. 设计教学法在中国 [J]. 课程·教材·教法，1982（2）.

丁证霖. 中国近现代改革教学方法的历史和经验 [J]. 教育评论，1986（1）.

董远骞. 近代中国教学论教材编写史略 [J]. 课程·教材·教法，1994（1）.

范婕，张斌贤. 教育实验室：帕克赫斯特的道尔顿制 [J]. 教育科学研究，2016（10）.

方有林. 王国维：打开"教育世界"之窗 [J]. 上海教育，2015（10）.

洪成. 五段教授法在中国 [J]. 课程·教材·教法，1997（5）.

侯怀银. 中国教育学史学科建设初探 [J]. 教育理论与实践，2000（2）.

胡耿. 中国近代教育科学研究机构的先驱——国立中山大学教育研究所（1928—1949）[J]. 淮北煤炭师范学院学报（哲学社会科学版），2007（3）.

金林祥，张蓉. 教育世界与西方教育的传入 [J]. 河北师范大学学报（教育科学版），2000（4）.

金顺明. 近代中国教育团体的发展历程 [J]. 华东师范大学学报（教育科学版），2002（3）.

李秉德. 廉方教学法实验始末 [J]. 文史资料选辑，1989（19）.

李乾明. 中国近代教学论教材的五个基本范畴 [J]. 课程·教材·教法，2013（9）.

李喜所. 留学生与中国现代学科群的构建 [J]. 河北学刊，2003（6）.

林良夫. 民国时期教育家群体特征论析 [J]. 华东师范大学学报（教育科学版），1999（4）.

沈小碚. 教学组织形式研究的发展及其问题 [J]. 西南师范大学学报（人文社会科学版），2003（1）.

王博.《中华教育界》与民国初期教科书的变革 [J]. 课程·教材·教法，2013（3）.

王有春. 近代中国教育研究机构学术职能的考察 [J]. 广东第二师范学院学报，2020（2）.

项建英. 近代中国大学教育学科设置的四种模式 [J]. 华东师范大学学报（教育科学版），2012（2）.

项建英. 近代中国大学教育学学科课程设置进路论略 [J]. 高教探索，2015（7）.

项建英. 民国时期大学女教师群体形成及其特征 [J]. 高教探索，2017（9）.

肖菊梅，肖朗. 罗廷光与近代中国教学论思想研究——以其《教学通论》为考察中心 [J]. 天津师范大学学报（社会科学版），2015（4）.

肖菊梅. 改"教授法"为"教学法"——陶行知科学化教学法思想的演进及启示 [J]. 教师教育学报，2021（9）.

肖菊梅. 教育"科学化"运动与近代中国教学论的发展 [J]. 现代大学教育，2016（3）.

肖菊梅. 民初高等师范学校教学论学科的建立与发展——以北高师和南高师为中心 [J]. 教师教育研究，2016（6）.

肖菊梅. 民国时期大学教学论学科发展透视——以国立中央大学为个案 [J]. 江苏高教，2018（2）.

肖菊梅. 清末民初（1901—1915）教学论教材研究概述 [J]. 教师教育学报，2014（6）.

肖菊梅. 清末民初赫尔巴特"五段形式教学阶段"的导入及推广——以汤本武比古的《教授学》为考察中心 [J]. 教师教育学报，2014（6）.

肖菊梅. 学术史视野中的近代中国大学教学论学科 [J]. 高等教育研究，2016（7）.

肖朗，王有春. 近代中国国立大学教育研究机构综论 [J]. 高等教育研究，2012（8）.

肖朗，项建英．近代高等师范学校教育学科的建立与发展——以北高师和南高师为中心 [J]. 华东师范大学学报（教育科学版），2006（1）．

肖朗，项建英．近代教会大学教育学科的建立与发展 [J]. 高等教育研究，2005（4）．

肖朗，杨卫明．江苏教育总会与清末单级教学法的传入与推广 [J]. 华东师范大学学报（教育科学版），2009（12）．

肖朗，杨卫明．中国近代教育学会与教育家群体的教育学术研究 [J]. 湖南师范大学学报（教育科学版），2011（5）．

肖朗，叶志坚．王国维与赫尔巴特教育学说的导入 [J]. 华东师范大学学报（教育科学版），2004（4）．

肖朗．近代中国大学学科体系的形成——从"四部之学"到"七科之学"的转型 [J]. 高等教育研究，2001（6）．

肖朗．王国维与西方教育学理论的导入 [J]. 浙江大学学报（人文社会科学版），2000（6）．

许刘英．近代中国教育社会学学者群体及其特征 [J]. 江苏师范大学学报（哲学社会科学版），2016（3）．

许露．近代厦门大学教育学科的机构嬗变与发展探因 [J]. 山东高等教育，2021（4）．

叶波．近代中国教学法的早期探索——以《教育杂志》为中心的考察 [J]. 四川师范大学学报（社会科学版），2016（7）．

张学丽．《中华教育界》对西方教学方法的传播及影响研究 [J]. 内蒙古教育，2017（12）．

章小谦．改"教授法"为"教学法"考 [J]. 华东师范大学学报（教育科学版），2005（2）．

郑国民．从"教授学"到"教学法"——陶行知对我国现代教学理论的贡献 [J]. 教育研究，1994（9）．

周谷平．近代西方教育学传入的历史反思 [J]. 教育研究，1991（9）．

朱蒙．近代中国最早的教育专业刊物——《教育世界》[J]. 中国教师，2009（1）．

朱智斌，赵倩．论中国近代高等师范学校教育类课程的演变 [J]. 当代教师教育，2015（3）．

（五）学位论文

符艳蛟 . 近代国立综合性大学教育学科课程设置研究 [D]. 杭州：浙江大学，2009.

高天明 .20 世纪我国教学方法变革研究 [D]. 兰州：西北师范大学，2001.

黄国庭 . 学术期刊与近代中国教育学术 [D]. 杭州：浙江大学，2010.

李海云 . 新教育中国化运动研究 [D]. 上海：华东师范大学，2006.

梁玲萍 .20 世纪上半叶中国教育学家群体现象研究 [D]. 太原：山西大学，2009.

刘保兄 . 基督教大学中国教师群体研究 [D]. 杭州：浙江大学，2008.

吕春枝 . 近代中国教学方法史论 [D]. 保定：河北大学，2008.

王剑 . 近代中国教育实验研究 [D]. 杭州：浙江大学，1999.

王有春 . 近代中国教育研究机构考察——学术史的视角 [D]. 杭州：浙江大学，
    2013.

吴冬梅 .20 世纪二三十年代 "新教育中国化" 研究 [D]. 北京：北京师范大学，2003.

伍其愉 . 论杜威课程与教材的改革理论 [D]. 北京：北京师范大学，1988.

项建英 . 近代中国大学教育学科研究 [D]. 杭州：浙江大学，2008.

杨卫明 . 教育学会与近代中国教育学术 [D]. 杭州：浙江大学，2011.

张斌贤 . 赫尔巴特教学心理学化理论的认识和再认识 [D]. 北京：北京师范大学，
    1986.

（六）工具书

王倘 , 等 . 中国教育辞典 [M]. 上海：中华书局，1928.

唐钺，朱经农，高觉敷 . 教育大辞书 [M]. 上海：商务印书馆，1930.

平心 . 生活全国总书目 [M]. 北京：生活书店，1935.

陈东原，等 . 教育杂志索引（第 1—25 卷）[M]. 上海：商务印书馆，1936.

王云五 . 万有文库第一集一千种目录 [M]. 上海：商务印书馆，1946.

上海图书馆 . 近代中国期刊篇目汇录（第二卷上册）[M]. 上海：上海教育出版社，
    1979.

杨亮功 . 云五社会科学大辞典 第八册 教育学 [M]. 台北：台湾商务印书馆，1984.

朱作仁 . 教育辞典 [M]. 南昌：江西教育出版社，1987.

滕星 . 中外教育名人辞典 [M]. 北京：中央民族大学出版社，1988.

徐友春．民国人物大辞典 [M]．石家庄：河北人民出版社，1991．

周棉．中国留学生大辞典 [M]．南京：南京大学出版社，1999．

贾馥茗．教育大辞书 [M]．台北：文景书局，2000．

刘英杰．中国教育大事典 [M]．杭州：浙江教育出版社，2001．

顾明远．中国教育大百科全书 [M]．上海：上海教育出版社，2012．

（七）外文文献

Kuhn T S． The History of Science[M]// Sills D L. International Encyclopedia of the Social Sciences，Vol． 14. New York:Macmillan and Free Press，1968.

Simpson J, Weiner E S C． The Oxford English Dictionary[M].Oxford:Oxford University Press，1989.